गुलाब

'पैराडाइज़' (एच.टी.)

ये अत्यंत चमकदार और अद्‌भुत रंगों के होते हैं। सुगठित आकार वाले इन रूपहले लेवेण्डर रंग के फूलों के किनारों पर सूर्य की किरणें पड़ने से सुर्ख लाल छटा बिखरती सी प्रतीत होती है। उद्यानों और प्रदर्शनियों के लिए श्रेष्ठ किस्म।

गुलाब

(''द रोज़ इन इंडिया'' पुस्तक के परिवर्धित संस्करण 1991 का हिन्दी रूपांतरण)

बी.पी. पाल, एफ.आर.एस.
प्रैसिडेंट एमेरिट्स, रोज सोसायटी ऑफ इंडिया
मानद सदस्य, रॉयल नेशनल रोज़ सोसायटी (इंग्लैण्ड)
मानद सदस्य, इंडियन रोज फैडरेशन
मानद सदस्य, बॉम्बे रोज़ सोसायटी
सदस्य, अमेरिकन रोज सोसायटी

हिन्दी रूपांतरण
प्रमोद जोशी

भाकृअनुप
ICAR

प्रकाशक

कृषि ज्ञान प्रबंध निदेशालय
भारतीय कृषि अनुसंधान परिषद
कृषि अनुसंधान भवन–I, पूसा, नई दिल्ली

प्रथम संस्करण : जनवरी, 2001
पुनर्मुद्रण : जनवरी, 2013

परियोजना निदेशक (डी.के.एम.ए.) : डॉ. रामेश्वर सिंह

प्रधान सम्पादक : डॉ. कुलदीप शर्मा
सम्पादन : सुनीता अरोड़ा

प्रधान उत्पादन अधिकारी : डॉ. वीरेन्द्र कुमार भारती
तकनीकी अधिकारी : कुल भूषण गुप्ता

मूल्य : 400.00 रुपये

आई.एस.बी.एन. : 978-81-7164-121-5

डॉ. रामेश्वर सिंह, परियोजना निदेशक (डी.के.एम.ए.), कृषि ज्ञान प्रबंध निदेशालय, द्वारा भारतीय कृषि अनुसंधान परिषद, नई दिल्ली के लिए प्रकाशित, एवं मै. चन्दु प्रैस, डी–97, शकरपुर, दिल्ली-110 092 द्वारा मुद्रित।

सच्चे गुलाब प्रेमी

जवाहर लाल नेहरू

को समर्पित

प्राक्कथन

अगर गुलाब न होते तो दुनिया की हालत कितनी बदतर होती ! गुलाब को बहुत पुराने समय से ही चाहा और सराहा जाता रहा है। आज के युग में इसकी महत्ता और भी बढ़ गई है, क्योंकि वैज्ञानिक नये-नये लुभावने रंगों के गुलाब विकसित कर रहे हैं। केवल रंग ही नहीं, वरन् रोगों से बचे रहने की क्षमता और अधिक समय तक खिले रहने जैसे गुण भी गुलाब में डाले जा रहे हैं। आज लगभग हर उद्देश्य के लिए और हर किसी के लिए चुनिंदा गुलाब की किस्में विकसित की जा चुकी हैं। आपके पास छोटी सी बगिया हो, तो आपको भी ऐसी कई किस्में मिल जाएंगी जो बाग को रंगा-रंग कर, अनोखे फूलों से भर दें।

भारत के कुछ इलाकों में, खासतौर से, पहाड़ों पर, गुलाब जंगली रूप में उगता है। लेकिन जहां तक मेरा ख्याल है मुगलों के आने से पहले गुलाब को बागों में नहीं लगाया जाता था। गुलाब के लिए मुहब्बत फारस से मुगल अपने साथ ही लाए। फारस गुलाबों के लिए बहुत पुराने समय से मशहूर है। गुलाब की कई नयी मनमोहक किस्मों का पुरखा फारस का पीला गुलाब ही है। आजकल पूरे भारत में गुलाब उगाये जाते हैं और इससे ज्यादा प्यार किसी दूसरे फूल को नहीं मिला। लेकिन यहां की जलवायु यूरोप, अमेरिका आदि देशों से बहुत भिन्न है, जहां के लिए गुलाबों पर किताबें ही किताबें हैं, जबकि भारतीय जलवायु में गुलाब उगाने के लिए साहित्य दुर्लभ है। इसलिए भारत के लिए लिखी गई इस पुस्तक का स्वागत है। इस पुस्तक के लेखक को नयी दिल्ली में आयोजित अनेक गुलाब प्रदर्शनियों और पुष्प प्रदर्शनियों में पुरस्कार मिल चुके हैं और वे जाने-माने गुलाब विशेषज्ञ हैं। इस समय वे 'रोज सोसायटी ऑफ इंडिया' के अध्यक्ष भी हैं। इस पुस्तक को लिखने में लेखक ने अपने वैज्ञानिक प्रशिक्षण और व्यक्तिगत अनुभव, दोनों का ही उपयोग किया है। मुझे पूरा विश्वास है कि यह पुस्तक देश भर के गुलाब उगाने वालों और गुलाब-प्रेमियों के लिए उपयोगी साबित होगी।

नई दिल्ली
अगस्त 18, 1964

जाकिर हुसैन

लेखक परिचय

डा. बी.पी. पाल

(26 मई 1906 - 14 सितम्बर 1989)

"डा. बी.पी. पाल द्वारा मूल रूप से अंग्रेजी में लिखित 'द रोज़ इन इंडिया' की ख्याति एक नायाब पुस्तक के रूप में है। इस पुस्तक में विज्ञान की बारीकियों को बागवानी के साथ जोड़ते हुए गुलाबों की खूबसूरत दुनिया के बारे में सटीक जानकारी प्रस्तुत की गयी है। इतना ही नहीं इस पुस्तक में दिये गये ऐतिहासिक तथ्य एवं सौन्दर्य के मर्म को समझने की अनुभूति से प्रख्यात वैज्ञानिकों का लेखन काफी समय से प्रभावित होता आ रहा है।" इस पुस्तक के पहले संस्करण पर प्रो. सर एफ.एल. एंजलिडो, एफ.आर.एस. ने यह टिप्पणी की थी।

अब तक पुस्तक के 3 संस्करण संशोधित और वृहद रूप में प्रकाशित हो चुके हैं जिनमें न सिर्फ अध्यायों की संख्या ही बढ़ाई गई है बल्कि बागवानी के लिए उपयुक्त, आकर्षक एवं सौन्दर्ययुक्त गुलाब की किस्मों की रंगीन तस्वीरें भी समाहित की गयी हैं।

विश्वविख्यात पौध प्रजनक के रूप में मशहूर डा. पॉल का मूल कार्यक्षेत्र फसल सुधार पर आधारित रहा था विशेषकर गेहूं की रस्टरोधी किस्मों के विकास पर। भारत ही नहीं विदेशों से भी उन्हें तमाम पुरस्कार एवं सम्मान प्रदान किए गए तथा वे कई विशिष्ट सोसायटियों के भी सदस्य रहे। इसके अतिरिक्त 1970 में डा. पाल, रॉयल सोसायटी के फैलो के रूप में निर्वाचित हुए और 1989 में पद्मविभूषण से उन्हें सम्मानित किया गया।

बर्मा में बिताये बचपन के दिनों में भी गुलाब उगाने के प्रति उनका आकर्षण जुनून की हद तक था। कई आकर्षक एवं दिलचस्प गुलाब की किस्मों को विकसित करने का श्रेय उन्हें जाता है जिनमें प्रमुख हैं; 'डा. होमी भाभा', 'बंजारन', 'देहली प्रिंसेज़', 'अप्सरा', 'दिलरूबा', 'पहाड़ी धुन', 'सरोज', 'महक', 'होमेज'। गुलाब प्रदर्शनियों में हमेशा ही डा. पाल की भागीदारी होती थी। इन प्रदर्शनियों में डा. पाल ने कई ट्राफियां जीतीं जिनमें गुलाब की नई पौध विकसित करने पर प्रदान की जाने वाली आई.सी.आई. चैलेंज ट्रॉफी भी है। यह ट्रॉफी उन्हें 10 बार प्रदान की गई। 1988 में उन्हें इंडियन रोज फैडरेशन की ओर से विजय पोकरन स्वर्ण पदक से सम्मानित किया गया।

रोज सोसायटी ऑफ इंडिया. प्रैसिडेंट एमरेट्स और रॉयल नेशनल रोज़ सोसायटी एवं अमेरिकन रोज़ सोसायटी के जाने-माने सदस्य डा. पाल की विशेषज्ञता और विद्वता के आधार पर उनके द्वारा भारतीय गुलाब की किस्मों पर लिखित साहित्य को प्रामाणिक कहने में कोई गुरेज नहीं होना चाहिए। उनकी पुस्तक में विशेषज्ञों के लिए उपयोगी सामग्री की न सिर्फ बहुलता है बल्कि इतनी सरल भाषा का प्रयोग किया गया है कि इससे गुलाब की दुनिया के प्रति सहज रूप से आकर्षित होने वाला कोई भी व्यक्ति लाभान्वित हो सकता है।

प्रथम संस्करण पर कुछ प्रतिक्रियाएं

ऐसे लोग जिनकी गुलाब के फूलों में नाममात्र की भी दिलचस्पी हो, उनके लिए भी जानकारियों से परिपूर्ण, निश्चित और वृहद ग्रंथ अब उपलब्ध हो गया है, जो निस्संदेह गुलाब के प्रति प्रेम के लिए किये गये अनवरत श्रम का सार्थक परिणाम है।

द स्टेट्समैन, मार्च 26, 1967

सरल भाषा प्रवाह शैली में लिखी गयी एक पठनीय पुस्तक जिसमें रोचकता का भण्डार है।

द रोज (यू.के.) वाल्यूम 15 न. 3, ग्रीष्म 1967

इस पुस्तक की विस्तृत विषय सूची, रंगीन और श्वेत एवं श्याम चित्रों की सुसज्जा ने इसे एक उत्कृष्ट प्रकाशन की श्रेणी में रख दिया है।

नैन्सी स्टीन इन न्यूजीलैंड गार्डनर, अप्रैल 1967

गुलाब प्रेमियों को इस पुस्तक को पढ़ने में आनन्द आयेगा। कुछ इसलिये कि लेखक इस विषय से न सिर्फ दिल से जुड़ा हुआ है बल्कि विषय के बारे में उसके पास विपुल जानकारी का भंडार भी है। दूसरा कारण यह है कि उसने पुस्तक में मनोविनोद आधारित भाषा शैली का प्रयोग किया है।

ई.एफ.एलन, द रोज एनुवअल
(रॉयल नेशनल रोज सोसायटी, यू.के.) 1968

एक मनमोहक पुस्तक जिसे उपहार में दिया जा सकता है, संग्रह में शामिल किया जा सकता है, गुलाब की दुनिया बसाने में भी इसका व्यवहारिक उपयोग किया जा सकता है।

अंजलि चंदा, द संडे स्टैण्डर्ड, जून 11, 1967

विषय-सूची

चित्र-सूची

रेखाचित्र

छिटके हुए जंगली गुलाबों पर
फुदकती गाती है काली कोयल,
ओ रे! दुनिया से न्यारे गुलाब!
प्यारे गुलाब!!

–जॉन मेसफील्ड
की काव्य पंक्तियों का
डा. रमेश दत्त शर्मा द्वारा भावांतर

अध्याय 1

गुलाब

सौन्दर्य तथा लोकप्रियता

कुछ शब्द सौन्दर्य के सूचक होते हैं। ऐसा ही एक शब्द है गुलाब। अधिकांश लोग, चाहे उनके पास बाग हो या नहीं, फूलों के सौन्दर्य से रोमांचित रहते हैं और ऐसा कौन-सा फूल है जो गुलाब से बेहतर हो।

पुष्प इस धरती की सुंदरतम वस्तुओं में से एक है और गुलाब तो फूलों की रानी है। हेन्स ने सच ही कहा है- 'जब से मनुष्य ने गुलाब को देखा और उसकी सुमधुर गंध सूंघी, तभी से वह उसकी कल्पना में छा गया, विचारों में बस गया।' सभी फूलों में क्यों गुलाब को ही सबसे अधिक पसंद किया जाता है ? अपने इतिहास के प्रारंभिक दौर में, जब गुलाब एक जंगली फूल था और अपेक्षाकृत सरल स्वरूप और सीमित रंगों वाला था, कदाचित उसकी सुगंध ने ही मनुष्य को अपना दीवाना बनाया होगा।

जान कीट्स के शब्दों में :

'और गुलाब में ही तो है वह गंध
जो धरती में अन्यत्र कहीं नहीं'

गुलाब की खिलती हुई कली का वर्णन करते हुए पर्सी बी. शैली ने उसकी सुगंध तथा अलौकिक सौन्दर्य दोनों से ही प्रभावित होकर लिखाः

'नहाने को गई जलपरी के
अनावृत होते उज्ज्वल उरोजों की भांति
गुलाब कलिका भी
परत-दर-परत अलसाई हवा के समक्ष
उद्‌घटित करती है
अपने सौंदर्य और प्रेम का मर्म'

लेकिन, आधुनिक युग में गुलाब के बारे में मान्यताओं में अन्तर आया है। कई शताब्दियों तक किये गए प्रजनन कार्य के फलस्वरूप गुलाब ने अनेकानेक स्वरूप धारण किए- सरल, पांच पंखुड़ी वाले पुष्प से लेकर अद्भुत, प्रदर्शनी योग्य तथा वास्तविक नीले और काले गुलाबों को छोड़कर लगभग सभी रंगों वाले गुलाब। चन्द सेन्टीमीटर ऊंचे मिनिएचर गुलाबों से लेकर ऊंची झाड़ियों और विशालकाय क्लाइम्बर तथा रेम्बलर गुलाबों तक बहुत सारे रूप। हालांकि अधिकांश आधुनिक गुलाबों में इसके नाम से जुड़ी वह पुलंकित करने वाली सुगंध अनुपस्थित या मन्द होती है जिसके बारे में जूलियट ने कहा था कि 'किसी भी नाम से पुकारिये, गुलाब तो उतना ही मधुर महकेगा'। तो भी अनेक ऐसी नई किस्में हैं, जिनमें मनमोहक गंध मौजूद रहती है।

दुनिया भर में गुलाबों के प्रति लोगों की रुचि में निरन्तर वृद्धि हुई है। इंग्लैंड में अकेली एक ही फर्म हर साल नये पौधे तैयार करने के लिए गुलाब के दस लाख मूलकाण्ड (रूट स्टॉक) लगाती है। दूसरी ओर अमेरिका में चार्ल्स ड्रिंगी द्वारा वेस्ट ग्रोव में सन् 1854 में गुलाब की नर्सरी आरंभ किये जाने के बाद भी अब तक कई कीर्तिमान स्थापित हुए। एक प्रसिद्ध अमेरिकी फर्म के कई गुलाब उद्यान हैं जिनमें से प्रत्येक कम से कम 810 हैक्टर (200 एकड़) भूमि पर फैला है। डेबनी ओटिस कोलिन्स के अनुसार अमेरिका में प्रति वर्ष लगभग दस करोड़ गुलाब के पौधे बिकते हैं और यह संख्या सालों-साल बढ़ती ही जा रही है।' वर्ष 1968 के अन्त तक अमेरिका की नेशनल रोज़ सोसायटी के 1,18,450 सदस्य थे। बाद के वर्षों में यद्यपि इस संख्या में कमी आई, लेकिन इस सोसायटी की ख्याति आज भी बनी हुई है।

गुलाब के कुछ मशहूर बाग

गुलाबों की मोहक छटा को देखने के लिए मनुष्य सदा ही ललायित रहा है। यही कारण है कि गुलाबों के कई शानदार बाग विश्व भर में लगाये गए- यूरोप, अमेरिका तथा दूसरे महाद्वीपों में। इन बागों में आने वाला व्यक्ति अपने साथ ऐसी मधुर यादें लेकर लौटता है जिन्हें वह वर्षों मन में संजोये रखता है। विश्व का सबसे प्रसिद्ध गुलाब उद्यान कदाचित पेरिस में बोईस द बोलाग्न स्थित 'बेगेटेले बाग' है, जिसे मेरी एन्टोइनेटे से एक शर्त जीतने के लिए, काम्टे द आर्टोइस ने कीर्तिमान स्थापित करने वाले समय में एक विशिष्ट भवन के साथ निर्मित किया था। इसी के समीप ला हे में एक और मशहूर गुलाब बाग 'रोजेमट द ला' है जिसके बारे में कहा जाता है कि समूचे यूरोप में वहीं पर गुलाब की सबसे अधिक किस्में मौजूद हैं।

इतना ही प्रसिद्ध है जिनेवा का 'पार्क ला ग्रेंज'। 1946 में स्थापित इस उद्यान में गुलाब के 12,000 पौधे हैं। झील के किनारे स्थित इस बाग में गुलाब में बहार आने के मौसम में रोशनी की जाती है और बेले, आपेरा तथा कन्सर्ट जैसे नृत्य-संगीत के आयोजन तथा

कभी-कभी फैशन शो भी आयोजित किये जाते हैं। इंग्लैंड के सेन्ट एलबेन्स में रायल नेशनल रोज सोसायटी के मुख्यालय 'गार्डेन्स ऑफ रोज' दुनिया के उत्कृष्टतम गुलाब उद्यानों में से एक है। यही बात रीजेन्ट पार्क, लन्दन के 'क्वीन्स मेरी रोज गार्डन' के बारे में कही जा सकती है। आयरलैंड में 'रसबरो' के गुलाब सुप्रसिद्ध हैं। मेड्रिड (स्पेन) का 'रोजालेड' गुलाब के मंडपों और सुरंगों के लिये प्रसिद्ध है। इसके अतिरिक्त, यूरोप, फ्रांस, बेल्जियम, नीदरलैंड, डेनमार्क तथा जर्मनी में अनेक सुन्दर गुलाब उद्यान हैं। अमेरिका में सर्वश्रेष्ठ गुलाब उद्यान पोर्टलैंड, ओरेगॉन का माना जाता है तथा अन्य विख्यात उद्यान हैं- हार्टफोर्ड, कनेक्टिकट का 'एलिजाबेथ पार्क', लॉस एंजेलिस का 'डेसकेन्सो गार्डन', तथा टेक्सास का 'टाइलर म्यूनीसिपल गार्डन'। हर्शे का औपचारिक उद्यान भी प्रसिद्ध है। भारत में इन विदेशी उद्यानों की टक्कर के गुलाब उद्यान तो नहीं हैं, परन्तु हाल में कुछ सुन्दर बाग बनाये गए हैं, जैसे पटियाला के भूतपूर्व महाराजा का उद्यान और चंडीगढ़ में 6.5 हैक्टर (16 एकड़) भूमि पर फैला 'जाकिर गुलाब उद्यान'। हाल ही में रोज सोसायटी ऑफ इंडिया ने नई दिल्ली के चाणक्यपुरी क्षेत्र में एक सुन्दर राष्ट्रीय गुलाब उद्यान स्थापित किया है जहां मौसम में बड़ी संख्या में लोग आते हैं।

भारत में गुलाब

भारत में, जंगली रूप में उगने वाली गुलाब की अनेक किस्में मुख्यतः हिमालय पर्वत शृंखलाओं में पाई जाती हैं। लेकिन गुलाब की खेती योग्य किस्में यहां बहुत बाद में आई हालांकि बी.एस. भट्टाचार्जी का मानना है कि भारत में गुलाब की खेती प्राचीन काल से ही की जा रही है जिसका उल्लेख आदि संस्कृत ग्रंथों में 'तरुणि पुष्प', 'अतिमंजुला' तथा 'सीमांतिका' नामों से मिलता है। मुगल बादशाह फूलों के बड़े प्रशंसक रहे हैं और सम्राज्ञी नूरजहां को गुलाब के अत्तर की खोज का श्रेय दिया जाता है। हालांकि शहंशाह जहांगीर के स्मृतिलेखों (अंग्रेजी अनुवाद, 1909, 1914) के अनुसार यह खोज वस्तुतः नूरजहां की मां सलिमा सुल्तान बेगम ने की थी। कुछ समय पूर्व तक भारत में गुलाबों के प्रजनन का कार्य शायद ही कहीं होता था और हमारे उद्यानों की शोभा बढ़ाने के लिये नई किस्में यूरोप तथा अमेरिका से मंगवाई जाती थीं। लेकिन उन ठण्डे देशों में गुलाब जिन दशाओं में उगता है वे भारत के अधिकांश भागों के मौसम से काफी भिन्न हैं। यहां केवल पर्वतीय क्षेत्रों में ही विदेशों के अनुभवों का इस्तेमाल किया जा सकता है।

मिसाल के तौर पर एक महत्वपूर्ण कारक- पुष्पन के समय को ही लें। यूरोप और अमेरिका के अधिकांश भाग जाड़ों में बर्फ से ढके रहते हैं। इन दिनों गुलाब अपनी पत्तियां गिरा देते हैं और उन्हें अत्यधिक निम्न तापमान से बचाने के लिए व्यापक इंतजाम करने पड़ते हैं, वरना वे मर जाएंगे। वहां गुलाबों के फूलने का समय गर्मियों का है, यद्यपि कुछ नई किस्मों में शरद तक फूल आते रहते हैं। फूल आते समय पाला नहीं पड़ता, हालांकि इंग्लैंड जैसे देशों

में लम्बे समय तक नमी बनी रह सकती है। वहां गुलाब की किस्मों का विकास इन दशाओं को ध्यान में रखकर किया जाता है। भारत के अधिकतर भागों में मौसम ऐसा रहता है कि गुलाब साल भर फूलते हैं और उनके लिए कोई सुप्तावस्था नहीं होती। उत्तरी भारत के मध्य तथा पश्चिमी मैदानों में, जहां कुछ सर्वोत्तम गुलाब उगते हैं, गर्मी काफी अधिक पड़ती है और सर्वोत्तम फूल जाड़ों में आते हैं, जब वर्षा तो शायद ही कभी होती है परन्तु रात का तापमान इतना कम हो जाता है कि वह कलियों को नुकसान पहुंचाता है या उन्हें खिलने ही नहीं देता।

तुलनात्मक अध्ययन के लिए गुलाबों के खिलने की सबसे महत्वपूर्ण अवधि के दौरान दिल्ली और ग्रीनविच (इंग्लैंड) के तापमान नीचे दिये जा रहे हैं। दिल्ली का तापमान दिसम्बर जनवरी, फरवरी और मार्च का लिया गया है जबकि ग्रीनविच का जून, जुलाई, अगस्त और सितम्बर का लिया गया है क्योंकि इस मौसम में सबसे ज्यादा फूल खिलते हैं।

		औसत अधिकतम तापमान				औसत न्यूनतम तापमान			
दिल्ली	(°से.)	23.5	21.2	23.8	30.3	7.8	7.5	9.9	15.2
	(°फा.)	74	70	75	86	46	45	50	59
ग्रीनविच	(°से.)	20.6	22.8	22.2	19.4	10.4	12.2	12.2	20.6
	(°फा.)	69	73	72	67	51	54	54	69

उष्ण क्षेत्रों में गुलाब

भारत के अधिकांश गर्म (उष्ण) इलाकों में कई किस्मों- विशेषकर नारंगी और पीले रंग वाली किस्मों में पूरे रंग विकसित नहीं हो पाते। तटवर्ती शहरों जैसे कलकत्ता, मुम्बई और मद्रास में जलवायु गर्म-नम होने तथा तेज लवणयुक्त हवाओं के चलने से गिनी-चुनी किस्में ही उगाई जा सकती हैं। लेकिन इन कमियों को बढ़ा-चढ़ाकर नहीं आंका जाना चाहिए। लेकिन इसके बावजूद यदि हम इंग्लैंड के मौसम के बारे में कहे एक पर्यटक के विचारों को ध्यान में रखें कि 'वहां नौ महीने जाड़ा रहता है और तीन माह बहुत खराब मौसम' तो जहां तक गुलाबों का सम्बन्ध है, हमें भारत के अधिकांश भागों के मौसम से कोई शिकायत नहीं रहेगी। जहां तक देश के उत्तरी मैदानों का सवाल है, नवम्बर के अंत से मार्च अंत तक रहने वाला गुलाब का मौसम वास्तव में स्वर्गिक आनन्द की अवधि है। इस दौरान कुछ किस्मों में दो बार बहार आती है, तो कुछ में तीन या चार बार तक। मार्च में तो बाग फूलों से लद जाते हैं। रंगों की बहार आ जाती है- जब गुलाबों के साथ-साथ मौसमी पुष्प, बोगेनवीलिया और कुछ वृक्ष भी पुष्पण की चरम अवस्था पर होते हैं। पर अफसोस ! कि इसके बाद लम्बा, गर्म मौसम जो आता है।

1. *रोज़ा ब्रूनोनी* लिण्डले

हिमालय मस्क रोज, यह झाड़ीनुमा बेल हिमालय के मध्यवर्ती क्षेत्र में पाई जाती है। छोटे-छोटे गुच्छों में लगे ये सफेद पुष्प आसपास सुगंध बिखेर देते हैं।

2.· *रोज़ा मस्काटा हरमान;* मस्क रोज
यह छायाचित्र राष्ट्रीय पादप आनुवंशिक संसाधन ब्यूरो के क्षेत्रीय अनुसंधान केन्द्र में लिया गया है। यह प्रजाति मूल रूप से नेपाल से लाई गई थी।

3. *रोज़ा मैक्रोफिला* लिण्डले
हिमालय की एक प्रचलित प्रजाति, आमतौर से गुलाबी फूल, एकल या गुच्छों में आते हैं।

4. *रोज़ा वेबिआना*

वैलिक एक्स रॉयल, यह जंगली, गुलाबी रंग के फूलों की किस्म पश्चिमी हिमालय क्षेत्र में पाई जाती है। यह छायाचित्र खारदूम (लेह) में लिया गया था।

5. *रोज़ा सिरिसिआ* लिण्डले
यह किस्म उपोष्ण हिमालय के पूर्वी कुमाऊं क्षेत्र में बहुलता से पाई जाती है। फूल सफेद या हल्का पीलापन लिए हुए। इसकी विशेषता है केवल चार पंखुड़ियों वाले फूल।

6. *रोजा सिरिसिआ प्टेराकेंथा* फ्रैंकेट
यह प्रजाति लंबे, नुकीले, चटक लाल पंखनुमा कांटों के लिए विख्यात है। यह छायाचित्र 10,500 मीटर ऊंचे हिमालयी कुमाऊं क्षेत्र में लिया गया है।

7. *रोज़ा क्लीनोफिला* थोरी

भारत के शीतोष्ण क्षेत्र में पाया जाने वाला जंगली गुलाब। इसमें सफेद, एकल या गुच्छेदार फूल खड़े पौधों या बेलदार झाड़ियों में होते हैं। सम्पूर्ण भारतवर्ष में खासकर पश्चिम बंगाल के मैदानी भागों में पाये जाते हैं।

8. *रोज़ा लेवीगाटा* माइकॉक्स

भारत में 'व्हाइट मॉरडन' के नाम से प्रचलित यह प्रजाति चीन से लाई गई थी। पांच पंखुड़ियों वाला यह शुद्ध सफेद गुलाब एकाएक सुनहरे पुंकेसर के साथ खिलता है और केवल दस दिन तक ही अपनी आभा बिखेरता है।

9. गुलाब की छटा बिखेरते डाक टिकट

रॉयल नेशनल रोज़ सोसायटी की सौवीं वर्षगांठ पर ब्रिटेन में चार आकर्षक डाक टिकटों का संग्रह जारी किया गया। भारत में गुलाबों पर जारी किये गये पहले दो डाक टिकट (नीचे)। इनमें भारत में विकसित की गई प्रसिद्ध 'सुगंधा' और 'मृणालिनी' किस्में दर्शायी गयी हैं।

जब हम भारत तथा यूरोप व अमेरिका में पौधों की बढ़वार तथा पुष्पन के मौसम में पाई जाने वाली व्यापक भिन्नताओं पर विचार करते हैं तो हमें आश्चर्य होता है कि क्यों हमारे देश में गुलाब की खेती पर लिखी गई किताबों का अभाव है। परन्तु इस कमी के बावजूद हमारे यहां अनेक बेहतरीन गुलाब उगाये गए हैं। इस सदी के आरंभ में, कलकत्ता के आसपास के क्षेत्रों में हाइब्रिड परपीचुअल्स उगाये जाते थे, जिनका स्थान बाद में 'मैरी वान हूट' तथा 'मिसेज बी.आर. कॉन्ट' जैसे टी गुलाबों ने सफलतापूर्वक ले लिया। शीघ्र ही इनके स्थान पर सुप्रसिद्ध हाइब्रिड टी गुलाब जैसे 'बैटी अपरिचर्ड, 'इटोइल द होलांड', 'जानखीर जे.एल. मौक', 'मैडम एबेल चैटने', 'पिक्चर' तथा 'तलिस्मान' आ गए। यहां पर मैं श्री एस. पर्सी लैकेस्टर का उल्लेख अवश्य करना चाहूंगा जो भारत के सर्वश्रेष्ठ उद्यान विज्ञानियों में से एक हैं और कलकत्ता की सुप्रसिद्ध एग्री-हार्टिकल्चरल सोसायटी से सचिव के रूप में जुड़े रहे। इस पुस्तक के प्रथम संस्करण के लेखन के दौरान मैंने 1964 में उनसे सम्पर्क किया और उनके उत्तर की निम्न पंक्तियां यहां पर उद्धृत करना चाहूंगा- 'कलकत्ता में सफलतापूर्वक उगाये गये गुलाबों पर मैंने एग्री-हार्टिकल्चरल सोसायटी (1907) के तत्वावधान में जब काम आरंभ किया तो हम 95 प्रतिशत हाइब्रिड पॉलीएन्था उगाते थे। वे अच्छी बढ़वार वाले थे। अच्छा फूलते भी थे। धीरे-धीरे उनके स्थान पर 'मैरी वान हूट' तथा 'मिसेज बी.आर. कॉन्ट' जैसे टी गुलाब आये, परन्तु हाइब्रिड टी गुलाबों के आगमन के बाद उन्हें भी जाना पड़ा। याद रखें कि कलकत्ता की आबोहवा गुलाबों के लिये बहुत उपयुक्त नहीं है। जलवायु न सिर्फ नम है बल्कि भूमि का जल स्तर ऊंचा होने के कारण गुलाब की जड़ें हमेशा गीली रहती हैं जो उनके मिजाज के अनुरूप नहीं हैं। हमने समय-समय पर गुलाब इकट्ठे किये और निम्न किस्में यहां बेहतर साबित हुईं- 'बैटी अपरिचर्ड', 'कैरोलिन टैस्टआउट', 'कैलेडोनिया', 'डोरोथी पेज-रॉबर्ट्स', 'ग्रुस एन टेपलिज', 'इटोइल द होलांड', 'एच.जी. ग्लासफोर्ड', 'जॉनरवीर जे.एल. मौक', 'लोरेन्ट कार्ले', 'लेडी हेलेन मैगलोना', 'लेडी हिलिंग्डन', 'मैडम एबेल चैटने', 'मार्सिया स्टेनहोप', 'पिक्चर', 'रेतेरेंड एफ. पेज-रॉबर्ट्स', 'शाट सिल्क', 'तलिस्मान', 'विलियम शीन'। मुझे इन किस्मों को उगाने में आंशिक भी सफलता नहीं मिली और कई बार असफल रहने के बाद मैंने हताश होकर इन्हें छोड़ दिया।

कुछ ऐसे ही गुलाबों के विभिन्न वर्गों को एक-दूसरे का स्थान लेते, देश के दूसरे भागों में भी देखा गया है। विगत तीन दशकों में अवश्य ही आधुनिक हाइब्रिड तथा फ्लोरीबन्डा गुलाबों में लोगों की रुचि बढ़ी है। आशा है कि यह पुस्तक, जिसे एक शौकिया गुलाब प्रेमी ने अपने अनुभवों के आधार पर लिखा है, भारत के गुलाब प्रेमियों के लिए रोचक तथा उपयोगी साबित होगी- चाहे वे पुराने गुलाब उगाते हों अथवा नये। गुलाबों की खेती, चयन, परिवर्धन जैसी सूचनाओं के अतिरिक्त इस पुस्तक में गुलाबों की उत्पत्ति, इतिहास, वर्गीकरण, कला-साहित्य के महत्व जैसी सामान्य रुचि की जानकारी भी पाएंगे। आशा है, इस कृति को केवल वही लोग रुचिकर नहीं पायेंगे, सौभाग्य से, जिनके पास गुलाबों का एक उद्यान है बल्कि वे गुलाब प्रेमी भी इससे आनन्दित हो सकेंगे जिनका यह प्रिय पुष्प है।

अध्याय 2

साहित्य और कला में गुलाब

कितना प्राचीन है गुलाब ? निस्संदेह मानव जाति से तो अधिक पुराना ही है यह। कोलोराडो क्षेत्र में पाये गए गुलाब के जीवाश्म (फौसिल), विशेषज्ञों के अनुसार, कोई चार करोड़ साल पुराने हैं। परंतु कुछ लोगों का मानना है कि गुलाब इससे भी पुराना है। वाल्टर द ला मेअर ने अपनी प्रसिद्ध एवं प्रायः उल्लिखित पंक्तियों में ठीक ही कहा है कि

> कोई भी मनुष्य नहीं जानता
> कि कितनी शताब्दी पुरानी
> है गुलाब की उद्भव यात्रा!

आश्चर्य नहीं कि कई प्राचीन सभ्यताओं के मिथकों- दंतकथाओं, काव्य तथा संगीत में गुलाब का वर्णन मिलता है। धार्मिक कृत्यों में, वास्तुकला संबंधी अलंकरण में, आभूषणों के सुंदर डिजाइनों में, चीनी मिट्टी और मिट्टी से बने पात्रों में तथा कशीदाकारी में गुलाब को नमूने के रूप में प्रयोग किया जाता रहा है।

मिथकों और दंतकथाओं में गुलाब

अनेक मिथकों तथा दंतकथाओं से यह स्पष्ट हो जाता है कि गुलाब ने हमारे पूर्वजों की कल्पनाशीलता पर प्रभाव डाला है। इसका एक श्रेष्ठ उदाहरण वह कथा है जो गुलाब के रंग से संबंधित है। एक कथा के अनुसार गुलाब का पहला फूल ईडन के उद्यान में खिला था और वह सफेद रंग का था। परंतु जब ईव ने उसे देखा और चूमा तो वह शरमा कर लाल हो गया। एक अन्य दंतकथा के अनुसार अपने उद्दण्ड प्रेमियों से बचने के लिए एक गौरी ग्रीन कुमारी -रोडेन्ये ने जब आर्टिमिस के मंदिर में शरण ली तो शुचिता की देवी ने उसे गुलाब में बदल दिया। ऐसे गुलाब पुष्प में जिसके चेहरे पर वही आभा बनी रही जो उस कुमारी के चेहरे पर अपने आसक्त प्रेमियों की गड़ती निगाहों के कारण उभरी थी।

ग्रीक और रोम की दंतकथाओं में गुलाब की चर्चा प्रेम और सौन्दर्य की देवी से जुड़ी हुई है। बाटूटीसेली की प्रसिद्ध कलाकृति 'वीनस का जन्म' में वीनस को गुलाबों के साथ

हल्के नीले समुद्र से उठते हुए दर्शाया गया है। यदि गुलाब के अंग्रेजी अक्षरों रोज (ROSE) को उलट-पलट दिया जाए तो शब्द ईरोस (EROS) बनता है जो प्रेम का देवता है। किसी भी दूसरे फूल की अपेक्षा गुलाब का संबंध प्यार और रोमांस के अधिक निकट रहा है। कहा गया है कि गुलाब की पंखुड़ियां तभी खुलती हैं जब इस पुष्प का प्रेमी जेफिर उसे चूमता है। एक अन्य दंतकथा बताती है अपने प्रेमी एडोनिस से मिलने जाते हुए एक कुंज में वीनस के पैर में कांटा चुभ गया और उसके घायल पैर से खून के जो कतरे निकले, उन्हीं से लाल गुलाब का जन्म हुआ।

प्राचीन मिस्र में वहां की देवी आइसिस की पूजा-अर्चना के समय गुलाबों की माला चढ़ाने की प्रथा थी। एपूलियस की सुप्रसिद्ध कथा 'सोने का गधा' में नायक को उसके गुनाहों की सजा देने के लिये गधे में बदल दिया जाता है। बाद में अनेक जोखिम और मुसीबतें झेलने के बाद जब गधे को सच्चे मन से पछतावा हुआ तो आइसिस ने स्वप्न में उसे यह उपाय बताया कि आगामी पर्व के अवसर पर उसके भक्तों द्वारा लाई जाने वाली मालाओं में से वह मुट्ठी भर गुलाब चबा जाए। लुसियस ने वही किया और पुनः मानव रूप प्राप्त किया।

बैसिटी ने एक सुंदर भारतीय पौराणिक कथा का उल्लेख किया है जिसके अनुसार जब भगवान विष्णु मृत्युलोक में आये और एक सरोवर में स्नान कर रहे थे तो कमल का एक फूल खिला, जिसमें से ब्रह्मा अवतरित हुए। उन्होंने कहा कि कमल ही दुनिया का सबसे सुंदर पुष्प है। विष्णु इस पर तो सहमत थे कि कमल एक सुंदर पुष्प है पर सर्वोत्तम वाली बात पर नहीं। उन्होंने ब्रह्मा को अपने स्वर्गलोक- बैकुण्ठ में आमंत्रित किया। वहां विष्णु ने उन्हें एक सुंदर कुंज में लगी गुलाब की झाड़ी को दिखाया जिस पर केवल एक ही पुष्प खिला था। चन्द्रमा जैसे मनोहारी पीले रंग के, सुमधुर सुगंध वाले उस पुष्प को देख ब्रह्मा ने सादर शीष झुकाते हुए स्वीकार किया कि 'यही है संसार में उगने वाला सर्वाधिक सुंदर पुष्प !' रोजामंड रिचर्डसन ने एक अन्य भारतीय दंतकथा का उल्लेख करते हुए लिखा है कि 'सर्वाधिक सौंदर्यमयी देवी लक्ष्मी का जन्म एक ऐसे गुलाब के हृदय से हुआ था जिसमें 108 बड़ी तथा 1008 छोटी पंखुड़ियां थीं।"

गोपनीयता का प्रतीक

गुलाब को गोपनीयता का प्रतीक भी माना जाता रहा है। एक यूनानी दंतकथा के अनुसार ईरोस ने शांति के देवता को बाग में उगा पहला गुलाब भेंट-स्वरूप प्रदान किया। यह भेंट इसलिये दी गई थी कि शांति के देवता, ईरोस की मां की प्रेमकथा को गुप्त ही बनाये रखें। तभी से वहां 'सब रोजा' के नाम से प्रचलित प्रथा चल पड़ी, जिसके अनुसार किसी बैठक के दौरान कक्ष में सफेद गुलाब का एक खिला फूल और उसके नीचे दो अनखिली कलियां रख दी गई हों तो वहां होने वाली सारी बातचीन गुप्त रखी जाती है।

प्राचीन रोम में लोकप्रियता

प्राचीन रोमवासी गुलाब के बड़े प्रशंसक थे। सम्राट नीरो को गुलाबों से इतना लगाव था कि उसके महल के कोने-कोने में गुलाब रखे जाते थे। फर्श पर गुलाब की परतें बिछी रहती थीं और जब मेहमान उस पर चलते थे, वातावरण उनकी मधुर गंध से भर उठता था। साम्राज्ञी क्लियोपेट्रा के बारे में तो मशहूर है कि जब उसने मार्क एन्टोनी का अपने महल में स्वागत किया था तो फर्श पर घुटने-भर उंची गुलाब की पंखुड़ियां बिछी थीं।

गीत-संगीत में गुलाब

गुलाब की प्रशस्ति में रिचर्ड स्ट्रॉस द्वारा तैयार किया गया संगीत 'डॅर रोजनकेवेलियर' तथा बेवर के संगीत पर निजिन्सकी द्वारा निर्मित बैले (नृत्य-नाटिका) सुप्रसिद्ध हैं। जोहान स्ट्रॉस के मनोहारी नृत्य 'रोजेज ऑफ द साउथ' के बारे में सभी जानते हैं। अनेक सुप्रसिद्ध गानों का विषय भी गुलाब ही रहा है जैसे थामस मूर रचित 'द लास्ट रोज़ ऑफ समर'।

गुलाब के सौन्दर्य तथा सुगंध की शान में अनेक कवितायें लिखी गई हैं। 600 वर्ष ई. पूर्व जन्मी लेवोस की कवियित्री सैफो ने इस पुष्प के सम्मान में कदाचित सुन्दरतम कविता लिखी हैः

'सुन्दरता में बेजोड़ किसी पुष्प को
यदि फूलों की अनूठी दुनिया का
शासक नियुक्त करना चाहें, तो
सहमत होगी मानवता सारी
कि गुलाब, केवल गुलाब ही-
जो है पौधों की शान, कुंजों की जान,
जिसमें है आसव की अरुणाई, कोपलों की तरुणाई-
फूलों की मल्लिका कहलाने योग्य है
.............।'

एक ग्रीक कवि एनाक्रियान ने भी गुलाब को फूलों की रानी बताया था।

बाद के वर्षों में भी अनेक कवियों-लेखकों ने गुलाब की प्रशंसा में रचनायें लिखी हैं। पीटर कोट्स के अनुसार शेक्सपियर ने अपनी रचनाओं में गुलाब के बारे में साठ से अधिक उपमाओं का प्रयोग किया है- प्रायः पूर्णता के प्रतीक के रूप में। हैरिक, ले हुंट, ब्लेक, कीटस् तथा शैली ने भी गुलाब के गुणगान किये हैं। परंतु गुलाब के सौंदर्य-सुगंध की चर्चा केवल अंग्रेजी कवितओं में ही नहीं हुई है फारसी काव्य में भी परियों के गुलाब प्रेम से संबंधित अनेक कथायें कही गई हैं। सादी रचित 'गुलिस्तां' का तो अर्थ ही गुलाब का बाग है। निजामी

की रहस्य कथायें भी गुलाब पर आधारित हैं।

चित्रकला में गुलाब

सुंदरता के प्रतीक के रूप में गुलाब के प्राचीनतम प्रयोग का संदर्भ कदाचित क्रीट में नोसौस के "हाउस आफ फ्रेस्कॉस' में बने सजावटी मोटिफ में देखने को मिलता है जो ई. पू. 16वीं सदी के मध्य के समझे जाते हैं। यद्यपि इस मोटिफ में अंकित फूल में पांच नहीं बल्कि छः पंखुड़ियां हैं, परंतु उसकी पत्तियों से स्पष्ट होता है कि वह गुलाब ही है। मिनों के सुनार भी आभूषणों में गुलाब के फूल तथा पत्तियों का अलंकरण करते थे। ग्रीक तथा रोमन कलाकृतियों में भी अत्यंत विशिष्ट गुलाबों का अंकन मिलता है, यद्यपि कई बार यह कहना मुश्किल हो जाता है कि अंकित फूल गुलाब ही है।

चौदहवीं सदी के एक महाकाव्य 'रोमांट द ला रोज' की पांडुलिपि पर भी लाल गुलाब बनाये गये थे। इसके बाद के अनेक चित्रों और आभूषणों में गुलाब देखने को मिलता है। कदाचित सबसे प्रसिद्ध गुलाब-चित्रकार पियरे जोसेफ रिडाउट था, जिसे साम्राज्ञी जोसेफीन द्वारा इस पुष्प के चित्रांकन का कार्य सौंपा गया था। गुलाब का चित्रांकन करने वाला एक अन्य समर्पित कलाकार फेन्टिन लेटूर था। एल्फ्रेड पार्सन्स का गुलाब अंकन भी प्रसिद्ध है।

ताज में गुलाब

ताज में गुलाब के अंकन का रिवाज मध्य काल से ही प्रचलन में रहा है। अनेक अंग्रेज सम्राटों के मुकुट में गुलाब को उकेरा गया है। यहां तक कि गुलाब इंग्लैण्ड का राष्ट्रीय पुष्प ही बन गया। बाद में कुछ अमरीकी राज्यों ने भी गुलाब को प्रतीक-चिन्ह के रूप में स्वीकार किया।

अमेरिका में गुलाब प्रेमियों और गेंदा प्रेमियों के बीच लम्बे समय के द्वन्द्व के बाद, एक ताजा रिपोर्ट के अनुसार विजय अंततः गुलाब की ही रही। अनेक प्रसिद्ध रेजिमेंटों की कीरीट-चिन्ह के रूप में भी गुलाब ने ही स्थान पाया है। यही नहीं, कई देशों के डाक टिकटों में भी गुलाब को दर्शाया गया है तथा उस पर विशेष टिकट श्रृंखला निकाली गई है।

आधुनिक युग में गुलाब

आधुनिक युग में भी गुलाब अनेक रोचक उत्सवों से जुड़ा हुआ है। लंकाशायर फ्यूजीलियर्स के किसी सैन्य अधिकारी को, रेजिमेन्टल ओल्ड कामरेडस् एसोसिएशन के वार्षिक रात्रिभोज में, परंपरानुसार मिन्डेन गुलाब का एक समूचा फूल खाना पड़ता है। यह परंपरा इस रेजिमेन्ट की उस प्रसिद्ध विजय की याद में विगत दो सौ वर्षों से चली आ रही है, जिसमें हर सैनिक युद्ध में जाने से पहले निकटवर्ती बाग से तोड़कर अपनी वर्दी में गुलाब का एक फूल लगाया करता था। इस रेजिमेन्ट का हर नया अफसर आज भी अपने पहले 'मेडन बॉल' (नृत्य समारोह)

में वर्दी में गुलाब का फूल अवश्य लगाता है।

भारत में आज पूजा-अर्चना तथा मालाओं में गुलाब का बहुतायत से प्रयोग होता है जिसके बिना कोई भी समारोह पूरा नहीं होता और विश्व के हर देश की फुलवारियों में गुलाब का स्थान तो सर्वोपरि है ही। साथ ही पुष्प सज्जा, बटनहोल, आदि में भी गुलाब का इस्तेमाल किया जाता है। स्वतंत्र भारत के लोकप्रिय, प्रथम प्रधानमंत्री जवाहरलाल नेहरू तो अपनी शेरवानी के बटनहोल में हमेशा गुलाब की एक कली लगाया करते थे।

अध्याय 3

गुलाबों का वर्गीकरण

जंगली गुलाब

सामान्यतया स्वीकृत, रेहडर के वर्गीकरण के अनुसार गुलाब की लगभग 120 प्रजातियां हैं जो विश्व के उत्तरी शीतोष्ण और उपोष्ण क्षेत्रों में पायी जाती हैं। ये प्रजातियां न्यू मैक्सिको से उत्तरी अमेरिका के आर्कटिक क्षेत्रों, उत्तर-पूर्वी अफ्रीका के एबीसिनीया क्षेत्र, वृहद हिमालयी पट्टी के पर्वतों तथा चीन और जापान के पर्वतीय क्षेत्रों में फैली हुई हैं। भारत में उगने वाली वास्तविक जंगली प्रजातियों के गुलाबों का विवरण आगे दिया जा रहा है।

1. *रोज़ा ब्रूनोनी*

यह एक मजबूत, लतीय एवं झाड़ीदार गुलाब है जिसके तने 5 मीटर या इससे भी अधिक ऊंचे होते हैं। कांटे हुक के आकार के तथा छोटे होते हैं और पूरे तने पर फैले रहते हैं। इसमें अनेक सफेद, कस्तूरी की सी महक वाले फूल मई से जुलाई माह में आते हैं। फल गोल या अंडाकार, नारंगी लाल या गहरे-भूरे होते हैं। यह प्रजाति मध्य तथा पश्चिमी हिमालयी क्षेत्र में 3 हजार मीटर की ऊंचाई तक पाई जाती है और हिमालय की सामान्य मस्क रोज़ प्रजाति है। फ्रान्सिस बेकन के शब्दों में 'इसकी सुमधुर महक, संगीत लहरी की भांति, वायु के झोंकों के साथ आती-जाती है'। पहले **रोज़ा ब्रूनोनी** तथा **रोज़ा मस्काटा** के बीच कुछ भ्रम था, परन्तु जी क्रुसमान ने अपनी पुस्तक 'द कम्प्लीट बुक ऑफ रोज़ेज़' में कहा है कि यद्यपि दोनों प्रजातियों के लक्षण बहुत मिलते-जुलते हैं परन्तु **रोज़ा ब्रूनोनी** के पर्ण-पत्र संकरे होते हैं तथा इसमें बड़े गुच्छों में छोटे फूल लगते हैं। तथापि मॉडर्न रोज़ेज़-8 नामक पुस्तक के अनुसार **रोज़ा ब्रूनोनी** ही **रोज़ा मस्काटा नेपालेन्सिस** प्रजाति है।

2. *रोज़ा क्लिनोफिला* थोरी

यह छोटी, सीधी बढ़ने वाली या अर्द्धलतीय प्रजाति है जिसके सफेद फूल एकल या गुच्छों में आते हैं तथा फल गोल, रोमिल व हल्के रंग के होते हैं। यह भारत भर में, विशेषकर पश्चिम बंगाल के मैदानी क्षेत्रों में, नदियों और दलदली भूमि में पाई जाती है। नदी के किनारे

दलदली क्षेत्रों में यह प्रजाति भारत के उष्ण क्षेत्रों में जंगली रूप में उगती है। कभी-कभी इसके पौधे बरसात के मौसम में जल में डूबे रहते हैं और केवल फलयुक्त टहनियां पानी के ऊपर दिखाई देती हैं।

बोटेनिकल सर्वे ऑफ इंडिया के जी. पाणिग्रही के अनुसार यह प्रजाति तीन वानस्पतिक किस्मों में बांटी जा सकती है, जिनमें से दो भारतीय उप-महाद्वीप की देशज हैं, जबकि तीसरी सुदूर पूर्व में पाई जाती है। उष्णकटिबंधीय दशाओं के लिए उपयुक्त गुलाब की किस्में विकसित करने हेतु प्रजनन कार्यक्रम की दृष्टि से इस प्रजाति का महत्व कम नहीं है तथा ई.एफ.एल. (1977) के अनुसार यह नोइसेट क्लाइम्बर-लामार्क-जैसी उद्यान किस्मों की संभावित आरंभिक किस्म है। चूंकि इस किस्म में आनुवंशिक तथा पारिस्थितिक परिवर्तन लगभग नगण्य होते हैं, अतः यह प्रजनन प्रयोजनों के लिए आदर्श है।

3. *रोज़ा इग्लैन्टीरिया* (स्वीट ब्रायर या इग्लैन्टाइन)

यह पत्तीदार झाड़ीनुमा पौधा है जिसमें हरेक शाखा में एक से तीन तक गुलाबी फूल आते हैं। फल गोल तथा नारंगी-लाल या गहरे लाल होते हैं। यह सामान्यतः गिलगिट, कश्मीर तथा पश्चिमी तिब्बत में पाई जाती है। यह बाड़ के रूप में भी उगाई जाती है।

4. *रोज़ा फीटिडा*

यह मध्यम ऊंचाई का, सीधे बढ़ने वाला झाड़ीदार गुलाब है जिसमें एकल या छोटे समूह में, तीव्र सुगंध वाले, गहरे पीले फूल लगते हैं। इसके फलों में विटामिन-सी होता है। यह उद्यान गुलाबों की एक महत्वपूर्ण प्राचीन किस्म है, जिसे आस्ट्रियन ब्रायर भी कहा जाता है। परनेट डचर द्वारा किए उल्लेखनीय संकरण में प्रयुक्त रोजा फीटिडा भारतीय प्ररूप नहीं था।

5. *रोज़ा गेन्टिया*

इसके पौधे लतीय तथा मोटे, हुक के आकार के कांटे वाले होते हैं। फूल सुगंधित, सफेद या हल्के पीले तथा एकल होते हैं। फल गोल या नाशपाती के आकार के, मोटी भित्ति वाले, पीले या नारंगी होते हैं। यह प्रजाति बर्मा से सिक्किम तक पाई जाती है। यह मणिपुर में अत्यन्त प्रचलित है और वहां जंगली टी रोज के नाम से जानी जाती है। ग्राहम स्टुअर्ड थामस के अनुसार यह लचीली पंखुड़ीदार प्रजाति है जो टी रोज का हल्का पीला प्रारूप (प्रोटोटाइप) है, जिसकी वर्तमान उद्यान गुलाबों के पूर्वज के रूप में महत्वपूर्ण भूमिका है।

6. *रोज़ा लेश्चेनोल्टियाना*

यह अत्यधिक बढ़वार वाला लतीय गुलाब है जिसकी शाखाएं छोटे, बैंगनी, हुक के आकार के, कांटों से युक्त होती हैं। पुष्प बड़े, गुलाबी, सुगंधित तथा छोटे समूहों में लगते हैं। फल गोल, लाल तथा खुरदरी त्वचा वाले होते हैं। यह पश्चिमी घाट तथा नीलगिरी और पलनी पहाड़ियों में एक हजार मीटर की ऊंचाई पर पाया जाने वाला सामान्य गुलाब है।

7. *रोज़ा लौंगीकस्पिस*

इसका पौधा मजबूत, कम कांटों वाला, सदाबहार तथा लतीय होता है। सफेद फूल गुच्छों में पाए जाते हैं। फल गोल और गहरे लाल या नारंगी होते हैं। यह खासी और मिसमी पर्वत श्रेणियों में 3 हजार मीटर की ऊंचाई तक पाया जाता है।

8. *रोज़ा मैक्रोफिला*

यह सीधा बढ़ने वाला पर्णपाती 4.5 मीटर (15 फुट) की ऊंचाई तक का पौधा होता है जो कि हिमालयी जंगली गुलाबों के सबसे सुन्दर पौधों में एक है। इसके फूल गहरे गुलाबी रंग के और मधुर सुगंध वाले होते हैं। ग्राहम स्टुअर्ट टॉमस के अनुसार इतने सुंदर फूलों वाले गुलाब बहुत कम हैं। फल बड़े फ्लास्क के आकार के तथा लाल होते हैं, जिन्हें खाया जाता है। यह वह पौधा है जिसके फूल और फल, दोनों सुन्दर होते हैं। यह शीतोष्ण हिमालयी क्षेत्र में बहुतायत में पाया जाता है।

9. *रोज़ा मस्काटा*

यह एक झाड़ीदार पौधा है जिसमें तीन से चार मीटर लम्बी घुमावदार शाखाएं निकलती हैं। फूल सफेद तथा प्रायः तीन के समूह में बड़े गुच्छों में लगते हैं और सुगंधित होते हैं। यह किस्म रोज़ा ब्रूनोनी से काफी मिलती है। परन्तु जहां ब्रूनोनी में फूल जून-जुलाई में आते हैं वहां मस्काटा में अगस्त से पाला पड़ने तक। क्रुसमान के अनुसार पुष्पन का यह मौसम नये गुलाबों के प्रजनन की दृष्टि से महत्वपूर्ण होता है। यही कारण है कि रोज़ा मस्काटा किस्म उद्यान गुलाबों के विकास की दृष्टि से महत्वपूर्ण प्राचीन किस्म मानी जाती है।

10. *रोज़ा सीरीसिआ*

इसकी झाड़ी सीधे बढ़ने वाली तथा अत्यधिक कांटेदार होती है। यह चार पंखुड़ियों वाला एकमात्र गुलाब है जिसके फूल क्रीमी पीले रंग के व एकल होते हैं। इसके कांटे बड़े तथा अक्सर चपटे होते हैं। रोज़ा सीरीसिआ किस्म टेराकेन्था में कांटे विशेष रूप से बड़े पंख के आकार के चमकीले तथा नये होने पर अपारदर्शी लाल रंग के होते हैं। किंगडम वार्ड के

अनुसार यह प्रजाति उत्तर-पूर्वी भारत में पाई जाती है और इसकी फूल गद्दियां कुरमुरी, जायकेदार तथा मीठी होती हैं।

11. *रोज़ा वेबिआना*

यह मध्यम आकार की सीधे बढ़ने वाली झाड़ी है। इसमें एकल या छोटे समूहों में गुलाबी फूल लगते हैं। फल हल्के-लाल तथा फ्लास्क के आकार के होते हैं। यह हिमालय में 3 हजार से 4 हजार मीटर ऊंचाई वाले क्षेत्रों में और लद्दाख में काफी संख्या में पाये जाते हैं। इसके फल खाये जा सकते हैं और इनमें विटामिन-सी की प्रचुर मात्रा होती है।

उपर्युक्त किस्मों के अलावा उत्तरी भारत के पर्वतीय क्षेत्रों में प्राकृतिक रूप से पायी जाने वाली कुछ अन्य किस्में हैं- रोज़ा बैंकसी, रोज़ा लेवीगाटा तथा रोज़ा मल्टीफ्लोरा। इनमें से पहली किस्म के सफेद तथा पीले दोहरे फलों वाले प्ररूप कुछ बागों में उगाए गए हैं। लेवीगाटा किस्म को 'व्हाइट मॉर्डन' नाम से उगाया जाता है। रोज़ा मल्टीफ्लोरा का उपयोग देश के कुछ भागों में कलिकायन के लिए बड़े पैमाने पर किया जाता है। अफगान रोज़ या रोज़ा एकी को कारगिल (लद्दाख) में बाड़ के रूप में प्रयोग किया जाता है। भारत में पायी जाने वाली कुछ जंगली तथा प्राकृतिक किस्में बड़ी भव्य हैं परन्तु उन्हें पूरे निखार में और भरपूर पुष्पन की अवस्था में केवल वही लोग देख पाते हैं जो पर्वतों में ऊंचे स्थानों पर जा सकते हैं। निश्चय ही, जंगली किस्मों का बेताज बादशाह रोज़ा गाइगेन्टिया है जो सुविख्यात गुलाब पारखी नैन्सी स्टीन के अनुसार 60 फीट से भी अधिक फैलावदार होता है और इसके फूलों का व्यास 6 इंच होता है। इसके फल छोटे सेब के आकार के होते हैं और कुछ उत्तर-पूर्वी राज्यों में बाजार में भी बिकते हैं। किंगडम वार्ड ने मणिपुर में पौधों की खोज के दौरान इस किस्म के बारे में बताया है कि इसके कुछ पौधों के तने तो मनुष्य की बांह जितने मोटे होते हैं जो सौ फुट तक लम्बे और चपटे कांटों से भरे हुए होते हैं। उसने इसके खूबसूरत और बहुत अधिक संख्या में लगने वाले मधुर, सुगंधयुक्त फूलों का वर्णन भी किया है और लिखा है कि मार्च माह में इसे देखना एक दिलकश अनुभव होता है।

कुछ अन्य किस्मों के फल भी खाने योग्य होते हैं। कुछ के फल अत्यन्त सुन्दर आकार के होते हैं। अनेक देशों में विटामिन-सी की प्रचुरता होने के कारण गुलाब के फलों से जैम और जैली बनाने के उल्लेख मिलते हैं। भारत में कुछ प्रजातियों के फल दुरूह क्षेत्रों के निवासियों द्वारा खाद्य के रूप में उपयोग किये जाते हैं।

उगाये जाने योग्य गुलाब

उद्यान में उगाये जाने वाले गुलाबों के विकास में जिन आठ महत्वपूर्ण किस्मों का योगदान है, वे हैं रोज़ा चाइनेन्सिस, रोज़ा डेमेसीना, रोज़ा फीटिडा, रोज़ा गैलिका, रोज़ा गाइगेन्टिया, रोज़ा मस्काटा, रोज़ा मल्टीफ्लोरा तथा रोज़ा विचूरियाना। मोटे तौर पर उगाये जाने योग्य गुलाबों

को दो वर्गों में रखा जा सकता हैः (1) सन् 1800 से पहले विकसित गुलाब तथा (2) सन् 1800 के बाद विकसित किस्में। पहले वर्ग में अधिकांश गुलाब रोज़ा गैलिका नामक फ्रान्सिसी किस्म से विकसित हुए थे। किस्मों के विकास में दूसरी महत्वपूर्ण किस्म रोज़ा डेमेसिना थी, जिसमें पुनः दो वर्ग सम्मिलित हैं- (1) जिसमें केवल गर्मियों में फूल लगते हैं तथा (2) जिसमें शरद ऋतु में भी थोड़े-बहुत फूल लगते हैं। यह सुझाव दिया गया है कि यह दूसरा वर्ग रोज़ा गैलिका और रोज़ा मस्काटा या इसी वर्ग के किसी अन्य किस्म के संकरण का परिणाम है।

पूर्व से आये गुलाब

सन् 1800 के बाद वाली अवधि में सुदूर पूर्वी किस्मों- *रोज़ा चाइनेन्सिस* तथा *रोज़ा गाइगेन्टिया* का प्रमुख योगदान था। अनेक संकरणों के फलस्वरूप पहले नोइसेट तथा बागवान किस्मों तथा बाद में टी और हाइब्रिड परपिचुअल जैसे वर्गों का विकास हुआ। कालान्तर में एक महत्वपूर्ण वर्ग हाइब्रिड के विकास से गुलाबों में नये-नये रंगों का समावेश हुआ। इसी क्रम में पोलिएन्था तथा आधुनिक पोलिएन्था गुलाबों का भी विकास हुआ। टी वर्ग के गुलाब लगातार पुष्पन के कारण और हाइब्रिड परपिचुअल अपने भव्य आकार तथा तीव्र सुगंध के कारण महत्वपूर्ण बने। जहां टी गुलाब नाजुक होने के कारण ठण्डे इलाकों में जाड़े से बचाव की अपेक्षा रखते हैं, वहीं हाइब्रिड परपिचुअल अधिक दृढ़ होते हैं।

हाइब्रिड टी गुलाबों का विकास

गुलाबों की दुनिया की एक महत्वपूर्ण घटना हाइब्रिड टी गुलाबों का विकास है जिसमें टी तथा हाइब्रिड परपिचुअल वर्गों के गुणों को मिलाने का प्रयास किया गया। पहला हाइब्रिड टी गुलाब कदाचित 'ला फ्रान्स' माना जाता है जिसका विकास फ्रान्सिसी गुलाब प्रजनक गिलॉट द्वारा सन् 1867 में किया गया था। यह बड़े फूलों वाला, रूपहले गुलाबी रंग का, सुमधुर सुगंधयुक्त गुलाब है जिसे हाल तक भारत में बंगाल, बिहार तथा बंगलौर जैसे स्थानों में उगाया जाता था। धीरे-धीरे हाइब्रिड टी जैसे गुलाबों का महत्व बढ़ता गया और इस सदी के आरंभिक वर्षों में वे उद्यानों की शोभा बन गये। यदि गुलाब फूलों की रानी है, तो हाइब्रिड टी गुलाबों की रानी। बहुत लम्बे समय तक गुलाबों के रंग सफेद, गुलाबी, लाल, गहरा क्रिमसन (किरमिजी) तथा जामनी तक सीमित थे। बीसवीं सदी में इस दिशा में महत्वपूर्ण क्रान्ति आई जब परनेट डचर ने अपने प्रजनन कार्यक्रम में रोज़ा फीटिडा किस्म का समावेश कर पहला पीला हाइब्रिड टी- 'सोलील ड ओर' विकसित किया। 'सोलील ड ओर' तथा अन्य संकर गुलाबों से रोज़ा फीटिडा बाइकलर के संकरण द्वारा परनेटियाना गुलाबों का विकास किया गया जिनका रंग चमकीला पीला या नारंगी था। परन्तु उनमें महक नहीं थी और वे ब्लैक स्पॉट (काला धब्बा) रोग के प्रति सहिष्णु थे। बाद के प्रजनन कार्यक्रमों में इस कमी को काफी हद तक दूर कर लिया गया और कालान्तर में पैरेन्टियाना का प्रचलन भी समाप्त हो गया।

पोलिएंथा गुलाबों का उदय

गुलाबों के एक अन्य विशिष्ट वर्ग पोलिएंथा पॉम-पान्स या बौने पोलिएंथा का विकास हाइब्रिड टी के साथ-साथ हुआ। इस वर्ग को यह नाम इसके रोज़ा पोलिएंथा नामक प्रजाति से विकसित होने के कारण मिला। यद्यपि इस प्रजाति को अब रोज़ा मल्टीफ्लोरा कहते हैं। इस लतीय प्रजाति के कुछ बीज जापान से फ्रांस भेजे गये जहां उनसे अनेक क्लाइम्बर (लतीय) गुलाब विकसित किये गए। बाद की पीढ़ियों में इनसे कुछ बौने अधिक फूल वाले रूप प्राप्त हुए और इस प्रकार पोलिएंथा गुलाबों का उदय हुआ। यह भी कहा जाता है कि इनका विकास रोज़ा मल्टीफ्लोरा तथा 'ड्वार्फ पिंक चाइना' नामक किस्म के संकरण के फलस्वरूप हुआ। उद्यान में पोलिएंथा का महत्व इसलिए बढ़ जाता है कि वे अनेक महीनों तक, अनेक रंगों के भरपूर फूल देते हैं। ठंडी जलवायु में उनका सुदृढ़ होना एक वांछित अभिलक्षण है। तथापि 1936 के बाद गुलाब प्रजनकों की रुचि इनमें नहीं रही और उन्होंने हाइब्रिड पोलिएंथा, या अब फ्लोरीबंडा कहे जाने वाले वर्ग पर अपना ध्यान केन्द्रित कर दिया। हाल ही में मिनिएचर वर्ग पर अधिक ध्यान दिया जाने लगा और पिछले कुछ वर्षों में इनकी सैंकड़ों किस्में विकसित हुई हैं।

आधुनिक फ्लोरीबंडा गुलाब

1910 में डेनमार्क के गुलाब प्रजनक पॉल्सेन ने बौने पोलिएंथा तथा हाइब्रिड-टी गुलाबों के बीज का संकरण कार्यक्रम आरंभ किया। इसके फलस्वरूप प्राप्त होने वाली संकर किस्मों में पहली रोडेटे थी, जिसे 1912 में जारी किया गया था। परंतु इस वर्ग की किस्मों ने 1924 में अपना प्रभाव डालना आरंभ किया जब 'एल्स-पॉल्सेन' तथा 'क्रिस्टेन पॉल्सेन' नामक किस्में जारी हुईं। आरंभ में इस वर्ग को हाइब्रिड पोलिएंथा कहा गया परंतु बाद में फ्लोरीबंडा कहा जाने लगा। हाल के वर्षों में फ्लोरीबंडा गुलाबों को विश्व के अनेक देशों में हाइब्रिड-टी गुलाबों के बराबर महत्व दिया जाने लगा है। इसका प्रमुख कारण बड़ी संख्या में फूल उत्पन्न करना तथा बौने पोलिएंथा के मुकाबले बेहतर फूलों का होना है। आधुनिक युग में छोटे उद्यानों के लिए यह वर्ग महत्वपूर्ण है क्योंकि इनसे सीमित स्थान में भी अधिक संख्या में अच्छे फूल प्राप्त किये जा सकते हैं।

कालांतर में फ्लोरीबंडा तथा हाइब्रिड-टी के बीच संकरण से ग्रेंडीफ्लोरा नामक वर्ग विकसित किया गया है। किन्तु यह नाम केवल अमेरिका में ही प्रचलित है तथा अन्य देशों जैसे- इंग्लैण्ड में इसे स्वीकार नहीं किया गया है। इस वर्ग का प्रमुख अभिलक्षण छोटे गुच्छों में काफी बड़े फूलों का लगना तथा पौधों की अच्छी बढ़वार है।

उद्यान गुलाबों के प्रमुख वर्ग

हाइब्रिड-टी

बड़े फूलों वाली यह महत्वपूर्ण किस्म मूलतः हाइब्रिड परिपिचुअल और टी गुलाबों के बीच संकरण द्वारा उत्पन्न हुई। बाद में विभिन्न हाइब्रिड टी किस्मों के बीच आपसी संकरण के फलस्वरूप अनेक नई किस्में भी विकसित की गयीं। कुछ महत्वपूर्ण किस्में 'क्रिमसन ग्लोरी' 'पैराडाइज़', 'पीस', 'सुपरस्टार' आदि हैं। उत्परिवर्तन के फलस्वरूप कुछ किस्मों की लतीय किस्में भी सुलभ हो गयी हैं, जैसे 'क्लाइंबिंग क्रिमसन ग्लोरी' या 'क्लाइंबिंग पीस' और क्लाइंबिंग फर्स्ट प्राइज'।

हाइब्रिड परपिचुअल

डेमेस्क और गैलिका जैसी यूरोपीय किस्मों के साथ चीनी किस्मों के संकरण से प्राप्त। लम्बे बढ़ने वाले पौधे। बड़े फूल। अधिकतर तेज सुगंध युक्त। उदाहरणार्थ 'जनरल जैक्माइनेट' 'मिसेज जॉन लैंग' तथा 'पाल निरोन' आदि।

टी

बहुत अधिक फूलने वाले और अच्छी सुगंध वाले पुष्प (जब कि यूरोप के अधिकांश गुलाब केवल एक बार ही फूलते हैं) भारत में लोकप्रिय कुछ किस्में हैं- लेडी हिलिंग्डन', मौली शर्मन-क्रोफोर्ड' तथा 'मैडम फाल्कट' (यह किस्म 1858 से ही प्रचलित है)।

फ्लोरीबंडा

शुरू में 'हाइब्रिड पोलीएंथा' कहे जाने वाले एक वर्ग के रूप में इनका आरंभ हुआ था, जिसे 'हाइब्रिड टी' और बौने पौलीएंथा गुलाबों के बीच संकरण द्वारा विकसित किया गया था। बाद में इनमें और अधिक संकरण किए गए और वर्ग का नाम 'फ्लोरीबंडा' रख दिया गया। हाइब्रिड टी के स्वरूप और पोलीएंथा के अधिक फूलने के गुणों का इनमें सुमेल पाया गया है। पुराने फ्लोरीबंडा बहुत कम सुगंधित थे यद्यपि अब इनकी संख्या बढ़ी है और "एलिजाबेथ आफ ग्लेमिस" जैसी कुछ किस्में तो अपनी सुगंध के कारण ही जानी जाती हैं।

बौने पोलिएंथा

इनमें छोटे फूलों के, काफी बड़े गुच्छे लगते हैं, जो कई महीनों तक फूलते रहते हैं। उदाहरणार्थ, 'बेबी फौरेक्स', 'कैमिओ', 'सिसिल ब्रूनर', 'चैटिलियन रोज़', 'ईको', 'यूवान रेवियर' आदि। दिल्ली तथा आस-पास के इलाकों के लिए चैटिलियन रोज़ तथा ईको महत्वपूर्ण किस्में हैं।

चाइना रोज़

इसे बंगाल या मासिक गुलाब भी कहते हैं। इस वर्ग में काफी फूलने वाली, 'कॉमन ब्लश चाइना', 'क्रैमोइसी सुपीरियर', 'मैडम यूजीन रिसल' जैसी किस्में सम्मिलित की जाती हैं, जो बाड़ और किनारे बनाने के लिए उपयुक्त रहती हैं तथाकथित ग्रीन रोज़ को भी इसी वर्ग में सम्मिलित किया जाता है।

मिनिएचर

छोटे पौधे, छोटी पत्तियां और छोटे फूलों वाले अत्यंत लोकप्रिय गुलाब। कलमों द्वारा उगाए जा सकते हैं। गमलों में उगाने या छोटी किनारे के लिए उपयुक्त रहते हैं। उदाहरण 'बेबी मस्क रेड', 'कोरेलिन', 'कपकेक', 'लिटिल फ्लर्ट', 'मैजिक कैराउसल', 'ओवर दि रेनबो', 'पार्टी गर्ल', 'पिक्सी', 'पपी लव', 'रेड इंप', 'रोज़मैरीन' तथा 'स्टैरीना'। मिनिएचर तथा फ्लोरीबंडा के बीच संकरण के फलस्वरूप नये किस्म के गुलाबों की एक पूरी श्रेणी विकसित हुई है, जैसे- पोटियो, लीटहार्ट, मीलैण्डीआना, मिनिमो आदि।

डेमेस्क रोज़

कहा जाता है कि धर्मयोद्धाओं द्वारा डेमेस्कस से यूरोप लाए जाने के कारण ही इस वर्ग को यह नाम पड़ा। इस वर्ग में इत्र के लिए उपयुक्त कुछ अत्यंत सुगंधित किस्में सम्मिलित हैं, उदाहरणार्थ, 'सैल्सियाना', 'कजानलिक', 'मैडम हार्डी' आदि।

बोरबोन रोज़

इस वर्ग की उत्पत्ति डेमेस्क और चाइना गुलाबों के बीच हुए प्राकृतिक संकरण के फलस्वरूप, आइलैण्ड ऑफ रियूनियन (बॉरबोन द्वीप) में, 18वीं सदी के अंत में हुई थी। अत्यधिक सुगंधित। उदाहरण- भारत में उगाया जाने वाला रोज़ एडवर्ग। अन्य उदाहरण हैं- 'ओनेराइन डी द ब्राबाण्ट', 'सौव डी ला', 'मैलमेसन', 'बोल डी नीज', 'लुइस ओडियर'।

कैबेज रोज़

प्राचीन में इंग्लैण्ड में अत्यंत लोकप्रिय। पूर्ण और गोलाकार फूल तथा तीव्र सुगंध वाली क़िस्मों का वर्ग। उदाहरण- 'रोबर्ट ले डाइबल', 'टूर डी मैलाकाफ'।

मौस रोज़

यह कैबेज रोज़ से उत्परिवर्तन द्वारा उत्पन्न हुए हैं। इनकी विशेषता पौधों पर मौस ग्रन्थिकाकार, मधुर सुगंध वाले बालों का पाया जाना है। उदाहरणार्थ 'सैलिना', 'नुई डी यंग', 'ओल्ड पिंक मॉस'।

फ्रेन्च रोज़ (गैलिका)

इसे गैलिकस भी कहा जाता है और हाइब्रिड परिपिचुअल से पहले यह उद्यान का सबसे महत्वपूर्ण गुलाब था। कहा जाता है कि पर्शिया के मंदिर उद्यानों में 1200 ई. पूर्व गैलिका गुलाब उगाये जाते थे। इनमें विभिन्न रंगों के बड़े फूल लगते थे, जिनमें विशिष्ट सुगंध होती है। उदाहरणार्थ, 'ऐलेन ब्लेन्चार्ड', 'बेले डी क्रीसी', 'कार्डिनल डी रिचेलियू' रोज़ा मुन्डी' आदि कुल इसमें 'वैरीगाटा डी बोलोना' किस्म भी शामिल है जिसे माडर्न रोजेज-8 में बोरबोन वर्ग के अन्त में रखा गया है।

एल्बास

प्राचीन समय की एक बेहतरीन किस्म। हल्के मधुर सुगंध वाले पुष्प। उदाहरण- 'ग्रेट मेडन्स ब्लश', 'क्वीन ऑफ डेनमार्क'।

मस्क रोज़

इस वर्ग के गुलाब फैलाव या मेहराब के लिए उपयुक्त हैं। फूल गुच्छों में लगते हैं। कुछ किस्मों में कस्तूरी की सी सुगंध आती है। कुछ सुपरिचित हाइब्रिड मस्क किस्में हैं- 'फैलीसिया', 'पैक्स', 'पैनेलोप', 'प्रासपैरिटी' तथा 'वैनिटी'।

नोइसेट रोज़

इनकी उत्पत्ति मस्क और चाइना वर्गों के बीच संकरण के फलस्वरूप हुई। इनमें कुछ बेहतरीन लतादार किस्में, जैसे 'मैडम एल्फ्रेड कैरियर', 'लेमार्क' तथा 'मार्शेल नील' सम्मिलित हैं।

रूगोसस (जैपेनीज रोज़)

अत्यंत ओजपूर्ण, शीतसह्य तथा समुद्र तट की कमजोर मिट्टियों में भी उगने में सक्षम। अत्यंत कंटीली होने के कारण बाड़ लगाने के लिए उपयोगी। उदाहरण- 'ब्लैंक डबल डी कूबर्ट', 'फ्राउ क्रडेगमर हारटाप', 'पिंक ग्रुटनडॉर्स्ट'।

स्काट्स ब्रायर्स (बरनट रोज़)

कुछ अत्यंत उपयोगी आधुनिक झाड़ीदार गुलाब तैयार करने में संकरण के लिए इनका उपयोग किया जाता है। पुरानी किस्मों में *रोज़ा स्पाइनोसीसिमा अल्टेसिया* एक अच्छी किस्म मानी जाती है।

आधुनिक झाड़ीदार किस्में

इस वर्ग में बहिःसंकरण के फलस्वरूप उत्पन्न ऐसी किस्में शामिल की गयी हैं, जिन्हें स्पष्टतया किसी वर्ग में नहीं रखा जा सका है, जैसे 'फ्रिड्ज नोबिस', 'फ्रुहिलिंग्स गोल्ड', 'फ्रुहिलिंग्स मोर्गन', 'स्पैरिसहूप', तथा 'स्काइरॉकेट'।

गुलाब की किस्में

गुलाब की कुछ प्रजातियों का उल्लेख पहले किया जा चुका है। कई अन्य प्रजातियां भी हैं जो उत्तम झाड़ियां, जैसे *रोज़ा टैरागोनिस* किस्म *कैन्टाब्रिजिएन्सिस, रोज़ा ह्यूगोनिस, रोज़ा मैक्रेंथा* किस्म 'लेडी कर्जन', *रोज़ा मॉयसी; रोज़ा रुब्रीफोलिया, रोज़ा सोलिएना।*

ऑस्ट्रियन ब्रायर

यह *रोज़ा फीटिडा (रोज़ा ल्यूटिया)* में आते हैं। उदाहरणार्थ, 'आस्ट्रियन कॉपर' (जिसकी पंखुड़ियां ऊपर से गहरी तांबई-नारंगी और नीचे से पीली होती हैं), ऑस्ट्रियन येलो, पर्शियन येलो।

विचूरियाना रैम्बलर

रोज़ा विचूरियाना नामक जंगली प्रजाति से निकलने वाली ये वास्तविक रैम्बलर किस्में हैं, जिनमें लता की भांति फैलने का गुण पाया जाता है इन्हें छोटी दीवारों पर चढ़ाया जा सकता है। उदाहरणार्थ- 'एल्बेरिक बारबियर, एल्बर्टाइन', 'डोरोथी परकिन्स', 'एक्सेल्सा' आदि।

ग्राउंड कवर रोजेज़

हाल के वर्षों में शीतोष्ण देशों में कुछ गुलाब विकसित हुए हैं जो भूमि को ढकने में प्रयुक्त होते हैं। इनमें तने लम्बे तथा भूमि पर रेंगने वाले होते हैं। उदाहरणार्थ जापान की 'नोज़ोमी' किस्म। भारत में ऐसे गुलाबों की लोकप्रियता की अधिक गुंजाइश नहीं है।

प्रदर्शनी के लिए वर्गीकरण

गुलाब प्रदर्शनियों के लिए प्रयुक्त होने वाले सामान्य वर्गीकरण का उल्लेख अध्याय 18 में किया गया है। लेकिन यह वर्गीकरण कृत्रिम है और भ्रामक भी हो जाता है जैसे- पांच पंखुड़ी वाली किस्म 'डेंटी बैस' को हाइब्रिड टी के रूप में और अनेक बड़ी पंखुड़ियों वाली किस्म 'क्वीन एलिजाबेथ' को फ्लोरीबंडा की भांति वर्गीकृत कर दिया जाना। किस्मों के सही वर्गीकरण के लिए अमरीकी रोज़ सोसाइटी ने एक विशेषज्ञ समिति बनाई है। यही कार्य इंग्लैण्ड की रॉयल नेशनल रोज़ सोसाइटी द्वारा भी किया गया है। नया वर्गीकरण डिजीटल सिस्टम

10. 'पूर्णिमा' (एच.टी.)

इसकी कलियां लंबे आकार की हल्के रंग की होती हैं जो खिलने के बाद गहरे रंग की हो जाती हैं। क्यारियों व प्रदर्शनी के लिए विशेष उपयोगी किस्म है।

11. 'मिशेल मीलैण्ड' (एच.टी.)

इसकी सुकोमल गुलाबी रंग की कलियां खिलने के बाद आकर्षक, सुंदर फूल में परिवर्तित हो जाती हैं। गर्म मौसम में ये हल्के खुबानी रंग की छटा बिखेरती हैं।

12. 'प्रियदर्शिनी' (एच.टी.)

गुलाबी और सफेद रंग का बेहद खुशनुमा मेल। मध्यम आकार की झाड़ी पर विशिष्ट आकार के फूल आते हैं।

13. 'सैन्चुरी टू' (एच.टी.)

इन अमेरिकन किस्म के बड़े सुगठित फूलों को बागानों और प्रदर्शनियों के लिए अधिक उपयुक्त माना जाता है। ये लम्बे व स्वस्थ पौधों पर ही विकसित होते हैं।

14. 'इंडियन प्रिंसेज़' (एच.टी.)

'सुपर स्टार' और 'ग्रेनाडा' किस्मों के संकर से यह उत्कृष्ट भारतीय किस्म तैयार की गई है। इसके पौधों की वृद्धि 'सुपर स्टार' के समान होती है, पर फूलों का रंग इसका अपना ही होता है। बाहरी पंखुड़ियां हल्की लालिमा लिए हुए, भीतरी पंखुड़ियां किरमिजी रंग की और किनारे चांदी की तरह चमकदार होते हैं। फूल काफी खुशबूदार।

15. 'ईको' (एच.टी.)

नुकीली कलियां खिलने के बाद बेहद सुंदर एवं सुगठित आकार के बड़े पीले-सिंदूरी रंग के फूलों में बदल जाती हैं। फूल अधिक सुगंधित नहीं होते हैं। पौधे झाड़ीनुमा बड़े आकार के होते हैं।

16. 'गोल्डन जायन्ट' (एच.टी.)

नाम के अनुरूप दोहरे सुगठित आकार के फूल। दिल्ली जैसे जलवायु वाले क्षेत्रों में इसके फूलों का रंग हल्के पीले से चटक सुनहरा पीला तक होता है। लंबा, ओजपूर्ण और आकर्षक पत्रसमूह।

17. अभिसारिका' (एच.टी.)

'किस ऑफ फायर' में उत्परिवर्ती के प्रयोग से विकसित किस्म। इसके लघु से मध्यम आकार के फूलों में व्याप्त उल्लेखनीय रंगों की छटा इसके हस्तचित्रित होने का आभास देती है। एक आश्चर्यजनक भारतीय किस्म।

पर आधारित है और इसमें वर्गीकरण पौधों और फूल के अभिलक्षणों के आधार पर किया गया है। इस संबंध में व्यापक अध्ययन और विचार-विमर्श 1968 में लंदन में हुई चौथी अंतर्राष्ट्रीय रोज़ कॉन्फ्रेंस में किया गया था। प्रदर्शनी के लिए जिन वर्गों को मान्यता दी गयी वे हैं, (1) बड़े पुष्प (2) गुच्छेदार पुष्प (3) मिनिएचर (4) झाड़ियां (5) क्लाइम्बर। इस वर्गीकरण से कार्य आसान हो जाता है परंतु इसे स्वीकार करने में लोगों को कुछ समय लगेगा क्योंकि वे अभी बड़े फूल से ज्यादा हाइब्रिड टी या गुच्छेदार फूल से ज्यादा फ्लोरीबंडा नामों से परिचित हैं।

अध्याय 4

बाग की रूपरेखा

गुलाब चाहे कहीं भी लगा हो, वह सुंदर ही लगता है। परंतु जब बहुत सारे गुलाब एक ही स्थान पर उगाने हों, तो अच्छे प्रभाव के लिए बाग की रूपरेखा की ओर ध्यान देना आवश्यक हो जाता है। सर्वोत्तम बाग वही है, जहां गुलाब के पौधे उस स्थान के प्राकृतिक परिवेश में घुल-मिलकर उसका एक जीवंत अंग बन जाएं।

किसी ने कहा है कि सौन्दर्य के लिए लगाये जाने वाले बागों की नीति में आजकल परिवर्तन हो गया है। पहले बाग शोभा बढ़ाने के लिए लगाये जाते थे, परंतु आजकल वे रहने के अभिप्राय से लगाये जाते हैं। उत्कृष्ट आधुनिक वास्तुकला ने आजकल बागों को घर की बैठक का ही एक अंग बना दिया है। आजकल लोग प्रायः औपचारिक बाग की बजाय अच्छे डिजाइन का अनौपचारिक बाग अधिक पसन्द करते हैं। यदि विस्तृत क्षेत्र हो तो दोनों ही प्रकार मास्टर प्लान में समन्वित किये जा सकते हैं।

रोपाई संबंधी आवश्यकताएं

गुलाब के बाग की रूपरेखा तैयार करते समय निम्नलिखित महत्वपूर्ण बातों को ध्यान में रखना आवश्यक है:

1. गुलाब को पर्याप्त मात्रा में सूर्य का प्रकाश चाहिए। अतः उनकी रोपाई ऐसे स्थानों में करनी चाहिए, जहां उन्हें लगभग आधे दिन, और उत्तम है यदि सुबह से दोपहर तक, धूप मिल सके। गर्म जलवायु वाले स्थानों में शाम के समय कुछ छाया मिलना उपयोगी रहता है।

2. आसपास इमारतों अथवा ऊंचे पेड़ों का होना गुलाब के पौधे की बढ़वार के लिए हानिकर है, क्योंकि छाया करने के अतिरिक्त उनकी जड़ें भी पोषण के लिए गुलाबों से होड़ करती हैं। किन्तु फ्लोरीबंडा इसके लिए उपयुक्त है, बशर्ते उन्हें पर्याप्त सूर्य का प्रकाश उपलब्ध हो।

3. अधिक छाया रहने से पौधों में फफूंदी-जनित रोग, जैसे मिल्ड्यू आदि लग जाते हैं। साथ ही, उनमें पुष्पन भी घटिया होता है।

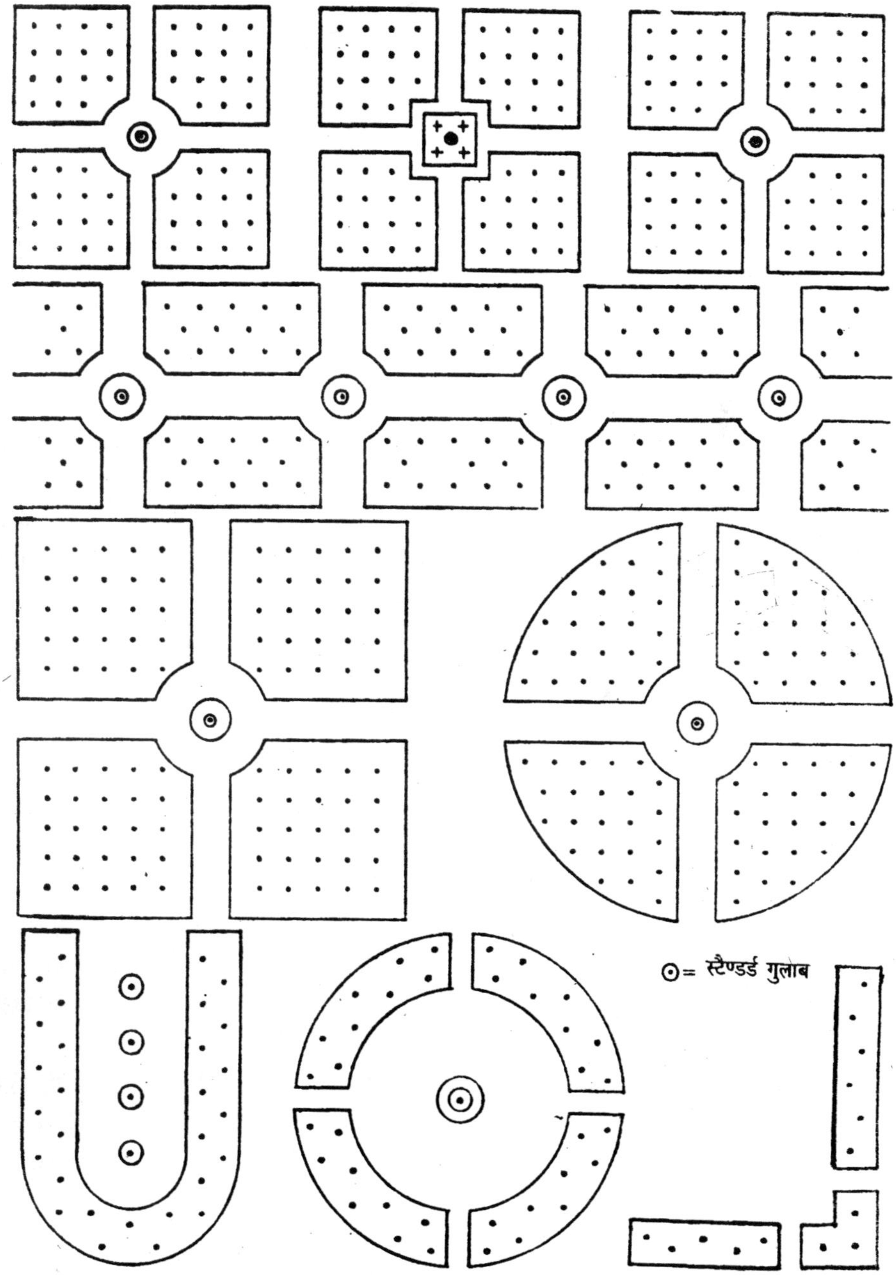

रेखाचित्र-1. गुलाब रोपण के औपचारिक डिजाइन

रेखाचित्र-2. गुलाब रोपण के अनौपचारिक डिजाइन

4. गुलाब की जड़ों के आसपास पानी जमा रहना उचित नहीं होता। इसलिए पानी का निकास अच्छा होना चाहिए।

5. तेज हवा चलने से पौधों को काफी हानि पहुंचती है। इसलिए बाग ऐसे स्थान पर लगाने चाहिए, जहां सीधी हवा से बचाव के लिए कोई रोक हो। साथ ही गुलाब को चारों ओर से घिरे स्थानों पर भी नहीं लगाना चाहिए क्योंकि इन्हें ताजी हवा चाहिए।

6. गुलाब को अन्य पौधों से अलग लगाना सर्वोत्तम रहता है। हैरी वैटक्राफ्ट के अनुसार 'रानी को बिना अनुचरों के शासन करने दो' किन्तु कुछ फ्लोरीबंडा या पोलिएन्था को लगा सकते हैं और स्टैन्डर्ड के नीचे लगे पैन्सी या नीलपुष्प अत्यंत मनोरम छटा बिखेरते हैं।

7. बाग के प्रसार के लिए कुछ स्थान सदैव खाली रखना चाहिए, जहां भविष्य में आने वाली नई किस्म लगायी जा सके।

इस बात पर भी ध्यान देना आवश्यक है कि घर की खिड़कियों से बाग का दृश्य कैसा दिखाई पड़ता है। वर्ष में एक मौसम ऐसा भी आता है, जब गुलाब के पौधे अधिक सुंदर नहीं दिखाई पड़ते (भारत में पहाड़ी स्थानों में जाड़ों में तथा मैदानी स्थानों में मार्च अंत से जुलाई अंत तक) इन दिनों पौधों से पत्तियां गिर जाती हैं। तथापि, कुछ किस्मों, जैसे फ्लोरीबण्डा की 'आइसबर्ग' किस्म के पौधों पर सालभर पत्तियां लगी रहती हैं।

रूपरेखा

यद्यपि गुलाब के एक अकेले पौधे को भी काफ़ी प्रभावशाली ढंग से प्रयोग में लाया जाना संभव है- जैसे कि गहरे लाल रंग वाले 'डॉन जुआन' किस्म की लता को सफेद पुती दीवार पर चढ़ाना। तो भी, अधिकांश गुलाब, क्यारियों में समूह में लगाने पर ही अच्छे लगते हैं। चूंकि आकार-प्रकार में व्यापक विविधता संभव है, अतः प्रत्येक गुलाब प्रेमी के लिए, व्यक्तिगत रूचि के अनुसार, किसी भी रूपरेखा के चुनने की छूट रहती है। रूपरेखा को पहले कागज़ पर बनाकर परखा जा सकता है। इसके लिए इस पुस्तक में दिए गए तथा अन्य पुस्तकों में दिए चित्रों की सहायता ली जा सकती है।

यह याद रखने योग्य बात है कि पौधों को क्यारियों में सुंदर ढंग से लगा देना ही काफी नहीं है। पौधे इस प्रकार लगाये जाने चाहिए कि उनकी निराई-गुड़ाई, रख-रखाव आदि में भी किसी प्रकार की असुविधा न हो। इस दृष्टि से हाइब्रिड टी के पौधों के बीच 75 सें. मी. तथा फ्लोरीबण्डा के पौधों के बीच 60 सें.भी. का अंतर रखना चाहिए। यों विभिन्न किस्मों के पौधों के बीच की दूरी भिन्न-भिन्न होती है। दूरी अलग-अलग पौधों के आकार-प्रकार पर भी निर्भर करती है।

अध्याय 5

किस्में कैसे चुनें

गुलाबों के विभिन्न प्रकार और किस्में हैं। कुछ केवल क्यारियों में उगाने के योग्य हैं, तो अन्य बाड़ लगाने, या किनारी बनाने, या दीवारों पर चढ़ाने, या स्तंभ, मंडप अथवा मेहराब आदि पर चढ़ाने की दृष्टि से उपयुक्त है। कुछ किस्में नन्हें-नन्हें फूलों वाली होती हैं, तो कुछ किस्में ऐसी भी हैं जिनके फूल 20 सेंटीमीटर तक चौड़े होते हैं। कोई भी व्यक्ति अपनी इच्छानुसार फूलों की आकृति, रंग तथा सुगंध के आधार पर किस्मों का चुनाव कर सकता है। जान एफ. लेमन के शब्दों में- 'किसी भी किस्म को पसंद या नापसंद करने, या खरीदने, न खरीदने के उतने ही संभव कारण हो सकते हैं, जितने कि भिन्न-भिन्न लोगों की रुचि में अंतर होते हैं। यदि सभी लोग किसी एक ही गुलाब को, या एक ही महिला को पसंद करने लगें तो मुसीबत ही न खड़ी हो जाए ! तो फिर मुझे अपनी पसंद का गुलाब और पत्नी चुनने दीजिए और आप अपनी रुचि के अनुसार चयन करें।

गुलाब की बहुत सारी किस्में हैं। जे.ए. गैम्बल के अनुसार सन् 1800 के पश्चात् 16000 से अधिक उन्नत किस्में विकसित की गयी हैं। इतनी अधिक किस्मों में से चुनाव करना एक समस्या है, इसलिए कुछ बातों को सदा ध्यान में रखना चाहिए। वांछित किस्मों की पूर्ण जानकारी होनी चाहिए। गुलाब की विभिन्न किस्मों के गुणों के विवरण की सहायता से कोई भी व्यक्ति अपनी आवश्यकतानुसार हाइब्रिड टी, फ्लोरीबन्डा, बौने पोलिएन्था झाड़ीदार या क्लाइम्बर गुलाबों के पौधे चुन सकता है। बगीचे की रूपरेखा एक कागज पर बना लेनी चाहिए तथा विभिन्न किस्मों के आवश्यक पौधों की संख्या का हिसाब लगा लेना चाहिए। फिर नर्सरियों से विशेष किस्मों का चुनाव करना चाहिए। गुलाब की बहुत सारी किस्मों का विवरण इस पुस्तक के अंत में भी दिया गया है।

गुलाब की कुछ प्रजातियों में किस्मों की संख्या अत्याधिक विस्मयकारी है जैसे हाइब्रिड टी नर्सरी के अधिकांश सूची-पत्रों में किस्मों के विवरण में केवल उनकी अच्छाइयां ही दी जाती हैं। बुराइयों का लेखा-जोखा न होने के कारण किस्मों का चुनाव करना बहुत कठिन हो जाता है। कुछ सूची-पत्रों में जांची-परखी किस्में बहुत कम संख्या में दी हुई होती हैं। यद्यपि नये गुलाब प्रेमियों के लिए यह अधिक सुविधाजनक होता है परंतु इसमें चयन की

संभावना कम रहती है। सर्वोत्तम विधि यह है कि किसी गुलाब उद्यान अथवा बड़ी नर्सरी में, जहां गुलाब की प्रचुर प्रामाणिक किस्में हों, पुष्प काल में जाकर किस्मों का निरीक्षण किया जाये। वर्ष में कई बार बगीचों में जाना आवश्यक है ताकि यह भी ज्ञात हो सके कि कौन सी किस्म ऊंची बढ़ने वाली है और कौन-सी बौनी, किस किस्म के पौधे सुंदर तथा आकर्षक हैं, किसकी पत्तियां आकर्षक हैं, तथा कौन-कौन सी किस्में कीटों व रोगों की प्रतिरोधी हैं। सबसे अच्छी बात तो यह होगी कि इससे मौसम तथा ऋतु के साथ-साथ रंग में होने वाले परिवर्तनों की जानकारी भी बढ़ेगी। निश्चित रूप से बगैर फूल देखे कोई भी व्यक्ति रंग की विशिष्ट छटा का अंदाज नहीं लगा सकता, जैसे कि गुलाबी रंग में *रोज़पिंक, डॉन पिंक, ब्लश पिंक, साल्मन पिंक, कोरल पिंक* तथा *आर्किड पिंक* में अंतर करना। फूलों में विकास की विभिन्न अवस्थाओं में आने वाले परिवर्तनों को देखे बिना जानना संभव नहीं। ऐसी बातों का विस्तृत विवरण शायद ही किसी सूची-पत्र में दिया जाता है। दूसरी ओर, किसी किस्म के लिए किसी क्षेत्र-विशेष में दिया गया वर्णन दूसरे क्षेत्र में भ्रामक भी सिद्ध हो सकता है इसलिए सूचीपत्र पर पूर्णतया निर्भर नहीं रहा जा सकता।

अंतर्राष्ट्रीय पुरस्कृत किस्में

महत्वपूर्ण अंतर्राष्ट्रीय पुरस्कार प्राप्त किस्में उस परिस्थिति-विशेष में उत्कृष्टता की द्योतक होती हैं, जिनमें वे उगायी तथा जांची जाती हैं। परंतु उनसे इस बात की सही जानकारी प्राप्त नहीं होती कि वे अन्य स्थानों में कैसा प्रदर्शन करेंगी। 'अखिल अमरीका गुलाब चयन' (आल अमरीका रोज़ सलैक्शन) ट्राफी वर्ष में एक या दो किस्मों, को अमरीका स्थित 24 केन्द्रों पर बागों की वास्तविक परिस्थितियों के अंतर्गत दो वर्ष तक किए परीक्षणों के परिणामों के आधार पर दी जाती है। सन् 1950 के बाद 'अखिल अमरीका गुलाब चयन' (ए.ए.आर. एस.) के पुरस्कार जीतने वाले गुलाबों की सूची इस प्रकार हैः

1950 'कैपिस्ट्रानों' एच.टी.
'फैशन' फ्लोरीबंडा
'सटर्सगोल्ड' एच.टी.
'मिशन बैल्स' एच.टी.

1951 कोई ईनाम नहीं दिया गया

1952 'फ्रेड हावर्ड' एच.टी.
'हेलन ट्रोबल' एच.टी.
'वोग' फ्लोरी

1953 'क्रिसलर इंपीरियल' एच.टी.
'मा. पर्किन्स' फ्लोरी

1954 'लिलिबेट' फ्लोरी
'मोजेव' एच.टी.

1955 'जिम्नीक्रिकेट' फ्लोरी
'क्वीन एलिजाबेथ' फ्लोरी
(जिसे अमरीका में ग्रैंडी फ्लोरा वर्ग में रखते हैं)
'टिफैनी' एच.टी.

1956 'सर्कस' फ्लोरी

1957 'गोल्डन शावर्स' क्लाइम्बर
'व्हाइट बुके' फ्लोरी·

1958 'फ्यूजीलियर' फ्लोरी·
'गोल्ड कप' फ्लोरी·
'व्हाइट नाइट' एच.टी.
(इसे अधिकांश देशों में 'मैसेज' कहते हैं)

1959 'आइवरी फैशन' फ्लोरी
'स्टारफायर' फ्लोरी·
(जिसे अमरीका में ग्रेन्डीफ्लोरा में रखते हैं)

1960 'फायर किंग' फ्लोरी·
'गार्डेन पार्टी' एच.टी.
'साराबन्डे' फ्लोरी

1961 'डुएट' एच.टी.
'पिंक पारफेट' फ्लोरी·
(जिसे अमरीका में ग्रेन्डीफ्लोरा में रखते हैं)

1962 'क्रिश्चियन डायर' एच.टी.
'गोल्डन स्लिपर्स' फ्लोरी·
'जान एस. आर्मस्ट्रांग' एच.टी.
(जिसे अमरीका में ग्रेन्डीफ्लोरा में रखते हैं)
'किंगसरेन्सम' एच.टी.

1963 'रॉयल हाइनैस' एच.टी.
'ट्रॉपिकाना' एच.टी.
(जिसे अधिकांश देशों में सुपरस्टार कहते हैं)

1964 'ग्रेनेडा' एच.टी.
'साराटोगा' फ्लोरी·

1965 'केमेलाट' एच.टी.
(जिसे अमरीका में ग्रेन्डीफ्लोरा में रखते हैं)
'मिस्टर लिंकन' एच.टी.

1966 'अमेरिकन हेरिटेज' एच.टी.
'मैटरहॉर्न' एच.टी.
'एप्रीकॉट नेक्टर' एच.टी.

1967 'बिविच्ड' एच.टी.
'लकी लेडी' एच.टी.
(जिसे अमरीका में ग्रेन्डीफ्लोरा में रखते हैं)
'गे प्रिंसेस' फ्लोरी·
'रोमन हालिडे' फ्लोरी·

1968 'यूरोपिआना' फ्लोरी·
'मॉरिया कैलस' एच.टी.
'स्कार्लेट नाइट' एच.टी.
(जिसे अधिकांश देशों में समुराई कहते हैं और अमरीका में ग्रेन्डीफ्लोरा कहते हैं)

1969 'एन्जेल फेस' फ्लोरी
'कोमान्चे' एच.टी.
(जिसे अमरीका में ग्रेन्डीफ्लोरा में रखते हैं)
'जीन बोएर्नर' फ्लोरी·
'पेस्केली' एच.टी.

1970 'फर्स्ट प्राइज' एच.टी.

1971 'एक्वेरियस' एच.टी.
'कमान्ड परफार्मेन्स' एच.टी.
'रेडगोल्ड' फ्लोरी·

1972 'अपोलो' एच.टी.

'पोट्रेट' एच.टी.

1973 'इलैक्ट्रॉन' एच.टी.
'जिप्सी' एच.टी.
'मेडिलियन' एच.टी.

1974 'बाहिया' फ्लोरी
'बोन-बोन' फ्लोरी.
'परफ्यूम डिलाइट' एच.टी.

1975 'एरीजोना' एच.टी.
(जिसे अमरीका में ग्रेन्डीफ्लोरा में रखते हैं)
'ओरेगोल्ड' एच.टी.
'रोज़ परेड' फ्लोरी·

1976 'अमेरिका' एल. क्लाई
'कैथेड्रल' फ्लोरी·
'सीशैल' एच.टी.
'यान्की डूडल' एच.टी.

1977 'डबल डिलाइट' एच.टी.
'फर्स्ट एडिशन' फ्लोरी·
'प्रोमीनेंट' एच.टी.

1978 'करिश्मा' फ्लोरी·
'कलर मैजिक' एच.टी.

1979 फ्रैन्डशिप' एच.टी0
'पैराडाइज' एच.टी.
'सनडाउनर' एच.टी.
(जिसे अमरीका में ग्रेन्डीफ्लोरा में रखते हैं)

1980 'लव' एच.टी.
(जिसे अमरीका में ग्रेन्डीफ्लोरा में रखते हैं)
'ऑनर' .एच.टी.
'चैरिश' फ्लोरी·

1981 'बिंग क्रासबी' एच.टी.
'मैरीना' फ्लोरी
'व्हाइट लाइटमिन' एच.टी.
(जिसे अमरीका में ग्रेन्डीफ्लोरा में रखते हैं)

1982 'ब्रांडी' एच.टी.
'फ्रैन्च लैस' फ्लोरी·
'मोन चेरी' एच.टी.
'शेवेपोर्ट' फ्लोरी·

1983 'सन फ्लेयर' फ्लोरी·
'स्वीट सरेन्डर' एच.टी.

1984 'इमपेशेन्ट' फ्लोरी·
'इन्ट्रीग' फ्लोरी·
'ओलिम्पिएड' एच.टी.

1985 'शोबिज' फ्लोरी·

1986 'ब्राडवे' एच.टी.
'टच ऑफ क्लास' एच.टी.
'वूडू' एच.टी.

1987 'न्यू ईयर' एच.टी. (जिसे अमरीका में ग्रेन्डीफ्लोरी में रखते हैं)
'शियर ब्लिस' एच.टी.
'बोनिका 82' श्रब

1988 'अम्बर क्वीन' फ्लोरी·
'मिकेडो' एच.टी.
'प्राइमा डोना' एच.टी. (जिसे अमरीका में ग्रेन्डीफ्लोरा में रखते हैं)

नोटः एच.टी. = हाइब्रिड टी
फ्लोरी· = फ्लोरीबन्डा
क्लाइ· = क्लाइम्बर

उपर्युक्त ट्राफी विजेता कुछ किस्में भारत में भी अत्यंत सफल रही हैं, जैसे 'हैलन ट्राबल', 'जिम्नी क्रिकेट', 'क्वीन एलिजाबेथ', 'सर्कस', 'गार्डन पार्टी', 'क्रिश्चियन डायर', 'ट्रॉपिकाना' (सुपर स्टार), 'अमेरिकन हैरिटेज', फर्स्ट् प्राइज, 'डबल डिलाइट', 'पैराडाइज' आदि। दूसरी ओर 'मिशन बेल्स', 'लिलिबेट', 'जान एस. आर्मस्ट्रांग', अमेरिका, बिग क्रास बी' तथा मोजेब जैसी किस्में यहां सफल नहीं रहीं। इससे स्पष्ट है कि जो किस्म संयुक्त राज्य अमरीका की विभिन्न परिस्थितियों में सफल रही हो, उसका भारत में सफल होना आवश्यक नहीं है।

कुछ किस्में भारत के केवल उन्हीं स्थानों पर ही सफल रही हैं, जहां की जलवायु अमरीकी जलवायु से मेल खाती है। इसलिए कुछ अच्छी किस्में जैसे 'मैकग्रेडीस येलो', 'पीस', 'कार्ल हर्बस्ट', मोजेब', 'परफैक्टा', 'अंकल वाल्टर' और 'कलर वन्डर' उत्तर भारत में अधिक सफल नहीं है। इसके विपरीत कम जानी-पहचानी किस्में, जैसे 'तैहिती', 'किस ऑफ फायर' और 'डा. वैलुई' भारतीय उद्यानों के लिए बहुत अच्छी साबित हुई है। यूरोपीय सूचीपत्रों में छोटी या मध्यम आकार वाली किस्मों के साथ में वर्णित कुछ गुलाब जैसे 'पिक्चर', 'मिशेल मीलेंड' तथा 'मैकग्रेडीज सनसेट' दिल्ली के ठंडे मौसम में 12-13 सें.मी. आकार के फूल पैदा कर सकती हैं। यह भी रोचक है कि 'मॉडर्न रोजेज़-8' में बड़े फूलों वाले लतीय गुलाब के साथ में वर्णित 'ग्लेडिएटर' (मैलेन्ड्रोन 1955) अब महाराष्ट्र में व्यावसायिक तौर पर कटे फूलों के लिए हाइब्रिड टी के रूप में उगाई जा रही है। लेकिन दिल्ली में यह इतनी अच्छी नहीं चलती क्योंकि रातों की अधिक ठंड फूल सहन नहीं कर पाते।

चुनी हुई किस्मों को उगाने पर क्या परिणाम प्राप्त होंगे, यह जान लेना अत्यंत महत्वपूर्ण है। गुलाब प्रदर्शनी में खिताब जीतने वाली किस्में सदा क्यारियों के लिए उपयुक्त नहीं होती। क्यारियों में उगायी जाने वाली किस्मों में काफी फूल लगने चाहिए, वे ज्यादा ऊंची बढ़ने वाली नहीं होनी चाहिए तथा काफी टहनियों व पत्तियों वाली होनी चाहिए। उनकी खाद आदि की आवश्यकता भी कम होनी चाहिए। कुछ वर्ष पूर्व तक किस्म का चुनाव केवल क्यारी के लिए गुलाब या प्रदर्शनी के लिए चुनाव तक ही सीमित था। अब गुलाब प्रजनकों के बेहतरीन कार्य के फलस्वरूप 'डबल डिलाइट', 'फर्स्ट प्राइज़', 'मोन्टेजुमा', 'पैराडाइज़', 'सुपर स्टार' जैसी अनेक ऐसी किस्में उपलब्ध हैं जो अच्छी बढ़वार तथा प्रचुर पुष्पन वाली भी हैं और प्रदर्शनी की दृष्टि से उपयुक्त फूल वाली भी।

इस संस्करण में आगे भारत के प्रमुख चार गुलाब उत्पादक क्षेत्रों में उगायी जाने वाली कुछ प्रमुख किस्मों को सूचीबद्ध किया गया है, यद्यपि कई किस्में क्यारियों के लिए तथा प्रदर्शनी हेतु समान रूप से उपयुक्त होती हैं। यहां पर यह बताना भी जरूरी है कि अनेक फ्लोरीबन्डा, विश्व के शीतोष्ण देशों की भांति, भारत में लगातार लम्बे समय तक फूल नहीं देते। तापमान में भिन्नता तथा दिन की लम्बाई वे कारक हैं, जो इस बात के लिए जिम्मेदार हैं कि यूरोप तथा अमेरिका में लम्बे समय तक फूलने वाली किस्में भारत में वैसा प्रदर्शन नहीं करतीं। हां, बैंगलूर क्षेत्र में उनका प्रदर्शन बेहतर होता है। परंतु सभी फ्लोरीबंडा लम्बे समय तक

फूलते हैं। 'बैलोना', 'सी पर्ल' तथा 'पिंक पारफेट' जैसे हाइब्रिड टी प्रकार के फ्लोरीबंडा भी अच्छे पुष्पन की दृष्टि से बहुत उदार और विश्वसनीय किस्में हैं।

प्रदर्शनी हेतु किस्में

ऐसी किस्में गुलाबों की विशिष्ट नफीस किस्में होती हैं- शानदार, सुंदर, बड़े आकार के पुष्प वाली किस्में। एक समय था जब प्रदर्शनी हेतु उपयुक्त किस्मों से वर्ष में केवल एक ही पुष्प देने की अपेक्षा की जाती थी। उदाहरणार्थ, उत्तर भारत में 'ग्लोरी ऑफ रोम' किस्म सालभर में केवल आधा दर्जन पुष्प देती है परंतु इसके एक-दो फूल ही अपने परिपूर्ण आकार, गठन और रंग के कारण मुक्तकंठ से सराहे जाते हैं। तथापि, आजकल 'फर्स्ट प्राइज़', 'पैराडाइज़' तथा 'सुपरस्टार' जैसी किस्मों के आ जाने से काम आसान हो गया है क्योंकि ऐसी किस्मों का प्रत्येक फूल आदर्श होता है और अपने स्वरूप को लम्बे समय तक सही बनाये रखता है। दूसरी ओर यह किस्म क्यारियों में उगाने के लिए भी उपयुक्त होती है।

सुगंधित किस्में

डेफने बेराक्लाऊ के शब्दों में 'सुगंध' की कहानी बड़ी रोमांचक है। समय के कुहांसे से निकलते इसके लम्बे इतिहास का दौर फूलों की सुमधुर सुगंध से रचा-बसा है। गुलाब ने तो जंगली पौधे के रूप में पाये जाने या फिर खेती योग्य किस्म के रूप में विकसित होने के प्रारंभिक काल से ही अपनी सुगंध द्वारा मनुष्य को लुभाया है- यद्यपि उस समय गुलाब दूसरे पुष्पीय पौधों की भांति दर्शनीय नहीं था'। इसकी सुगंध न केवल अत्यंत सम्मोहक होती है वरन् तेल ओर पानी में आसानी से मिल भी जाती है। 'रोजा गैलिका' की पंखुड़ियों में तो झड़ने के बाद भी सुगंध के बने रहने का बेशकीमती गुण पाया जाता है।

जब कोई व्यक्ति गुलाब का सुंदर फूल देखता है तो सबसे पहले उसे सूंघता है। सुंदर पुष्प से मनभावन सुगंध की अपेक्षा करना उचित ही है। ब्राउनिंज ने भी लिखा है 'एनी नोज में रैवेज विद इमप्यूनिटी अ रोज़'। यह धारणा कि आधुनिक किस्मों के फूल गन्ध-रहित होते हैं, जबकि देशी किस्में अधिक सुगंधित होती हैं, गलत है। परंतु यह सत्य है कि आजकल सुगन्ध वाली किस्मों की संख्या काफी कम हो गयी है। खुशी की बात है कि इधर फिर सुगन्धयुक्त किस्मों के विकास को बढ़ावा दिया जा रहा है। रॉयल नेशनल रोज़ सोसाइटी द्वारा आयोजित गुलाब प्रदर्शनियों में प्रति वर्ष *हैनरी एडलैण्ड मेमोरियल मैडल* वर्ष के सर्वोत्तम सुगन्धित गुलाब को दिया जाता है।

बहुत से लोग इसका अनुमान नहीं लगा पाते कि गुलाब की सुगंध कितने प्रकार की होती है। एन.एफ. मिलर (1962) ने गुलाब की सुगंधों और उनके रासायनिक संगठन के बारे में विस्तृत खोजबीन करके यह बताया कि गुलाब में 25 से अधिक प्रकार की मौलिक

सुगंध और इनके अनेक संयोजन पाये जाते हैं। उसने यह भी बताया कि अधिकांश हाइब्रिड टी गुलाबों की सुगंध के सात वर्ग होते हैं। यथा- रोज़, नेस्टरशियम, ओरिस, वायोलेट ऐपल, लेमन तथा क्लावे; या इनके संयोजक। मिलर के अनुसार जो व्यक्ति गुलाब के बाग में, बिना वहां रुके, हरेक फूल की अलग-अलग सुगंध को सूंघे चला जाता है वह केवल एकपक्षीय आनंद ही प्राप्त करता है। गुलाबों की सुगंध संगीत की उस धुन की तरह है जो अनेक स्वरों के अच्छे तालमेल से बनती है। कुछ गुलाबों में तीव्र सुगंध होती है किन्तु सुगंध पाने के लिए इसके नजदीक आना पड़ता है। *रोज़ा रुगोसा* और उसकी नज़दीकी किस्मों में सुगंध कुछ गज़ दूर तक ही फैलती है। किन्तु मस्क समूह के गुलाबों की सुगंध हवा में दूर तक फैल जाती है। इसी तरह रोज़ा मस्काटा अत्यंत रुचिकर किस्में हैं। तथाकथित हाइब्रिड मस्क में मदहोश कर देने वाली सुगंध विराजमान है जैसे- 'कारनेलिया, 'फैलिसिया', 'पेनेलोप'। बहार के दिनों में कुछ आधुनिक उद्यान गुलाबों में भी हवा से खुशबू तैरती है जैसे- 'क्रिमसन ग्लोरी' 'जनरल मैकआर्थर'। 'मारग्रेट मैकग्रेडी' व 'मैकग्रेडी सनसैट' में भी मौसम में लुभावनी खुशबू आती है। भारत के लिए अत्यंत सुगंधित किस्में इस प्रकार हैं।

हाइब्रिड टी

'एवन'
'ब्ल्यू मून'
'क्राइस्लर इम्पीरियल'
'क्लेयर डी लूने'
'कॉन्फिडेंस'
'क्रिमसन ग्लोरी'
'डबल डिलाइट'
'एफेल टावर'
'अर्नेस्ट एच. मोर्स'
'इटोइल डी हॉलैण्ड'
'जनरल मैक आर्थर'
'गोल्डन आफ्टरनून'
'ग्रेनेडा'
'हैडले'
'हवाई'
'हार्ट थ्रोब'
'कनकांगी'
'ला फ्रांस'
'लोरंट कार्ले'
'मि. लिंकन'
'मैडम लुई लैपेरियर'
'ओक्लाहोमा'
'पापा मीलैण्ड'
'प्रेसीडेंट राधाकृष्णन'
'प्राइमा बैलेरिना'
'राजहंस'
'रेड इन्साइन'
'सुगंधा'
'सूटर्स गोल्ड'
'स्वीट सरेण्डर'
'टैलिहो'
'द डाक्टर'
'वैन्डी कुसन्स'
'ह्विस्की मैक'

फ्लोरीबन्डा
'आर्थर बेल'
'एलिजाबेथ ऑफ ग्लेमिस'
'लोरी'
'मेजेन्टा'
'मार्ग्रेट मेरिल'
'पिंक पारफैट'
'रोज़ शर्बत'
'शॉकिंग ब्ल्यू'
'स्पार्टन'

यहां बताना उचित है कि 'रोज़ एडवर्ड' में, जो भारत में आमतौर पर उगाया जाता है जिसे मूलकांड (रूट स्टॉक) के लिए प्रयोग करते हैं, तेज मीठी सुगंध होती है।

रोगरोधी किस्में

वर्तमान उद्यान गुलाबों में उपयुक्त दाता किस्मों का पर्याप्त अभाव है। चूर्णिल फफूंद अथवा ब्लैक स्पॉट जैसे दुसाध्य रोगों के प्रति उच्च सहिष्णुता या रोगरोधिता प्रदर्शित करने वाली नई किस्में विकसित न कर पाने में गुलाब प्रजनकों की असमर्थता का सबसे बड़ा कारण यही है। 'क्वीन एलिजाबेथ' जैसी अनेक सफल किस्मों के विख्यात अमरीकी प्रजनक लैमर्टस् ने चूर्णिल फफूंदी सहिष्णुता के विकास हेतु लम्बे समय तक कार्य किया और डेफोडिल जैसे पीले रंग के पिलर गुलाब 'गोल्डन शावर' को विकसित करने में सफलता पाई। तथापि, यह तथा कुछ अन्य विभेद, जोकि आसिता रोग के प्रति काफी सहिष्णु थे, ब्लैक स्पॉट तथा रतुआ (रस्ट) रोगों के प्रति सुग्राही पाए गए। दूसरी ओर आइवा स्टेट यूनिवर्सिटी के ग्रिफिथ बक ने लम्बे समय तक काला धब्बा सहिष्णुता के लिए गुलाबों में प्रजनन कार्य किया और कुछ वर्ष पूर्व एक अत्यधिक रोधी किस्म 'प्रेयरी प्रिन्सेज़' विकसित की। एक अन्य अनुसंधानकर्ता, बेल्टस्विले के.पी. सेमेनुक ने काला धब्बा रोग के प्रति अत्यधिक सहिष्णु तीन किस्में यथा, 'स्पॉटलैस गोल्ड' 'स्पॉटलैस यैलो' तथा 'स्पॉटलैस पिंक' विकसित कीं, जिसमें प्रतिरोधिता के गुण का विकास *रोज़ा सगोसा* से किया गया। जहां तक उद्यान गुलाबों का संबंध है, आज भी ऐसी किस्मों की बड़ी जरूरत है, जिसमें रोगरोधिता का उच्च अंश होने के साथ गुलाब उत्पादक द्वारा वांछित अन्य गुणों का भी समावेश हो।

अन्य किस्मों की तुलना में कुछ किस्में रोगरोधी होती हैं। दुर्भाग्यवश इस विषय की जानकारी अभी कम है। प्रकृति में कई कारणों से असंतुलन भी हो जाता है और एक स्थान पर जो किस्म रोगरोधी दिखाई पड़ती है, वही दूसरे स्थान पर रोगी हो जाती है।

चूर्णी फफूंद (पाउडरी मिल्ड्यू) रोग से ग्रस्त क्षेत्रों में उगाये जाने के लिए कुछ रोगरोधी किस्मों की सूची इस प्रकार हैः

'कैरोसेल'
'डुएट'
'एल कैपिटान'
'गोल्डन शावर्स'
'गोल्डन स्लिपर्स'
'इन्विटेशन'

'ला जोला'	'पैस्कैली'	'क्वीन एलिजाबेथ'
'मैकग्रेडीज सनसैट'	'पॉल्स स्कारलैट क्लाइम्बर'	'साराबण्डे'
'मिसचीफ'	'परफैक्ट'	'सुपर स्टार'
'मोन्टेजुमा'	'पिंक फेवरेट'	'सस्पेंस'
'ओलाला'	'पिंक पारफेट'	'वार डान्स'

काला धब्बा (ब्लैक स्पॉट) रोग के प्रति काफी हद तक रोधी कुछ किस्में इस प्रकार हैं:

'ऑल गोल्ड'	'मैडम लुई लैपेरियर'
'चैनेल'	'पीस'
'ईडन रोज़'	'पिंक फेवरेट'
'अर्नेस्ट एच. मोर्स'	'रेड फेवरेट'
'एवेलिन फिसन'	'रोज़ गोजार्ड'
'आइसबर्ग'	'स्टेला'
'कोरोना'	'सुपर स्टार'

इस विषय पर अद्यतन सूचना प्राप्त करना कठिन है। भारत में डाइबैक रोधी किस्मों के बारे में कोई ज्ञान नहीं है। इस पुस्तक के अंत में दी गई किस्मों के विवरण में उन कुछ किस्मों का संकेत किया गया है, जिनमें इस रोग के लगने की खास संभावना है।

नवीन किस्में

प्रतिवर्ष बड़ी संख्या में गुलाब की नई-नई किस्में तैयार होती हैं। न केवल यूरोप, अमरीका, ऑस्ट्रेलिया, न्यूज़ीलैण्ड तथा स्पेन में, बल्कि भारत तथा जापान जैसे देशों में भी इन नवीन किस्मों की मांग इतनी है कि बड़ी नर्सरियां या संस्थान एक बार में कम से कम 10,000 पौधे तैयार करते हैं। इसके सूचीपत्रों में प्रस्तुत चित्र अत्यंत आकर्षक तथा विवरण ऐसा होता है जो इन किस्मों को प्राप्त करने के लिए लुभाता है। परंतु जब उद्यान में सीमित जगह हो तो कोई क्या करे ? कुछ नयी किस्में जहां बहुत अच्छी सिद्ध हो सकती हैं, वहीं वे कुछ पुरानी किस्मों से बेहतर साबित नहीं होती। 'फ्राउ कार्ल', 'ड्रुश्की', 'कैसरिन ऑगस्त', 'विक्टोरिया', 'क्रिमसन ग्लोरी' तथा 'पिक्चर' जैसी कुछ पुरानी किस्मों का मुकाबला तो शायद ही कोई नई किस्म कर पाती है। मैं हैरीव्हीट क्राफ्ट के इस कथन से सहमत हूं कि कुछ गुलाब, जिन्हें अब उत्पादकों ने अस्वीकार कर दिया है, अभी भी इतने अच्छे हैं कि उन्हें यदि नये नाम से प्रस्तुत किया जाये तो हम तुरंत अपना लेंगे। अक्सर यह प्रश्न पूछा जाता

18. 'रोज़ी चीक्स' (एच.टी.)

स्कॉटलैण्ड से लायी गयी यह एक उत्कृष्ट दोहरे रंग वाली गुलाब की किस्म है जिसे वृहद रूप से उगाया जाना चाहिए। इसकी मखमली चटक लाल रंग की पंखुड़ियां पार्श्व से पीले रंग की होती हैं। (भारतीय जलवायु में यह अक्सर पीले रंग की बजाय सफेद होती है) और इसके दोहरे फूल परिपूर्ण एवं सुगंधित होते हैं। चमकदार पत्तियां इसकी अन्य विशेषता है।

19. 'जवानी' (एच.टी.)

लंबे समय तक न मुरझाने वाले नारंगी-लाल, सुगठित फूल वृहद रूप से फैले हुई झाड़ीनुमा पौधे पर होते हैं। भारत में विकसित गुलाबों में एक श्रेष्ठ किस्म।

20. 'क्रिश्चियन डॉयर' (एच.टी.)

1958 से प्रचलित यह प्रसिद्ध वृहद आकार के शीर्षपुष्प सिन्दूरी किरमिजी रंग के होते हैं। यह अभी भी गुलाब प्रदर्शनियों में पुरस्कार पा सकते हैं और कट-फ्लावर व्यवसाय में भी इनकी काफी मांग है।

21. 'ग्रेनेडा' (एच.टी.)

इसकी कलश आकार की कलियां खिलने के बाद बड़े, दोहरे, गुलाबी लाल और नींबूई पीलापन लिये फूल में बदल जाती है। इसमें लुभावनी सुगंध होती है।

22. 'हारमनी' (झाड़ी)

चटकीले गुलाबी-गेरुआ बड़े आकार के सुगठित, अधिक समय तक न मुरझाने वाले फूल। जर्मनी के कॉर्डेस से लाई गई यह एक सफल किस्म है।

23. 'अभय 87' (एच.टी.)

हस्तचित्रित गुलाब किस्मों की शृंखला में यह एक महत्वपूर्ण भारतीय योगदान है।

24. 'अजन्ता केव्स' (एच.टी.)

एक आकर्षक, सुन्दर गुलाब जिसकी पंखुड़ियां हल्के खुबानी रंग से लेकर क्रीम रंग की तथा किनारे सिंदूरी लाल रंग के होते हैं। बहुद्देशीय प्रकार के इस पुष्प का नाम पश्चिमी भारत में स्थित विश्वप्रसिद्ध गुफाओं के नाम पर रखा गया है।

25. 'सुगन्धा' (एच.टी.)

1964 में जारी की गई इस लाल-गुलाबी भारतीय किस्म में लंबी कलियां एवं चित्ताकर्षक सुगंध होती है।

है कि क्या हमें वास्तव में और अधिक किस्मों की आवश्यकता है, जबकि हमारे पास गुलाबों की अनेकानेक विविध किस्में उपलब्ध हैं। दिनों-दिन बढ़ती भीड़ और भौतिकता वाले विश्व को भविष्य में गुलाब की आवश्यकता उसकी संतुष्टि देने वाले गुणों के कारण कहीं अधिक होगी। हाल में कुछ ऐसी किस्में विकसित की गयी हैं जो निश्चित रूप से पुरानी किस्मों से बेहतर हैं, जैसे पैराडाइज तथा डबल डिलाइट। अतएव इस बारे में कोई संदेह नहीं कि गुलाब प्रजनन का कार्य और अधिक पैमाने पर जारी रहेगा ताकि रोगरोधिता तथा पाला-सहिष्णुता जैसे क्षेत्रों में अधिक कार्य किया जा सके। परंतु एक सामान्य गुलाब उत्पादक को इस बात के मार्गदर्शन की आवश्यकता है कि इतनी अधिक किस्मों में से अपने लिए सर्वथा उपयुक्त किस्में वह कैसे चुने ? कुछ देशों में इस दिशा में किए गए परीक्षणों द्वारा वांछित सूचना उपलब्ध है और हम आशा करते हैं कि भारत में भी नये गुलाबों के सुनियोजित परीक्षण सतर्कता के साथ लगाये जायेंगे ताकि देश के कोने-कोने में गुलाब प्रेमियों को उपयुक्त किस्मों का चुनाव करने में सहायता मिल सके।

उत्तरी भारत के मैदानी क्षेत्र के लिए किस्में

गंगा तथा उसकी सहायक नदियों के मध्य फैला यह बड़ा इलाका पश्चिम में पंजाब, हरियाणा और राजस्थान के कुछ भागों (जहां अपेक्षाकृत कम जाड़ा पड़ता है) से पूर्व में बिहार तथा बंगाल (जहां हल्का जाड़ा पड़ता है) तक फैला हुआ है। यहां मुख्यतः एलूवियल मृदा पाई जाती है। बंगाल में जहां वर्षा अधिक तथा आर्द्रता उच्च रहती है, प्रायः गुलाब उगाना कठिन होता है। अतः इस क्षेत्र को एक अलग क्षेत्र के रूप में लिया गया है।

क्यारियों और सामान्य उद्देश्य के लिए

हाइब्रिड टी

सफेदः 'ऑनर', 'जवाहर', 'लुईसियाना', विर्गो', 'व्हाइट मास्टर पीस'

गुलाबीः 'सेंचुरी-टू', 'डाक्टर बी.पी. पाल', 'फर्स्ट प्राइज़', 'लालिमा', 'मिशिल मीलैण्ड', 'मृणालिनी', 'पिक्चर', 'प्रिंसेज़ मार्ग्रेट ऑफ इंग्लैण्ड', 'प्रियदर्शिनी', 'सेबीन', 'सोनिया'

पीलाः 'गंगा', 'गोल्डन जायन्ट', 'गोल्ड मैडल', 'हैल्मट शिमट', 'मैकग्रेडीज सनसेट', 'समर सनशाइन'

नारंगी-लाल, मूंगा तथा सिन्दूरीः 'डोरिस टिस्टरमैन', 'फ्रैग्रेंट क्लाउड', 'जवानी', 'जस्ट ज्वॉय', मोन्टेजुमा', 'सुपर स्टार'

खुबानी से नारंगी पीलाः :ब्रांडी', 'कनकांगी', 'पीच ब्यूटी'

लाल से गहरा क्रिमसनः 'भीम', 'लाल बहादुर', 'मिस्टर लिंकन', 'प्रीशियस प्लेटिनम'

लैवेन्डरः 'ब्ल्यू मून'
द्विरंगीः 'लव', 'मैस्काट'
मिश्रित रंगः 'डबल डिलाइट', 'ग्रेनेडा', 'किस ऑफ फायर', 'ला जोएला', 'पैराडाइज़'

फ्लोरीबंडा
सफेदः 'हिमांगिनी', 'आइसबर्ग'
गुलाबीः 'देहली प्रिंसेज़', 'एल्स पोलसन', 'लोरी', 'क्वीन एलिजाबेथ'
पीलाः 'बैलोना'
नारंगीः 'बेलिन्डा'
नारंगी, लाल, मूंगा तथा सिन्दूरीः 'एविलिन फिशन', 'फ्लेमैंको', 'कुमकुम', 'सूर्यकिरण'
लाल से गहरा क्रिमसनः 'यूरोपियाना', 'लोरना डून'
लेवैन्डरः 'नीलाम्बरी', 'शॉकिंग ब्ल्यू'
मिश्रित तथा द्विरंगीः 'अनीता', 'बंजारन', 'भागमती', 'करिश्मा', 'चार्ल्सटन', 'चितचोर', 'फर्स्ट एडीशन', 'जूडी गार्लेन्ड', 'मधुर', 'सी पर्ल'

पोलीएन्था
सफेदः 'कैथेराइना जीमेट'
गुलाबीः 'चैटीलियन रोज़', 'ईको', 'पिंक शॉवर', 'प्रीति'
नारंगीः 'पॉल क्रेम्पेल', 'वैटरटेग'
लालः 'आइडियल'
मौवः 'भारानी'

प्रदर्शनी के लिए
सफेदः 'डा. होमी भाभा', 'ऑनर', 'जॉन एफ. केनेडी', 'लुइसियाना', 'मैटरहॉर्न', 'प्रिस्टाइन'
गुलाबीः 'बेल एन्जें', 'सेन्चुरी-टू', 'डा. बी.पी. पाल', एफेल टावर', 'फर्स्ट प्राइज़', 'मृणालिनी', 'पीटर फ्रेंकेनफेन्ड', 'रॉयल हाइनेस', 'रत्नार', 'दिल की रानी'
पीलाः 'गोल्डन जायंट', 'हेलमट श्मिट', 'सनब्लेस्ट'
नारंगी, लाल, मूंगा तथा सिन्दूरीः 'फ्रेगरेन्ट क्लाउड', 'सुपरस्टार', 'ऐंजेलिक'
खुबानी से नारंगी-पीलाः 'ब्रान्डी'
लाल से गहरा क्रिमसनः 'एलेक्स रेड', 'एवन', 'क्रिश्चियन डॉयर', 'मेकाक', 'ओक्लाहोमा', 'पापा मीलैण्ड'
लेवेन्डरः 'ब्ल्यू मून', 'वायोलेन', 'लेडी एक्स'

मिश्रित तथा द्विरंगीः 'अमेरिकन हेरीटेज़', 'डोरिस टिस्टरमैन', 'ईको', 'गार्डन पार्टी', 'ग्रेनेडा', 'किस ऑफ फायर', 'पैरेडाइज़', 'पार्थेनान', 'रोज़ गैजार्ड', 'श्रीनिवास', 'सुर्खाब'

गंगा के पूर्वी मैदान के लिए किस्में

गंगा के पूर्वी मैदानी क्षेत्र के अंतर्गत बंगाल तथा उसके साथ लगा हुआ बिहार व उड़ीसा के भाग आते हैं। किसी समय यह देश का एक महत्वपूर्ण गुलाब उत्पादक क्षेत्र था और बंगाल तथा बिहार के संथाल परगना में उस समय की सर्वोत्तम गुलाब नर्सरियां मौजूद थीं। अभी भी यहां अनेक लोग गुलाब उगाते हैं। क्यारियों के लिए तथा प्रदर्शनी के लिए इस क्षेत्र के लिए उपयुक्त किस्मों की सूची नीचे दी जा रही हैः

प्रजनन तथा सामान्य उद्देश्य के लिए किस्में

हाइब्रिड टी

'एलेक्स रेड', 'ब्लैक लेडी', 'केरीबिया', 'कॉन्फिडेन्स', 'डबल डिलाइट', 'लेडी एक्स', 'लाल बहादुर', 'मोन्टेजुमा', 'पैराडाइज़', 'समर हॉलीडे'

फ्लोरीबन्डा

'एनेहार्कनस', 'बॉन-बॉन', 'डबल टॉक', 'ग्रीन स्लीव्स', 'गोल्डन टाइम्स', 'जूडी गार्लेन्ड', 'मतांगी', 'क्वीन एलिजाबेथ', 'साम्बा', 'शॉकिंग ब्लू'

पोलीएन्था

'बार्डरकिंग', 'चैटीलियन रोज़', 'ईको', 'फ्लैम्बायंट', 'औरेंज ट्रायम्फ', 'रेड वैटरटेग', 'सी फोम', 'स्नो क्वीन', 'स्नो प्रिंसेज', 'वैटरटैग'

मिनिएचर

'चन्द्रिका', 'चिपर', 'कडल्स', 'ड्रीमग्लो', 'ग्रीनआइस', 'मैरी मार्शल', 'राइज एंड शाइन', 'स्टारीना', 'स्ट्राबेरी स्वर्ल, 'सन मेड'

प्रदर्शनी के लिए किस्में

हाइब्रिड टी

'एजीना', 'ब्ल्यू नाइल', 'डबल डिलाइट', 'फर्स्ट प्राइज़', 'फाउन्टेन ब्ल्यू', 'गोल्ड मैडल',

'लौरा', 'लव', 'लवर्स मीटिंग', 'मिस हार्प', 'टोरो', 'व्हाइट मास्टरपीस'

फ्लोरीबंडा

'देहली प्रिंसेज़', 'फ्रिसिया', 'एल्स पॉलसन', 'आइसबर्ग', 'इम्पेरेटर', 'क्वीन एलिजाबेथ', 'शाकिंग ब्ल्यू', 'जोरीना'

पोलीएन्था तथा मिनिएचर

क्यारियों तथा सामान्य उद्देश्य के लिए बतायी किस्में प्रदर्शनी के लिए भी उत्तम हैं।

मध्य भारत क्षेत्र के लिए किस्में

इस क्षेत्र में मध्य प्रदेश तथा उसके साथ लगे अन्य प्रदेशों के हिस्से आते हैं जहां विभिन्न गहराइयों वाली काली मिट्टी पाई जाती है तथा कुछ स्थानों में एलूवियल या लाल मिट्टी भी। यह शुष्क क्षेत्र है यद्यपि कुछ भागों में अधिक वर्षा भी होती है। जाड़े छोटे तथा ठंडे होते हैं परंतु उत्तरी क्षेत्रों की भांति अधिक ठंडे नहीं। ग्रीष्म ऋतु में काफी गर्म होता है।

क्यारियों तथा सामान्य उद्देश्य के लिए किस्में

हाइब्रिड टी

सफेदः 'डा. होमी भाभा', 'ऑनर', 'जवाहर', 'जान एफ कैनेडी', 'लैमन शर्बत', 'मैटरहार्न', 'व्हाइट मास्टरपीस', 'विर्गो'

गुलाबीः 'एक्वेरियस', 'फर्स्ट प्राइज़', 'हसीना', 'मारिया कैलस', 'मिशेल मीलैण्ड', 'मृणालिनी', 'मलार्ड जुबली', 'पीटर फ्रेन्केनफेल्ड', 'सोनिया मीलैण्ड'

पीलाः 'एपोला', 'गोल्ड मैडल', 'सनब्लेस्ट', 'समर सनशाइन'

नारंगी-लाल, मूंगा तथा सिन्दूरीः 'एटॉल', 'कोमान्चे', 'कमान्ड परफार्मेन्स', 'फ्रेगरेंट क्लाउड', 'इंडियन प्रिंसेज़', 'जस्टज्वॉय', 'मोन्टेजुमा', 'राजा सुरेन्द्र सिंह ऑफ नालागढ़', 'सुपर स्टार'

लाल से गहरा क्रिमसनः 'क्रिश्चियन डायर', 'क्रिमसन ग्लोरी', 'हैप्पीनैस', 'पापा मीलैण्ड, 'प्रीशियस प्लेटीनम'

मिश्रित रंग तथा द्विरंगीः 'अमेरिकन हेरीटेज़', 'डबल डिलाइट', 'गार्डन पार्टी', 'ग्रेनेडा', 'किस ऑफ फायर', 'पार्थेनन'

फ्लोरीबन्डा

सफेदः 'हाकून', 'हिमांगिनी', 'आइसबर्ग', 'समर स्नो'

गुलाबीः 'बॉनबॉन', 'ब्राइडल पिंक', 'देहली', प्रिंसेस', 'एलिजाबेथ ऑफ ग्लेमिस', 'पिंक पारफेट'
पीलाः 'फ्रीसिया'
नारंगी, लाल, मूंगा तथा सिन्दूरीः 'शोला'
लाल से गहरा क्रिमसनः 'यूरोपियाना'
लैवेन्डरः 'एन्जेल फेस', 'डीप पर्पल', 'नीलाम्बरी'
मिश्रित रंग तथा द्विरंगीः 'बंजारन', 'करिश्मा', 'चार्ल्सटन', 'फर्स्ट एडीशन', 'प्रेमा', 'सैबर डांस', 'सी पर्ल'

पोलीएन्था

'ईको', 'वैटरटैग', 'ऑरिंज ट्रायम्फ', 'रेड ट्रायम्फ', 'स्नेप्रिन्सेस', 'मटरटैग'

मिनिएचर

'हूला गर्ल', 'जूडी फिशर', 'लेवेन्डर ज्वैल', 'मैरी मार्शल', 'पपी लव', 'पुषकला', 'सन मेड', 'व्हाइट एन्जेल'

प्रदर्शनी के लिए किस्में

हाइब्रिड टी
सफेदः 'डा. होमी भाभा', 'ऑनर', 'जॉन एफ केनेडी', 'मैटरहार्न', 'पैस्केली' 'व्हाइट मास्टर पीस'
गुलाबीः 'अनुराग', 'डोली वीटा', 'फर्स्ट प्राइज', 'मिशेल मीलेण्ड', 'मृणालिनी', 'पीटर फ्रेन्केनफेल्ड', 'रॉयल हाइनैस', 'सोनिया मीलैण्ड'
पीलाः 'मिस हार्प', 'समर सनशाइन'
नारंगी-लाल, मूंगा तथा सिन्दूरीः 'बिंग क्रासबी', 'कमांड परफॉर्मेन्स', 'मोंटेजुमा'
एप्रीकॉट से नारंगी पीलाः मेडेलियन', 'एम्बैसेडर'
लाल से गहरा क्रिमसनः 'भीम', 'क्रिश्चियन डायर', 'ओक्लाहोमा', 'पापा मीलैण्ड', 'टोरो'
लैवेन्डरः 'ब्ल्यूमून', 'लेडी एक्स', 'वायोलेन'
मिश्रित रंग तथा द्विरंगीः 'अमेरिकन हैरीटेज', 'गार्डन पार्टी', 'ग्रेनेडा', 'श्रीनिवास'

फ्लोरीबन्डा
सफेदः 'हिमांगनी', 'हाकून', 'समर स्नो'
गुलाबीः 'देहली प्रिंसेज़', 'पिंक फारफेट'
पीलाः 'फ्रीसिआ'

नारंगी, लाल मूंगा तथा सिन्दूरी: 'शोला', 'जोरीना'
मिश्रित रंग तथा द्विरंगी: 'बंजारन', 'करिश्मा', 'फर्स्ट एडीशन', 'नवसदाबहार', 'प्रेमा', 'सी पर्ल'

दक्षिणी पठार और उससे लगे तटीय क्षेत्र के लिए किस्में

दक्षिण पठार के पश्चिमी भाग मुख्यतः नासिक तथा पूना के आसपास के क्षेत्र के बारे में ही ज्यादातर सूचना सुलभ है। मुम्बई तथा दूसरे बाजारों को कटे हुए फूल की आपूर्ति करने के कारण इस क्षेत्र का महत्व अब बढ़ गया है। नीचे दी गयी किस्में पठारी क्षेत्र के लिए सामान्यतः उपयुक्त हैं। तटीय क्षेत्र जहां की जलवायु गर्म और आर्द है और जहां वर्ष में कुछ समय तेज वर्षा और हवायें चलती हैं गुलाब उगाने की दृष्टि से अधिक उपयुक्त नहीं है। तथापि सारी समस्याओं के बावजूद, मुम्बई शहर में काफी गुलाब सीमेंट या मिट्टी के गमलों में उगाया जाता है। यहां ऐसे समर्पित गुलाब प्रेमी हैं जो खाद, पानी, सिंचाई तथा कीटनाशी व रोगनाशी रसायनों का छिड़काव करके बहुत अच्छे गुलाब उगा रहे हैं।

क्यारियों तथा सामान्य उद्देश्य के लिए किस्में

हाइब्रिड टी
सफेद: 'जॉन एफ. कैनेडी', 'पेस्कॅली'
गुलाबी: 'कॉन्फीडेंस', 'एफेल टावर', 'मारिया कैलस', 'पीटर फ्रैंकेनफेल्ड'
पीला: 'सनब्लैस्ट', 'मैबेला', 'सन किंग'
नारंगी-लाल, मूंगा तथा सिन्दूरी: 'समर हॉलीडे'
लाल से गहरा सिन्दूरी: 'ग्लैडीएटर', पापा मीलैण्ड'
लैवेन्डर: 'ब्ल्यूमून', 'पैराडाइज़'
मिश्रित रंग तथा द्विरंगी: 'डबल डिलाइट', 'इंज हॉर्स्टमैन', 'लव'

फ्लोरीबंडा
सफेद: 'समर स्नो'
गुलाबी: 'डियरेस्ट', 'क्वीन एलिजाबेथ'
नारंगी तथा नारंगी छटा: 'बेलिंडा', 'एलिजाबेथ ऑफ ग्लेमिस'
लाल से गहरा सिन्दूरी: 'पुस्ता'
लैवेंडर: 'एन्जिल फेस'

---

*मार्डेन रोजेज़'8 के अनुसार बड़े फूल वाली लता

मिश्रित रंग तथा द्विरंगीः 'जूडी गारलैण्ड', 'नाइम्स', 'सी पर्ल'

पॉलिएन्था

'भारानी', 'मार्गो कोस्टर', 'मटरटैग', 'नर्तकी', 'ऑरेन्ज ट्रायम्फ', 'स्नेट प्रिंसेज', 'वैटरटैग'

मिनिएचर

'ब्यूटी सीक्रेट', 'चिपर', 'ग्लोरीग्लो', 'जेट ट्रेल', 'लेवेन्डर ज्वैल', 'ओवर द रेनबो', 'रोजमेरिन', 'स्टारीना', 'स्टार एन स्ट्राइप्स', 'स्ट्राबेरी स्वर्ल'

प्रदर्शनी के लिए किस्में

हाइब्रिड टी

सफेदः 'जॉन एफ. कैनेडी', 'पैस्केली', 'प्रिस्टाइन'

गुलाबीः 'कॉन्फीडेन्स', 'फर्स्ट प्राइज़', 'फाउन्टेनब्ल्यू', 'मारिया कैलस'

पीलाः 'गार्डन पार्टी', 'सन ब्लेस्ट', 'मिस हार्प', 'सन किंग'

नारंगी-लाल, मूंगा तथा सिन्दूरीः 'फ्रेगरेन्ट क्लाउड', 'समर हॉलीडे'

एप्रीकाट से नारंगी पीलाः 'यांकी डूडल'

लाल से गहरा सिन्दूरीः क्रिश्चियन डॉयर', 'ग्लेडिएटर', 'ओक्लाहोमा', 'पापा मीलैण्ड', 'स्वार्टमोर'

लैवेन्डरः 'ब्ल्यू मून', 'लेडी एक्स', 'पैराडाइज़'

मिश्रित रंग तथा द्विरंगीः 'एन्विल स्पार्क', 'डबल डिलाइट', 'इन्ज हार्स्टमैन'

फ्लोरीबन्डा

ऊपर क्यारियों तथा सामान्य उद्देश्य के लिए बताई गई किस्में प्रदर्शनी के लिए भी उत्तम हैं।

अध्याय 6

गुलाब कैसे लगाएं

अगर एक बार गुलाब के बगीचे की योजना बना ली जाए, तो लगाने के लिए आवश्यक प्रत्येक किस्म और वर्ग के पौधों की ठीक-ठीक संख्या का अंदाज लगाना कोई कठिन काम नहीं है। अगर पौधे किसी नर्सरी से लेने हों तो लगाने के समय से बहुत पहले ही आदेश दे देना चाहिए ताकि वे ठीक समय पर मिल सकें। उत्तर भारत में मनपसंद पौधों के लिए आदेश मार्च या अप्रैल माह तक दे देना चाहिए।

क्यारियों और गड्ढों की तैयारी

क्यारियां या गड्ढों को पौध लगाने से कम से कम एक महीना पहले अवश्य तैयार कर लेना चाहिए। क्यारियों की तैयारी मई या जून में की जा सकती है, जिससे कि मिट्टी में धूप और हवा का अच्छी तरह से संचार हो जाए और वर्षा ऋतु के दौरान पौधा लगाने से पहले मिट्टी को स्थिर होने का मौका मिल सके। यदि गुलाब के कुछ ही पौधे लगाने हों तो उन्हें गोलाकार 60-90 सें.मी. चौड़े और 60-75 सें.मी. गहरे गड्ढों में लगा सकते हैं। गड्ढ़ों की खुदाई कुदाल, खुरपी या बेलचे से की जाती है। गड्ढे से जितनी मिट्टी निकाली गयी है, उसके आधे भाग में आधी टोकरी गोबर की खाद तथा एक मुट्ठी हड्डी का चूरा मिलाकर उसे गड्ढे में भरा जाता है।

क्यारियों को कुदाल से 60-75 सें.मी. (2-2½ फुट) की गहराई तक खोदकर तैयार किया जाता है। यह काम दुहरी खुदाई द्वारा किया जाता है। प्रायः क्यारी की लम्बाई में 45-60 सें.मी. (1½-2 फुट) चौड़ी और 30 सें.मी. (1 फुट) गहरी खाई खोद ली जाती है। खाई की मिट्टी क्यारी के एक किनारे पर जमा कर दी जाती है, ताकि लॉन की घास को कोई नुकसान न पहुंचे। इसके बाद खाई को 30 सें.मी. की गहराई तक कांटे (फोर्क) की सहायता से दुबारा खोदते हैं। खाई की खुदाई करते समय एक टोकरी अच्छी तरह सड़ी हुई गोबर की खाद और दो मुट्ठी हड्डी का चूरा मिट्टी में मिलाया जा सकता है। क्यारी की चौड़ाई में पहली खाई के साथ ठीक उसी तरह की एक दूसरी खाई खोद दी जाती है। दूसरी खाई की ऊपरी 30 सें.मी. की गहराई तक निकाली गयी मिट्टी को पहली खाई में भर दिया जाता

है। इसके बाद दूसरी खाई को पुनः 30 सें.मी. की गहराई तक खोदा जाता है, उसमें खाद डाली जाती है। इसके बाद चौड़ाई में ही तीसरी खाई खोदी जाती है। दूसरी खाई के ऊपरी 30 सें.मी. खाली भाग को तीसरी खाई की ऊपरी 30 सें.मी. मिट्टी से भरा जाता है। इसी क्रम में खुदाई तब तक चलती है जब तक कि क्यारी पूरी चौड़ाई में खुद नहीं जाती। पहली खाई से निकली ऊपरी 30 सें.मी. मिट्टी अंतिम खाई भरने के लिए इस्तेमाल की जाती है। समूची क्यारी के ऊपर की मिट्टी पौध लगाने के ठीक पहले तैयार की जा सकती है।

क्यारी को आस-पास की भूमि की सतह के बराबर रखना चाहिए, क्योंकि बाद में क्यारी की मिट्टी थोड़ी बैठ जाती है। यदि मिट्टी भारी चिकनी तथा घटिया जल निकास वाली हो तो क्यारी की सतह आसपास की भूमि से करीब 5-10 सें.मी. ऊंची रखनी चाहिए। भारी चिकनी मिट्टी को 1.5 किलोग्राम प्रति मीटर के हिसाब से चूने का घोल डोलकर सुधारा जा सकता है। चूने को क्यारी की मिट्टी में 30 सें.मी. की गहराई तक कांटे से खुदाई करके भली-भांति मिला दिया जाता है। कभी-कभी चूने की जगह 0.5 किलोग्राम प्रति वर्ग मीटर की दर से जिप्सम के प्रयोग की सिफारिश भी की जाती है, जिसे ऊपरी 5 सें.मी. मिट्टी में मिला दिया जाता है। यदि मिट्टी हल्की या बलुई है, तो उसकी जल-धारण क्षमता को बढ़ाने के लिए काफी मात्रा में कम्पोस्ट खाद देने की जरूरत पड़ेगी।

पौधों का रख-रखाव

गुलाब के नये पौधों को जिन्हें 'मैडेन्स' कहा जाता है, नर्सरी से लाते समय उनकी सावधानी से देख-रेख करनी पड़ती है। अगर गड्ढे या क्यारियां तैयार नहीं हों तो भारी वर्षा आदि किसी अन्य कारण से उनका लगाना संभव न हो तो बंधे पौधों को खोलना नहीं चाहिए। उन्हें ज्यों-का-त्यों किसी ठंडे स्थान में रखना चाहिए और उन पर कभी-कभी थोड़ा-सा पानी छिड़कते रहना चाहिए। जिस टोकरी में पौधे बंद हों उसे सावधानी से खोलना चाहिए। आमतौर पर हमारे देश में नर्सरियों से गुलाब के ऐसे पौधे दिए जाते हैं, जिनकी जड़ों में गोलाकार रूप में मिट्टी लिपटी होती है। जड़ में लिपटी हुई मिट्टी को भीगे हुए पुआल या घास से बांधा जाता है। कभी-कभी जड़ों के आस-पास नमी बनाये रखने के लिए उनमें एल्काथीन लपेट दिया जाता है।

अगर पौधों में कोई सूखी हुई या रोगी टहनी दिखाई दे, तो उन्हें लगाने से पूर्व किसी तेज धार वाली सिकेटियर (कैंची) से उसकी कटाई कर देनी चाहिए। काटी गयी टहनियों के छोर पर किसी कवकनाशी (4 भाग कॉपर कार्बोनेट, 4 भाग लाल सीसा और 5 भाग अलसी का तेल) का लेप कर देना चाहिए। चश्मा लगने के स्थान के ठीक ऊपर वाला मूलवृंत का भाग, जिसे साधारणतया गांठ के नाम से पुकारा जाता है, पौध देने से पहले काटकर निकाल दिया जाता है। अगर ऐसा न किया गया हो, तो उसे काटकर निकाल देना चाहिए। इसकी कटाई मुख्य तने के बिल्कुल नजदीक से करनी चाहिए। आवश्यकता से अधिक लम्बी जड़ों

को भी काटकर छोटा किया जा सकता है। इससे नयी रेशेदार जड़ों की बढ़वार को प्रोत्साहन मिलेगा। अगर नए पौधों पर लाल खपरा कीटों का आक्रमण हुआ हो तो रोपाई के बाद पौधों पर उचित कीटनाशी का छिड़काव करना चाहिए (देखें अध्याय-10)। यदि थोड़े से ही पौधों पर कीट लगा हो तो तने के प्रभावित भाग को मैथिलेटेड स्पिरिट में भिगोये रुई के फाहे से रगड़ना अधिक सुविधाजनक रहेगा।

विदेशों में आमतौर पर नर्सरी से गुलाब के जो पौधे रोपाई के लिए दिए जाते हैं, उनकी जड़ें खुली रहती हैं। हाल ही में हमारे देश की कुछ नर्सरियों ने भी यह विधि अपनायी है। यदि नर्सरी से इस तरह के पौधे प्राप्त हों, तो उनका रख-रखाव भी उपरोक्त विधि से ही करना चाहिए। वैसे, लगाने के पहले जड़ों को कुछ घंटों के लिए पानी में डुबोना लाभप्रद रहता है। यदि पौधों को लगाने में देर हो, तो जड़ों को गीले बोरे से ढक कर रखना चाहिए।

पूर्वी भारत के कुछ नर्सरी वाले जो पौधे देते हैं, उनकी जड़ें-मिट्टी के बड़े एवं कड़े गोले से ढकी होती हैं। इससे परिवहन के समय उन्हें जीवित रखने में तो मदद मिलती है, पर लगाने के समय या जड़ों से मिट्टी नहीं हटाई जाती तो पौधा हवा की कमी से सूख जाएगा।

पौधे कब लगायें

हमारे देश के मैदानी भागों में गुलाब लगाने का सबसे उपयुक्त समय सितम्बर या अक्तूबर का महीना है, जब वर्षा रुक जाती है। इस अवधि को नवम्बर के अंत तक बढ़ाया जा सकता है। दिसम्बर के आरंभ में (जिस समय अधिकांश गुलाब प्रदर्शनियों का आयोजन किया जाता है) अच्छे किस्म के फूल प्राप्त करने के लिए पौधों को जल्दी लगाना उचित रहता है, फिर भी, यहां यह अवश्य बता दिया जाना चाहिए कि यदि अच्छी तरह से देख-रेख की जाये तो मैदानी भागों में किसी भी समय पौधों को लगाया जा सकता है। पहाड़ी क्षेत्रों में तापमान के आधार पर नवम्बर या फरवरी-मार्च के महीनों में पौधों को लगाया जा सकता है।

पौधों को कैसे लगायें

पौधा लगाने के पहले गड्ढे से 30 सें.मी. की गहराई तक की मिट्टी निकाल देनी चाहिए। फिर जड़ में लिपटी हुई मिट्टी के साथ पौध को धीरे से गड्ढे में रखना चाहिए। यह ध्यान रखना चाहिए कि मुख्य तना गड्ढे के मध्य में रहे। विदेशों में आमतौर पर चश्मा जड़ के पास लगाया जाता है, लेकिन हमारे देश में उसे जड़ से 5-7.5 सें.मी. (2-3 इंच) की ऊंचाई पर लगाया जाता है। अतः चश्मा चढ़ाने का स्थान, भूमि की सतह से ठीक ऊपर रखा जाता है। अगर पौध की जड़ें मिट्टी से ढकी हुई न हों, तो लगाने के समय उन्हें फैला देना जरूरी है। पौध को रखने के बाद गड्ढे में मिट्टी को भर दिया जाता है। फिर उसे हाथ या पैर से किनारे से बीच की ओर थपथपाकर अच्छी तरह दबा दिया जाता है। पौधा लगाने के

तुरंत बाद सिंचाई की जाती है।

यदि क्यारियों में पौधा लगाना हो तो पौधों को लगाने के स्थान पर चिह्न लगा देने चाहिए। आमतौर पर पौधों और कतारों के बीच की दूरी 60-75 सें.मी. (2-2½ फुट) रखी जाती है। वैसे यह दूरी किस्मों पर निर्भर करती है। अधिक तेजी से बढ़ने एवं अधिक स्थान घेरने वाली किस्में, जैसे 'सुपर स्टार', 'साऊथ सीज', 'मोंटेजुमा' और 'क्वीन एलिजाबेथ' के लिए अधिक जगह की जरूरत पड़ती है।

चिन्हित स्थानों पर उपर्युक्त आकार और गहराई के गड्ढे खोद लेने चाहिए। इनमें पहले बतायी विधि के अनुसार पौधे लगाये जा सकते हैं। नये लगाये गये पौधों को तेज धूप, तेज हवा और भारी वर्षा से बचाना चाहिए। पौधों पर धातु या प्लास्टिक के स्थायी नामपत्र (लेबल) लगा देना अच्छा रहता है। यह भी आवश्यक है कि पौधा लगाने की योजना पहले कागज पर तैयार कर ली जाए। यदि स्टैंडर्ड पौधा है तो लगाने के पहले पौध लगाने की जगह पर उपयुक्त ऊंचाई का हरा रंगा बांस गाड़ देना अच्छा रहता है।

प्रतिरोपण

कभी-कभी पौधों को एक जगह से हटाकर दूसरी जगह लगाने की जरूरत पड़ती है। ऐसा उनकी वृद्धि ठीक तरह से नहीं हो पाने, या क्यारी का विन्यास बदलने या उस स्थान की मिट्टी के अनुपजाऊ हो जाने के कारण जरूरी हो जाता है। ऐसे पौधों को चारों ओर से सावधानीपूर्वक खोद कर इस तरह निकालना चाहिए कि उनकी जड़ों के चारों ओर पर्याप्त मिट्टी चिपकी रहे। पौधा निकालने से एक या दो दिन पहले हल्की सिंचाई कर देनी चाहिए। इस बात पर पूरा ध्यान देना चाहिए कि जड़ों को कोई नुकसान न पहुंचे। निकालने के तुरंत बाद पौधों को नए स्थानों पर लगा देना चाहिए। इसके लिए गड्ढे पहले से ही तैयार कर लेने चाहिए। लगाने के बाद मिट्टी को अच्छी तरह से दबा कर पर्याप्त सिंचाई कर देनी चाहिए। मैदानी भागों में स्थानान्तरण का कार्य भी पौध लगाने की सामान्य अवधि के दौरान किया जा सकता है। पहाड़ी इलाकों में इसका सबसे अच्छा समय अक्तूबर-नवम्बर का है।

देख-रेख

नए लगाये गये गुलाब को आरंभ में अधिक सिंचाई की जरूरत पड़ती है। इसके बाद गर्मियों में सप्ताह में एक बार और जाड़ों में 10 दिनों में एक बार सिंचाई की जा सकती है। प्रत्येक सिंचाई के बाद, मिट्टी के थोड़ा सूख जाने पर, हल्की गुड़ाई करनी चाहिए। यह अवश्य ध्यान रखना चाहिए कि गुड़ाई गहरी या तने के आधार के पास न की जाए। क्यारियों में या पौधों की जड़ों के पास अधिक समय तक पानी नहीं रुकना चाहिए, वरना जड़ों को नुकसान पहुंचता है। इसके लिए जल-निकास की उचित व्यवस्था तथा मिट्टी का भुरभुरा होना आवश्यक है। तने के आधार के नजदीक से मूलकांड की जड़ से निकलने वाले अंतः भूस्तारी

को देखते ही निकाल देना चाहिए। लेकिन यह सावधानी रखनी चाहिए कि उनकी जगह तने के आधार से निकलने वाली नयी शाखाओं या अंकुरों (कलियों) को न काट दिया जाए। पत्तियों के आकार-प्रकार और रंग के आधार पर नयी शाखाओं और अंतः भूस्तारियों के बीच पहचान की जा सकती है।

अधिक फूलने वाली किस्मों में फालतू कलियों को तोड़कर निकाल देने से बढ़िया किस्म के फूल प्राप्त होते हैं। प्रदर्शनियों के लिए यह लाभप्रद रहता है। केवल कमजोर और अविकसित कलियों को ही तोड़ना चाहिए। प्रत्येक शाखा पर खिलने के लिए एक कली अवश्य छोड़ दी जानी चाहिए। मुर्झाई हुई फूल युक्त टहनी को नीचे उस पत्ती तक काटना चाहिए, जिसमें कम से कम पांच पत्रक हों। इन्हें जनवरी के आरंभ में, या पहली बहार की समाप्ति पर निकाल देना चाहिए। इससे आगामी बहार (मार्च-अप्रैल) में अच्छी किस्म के फूल प्राप्त होते हैं।

पौधों की कटाई-छंटाई और उसमें खाद देने का काम सही समय पर करना चाहिए। कीटों तथा रोगों की रोकथाम के लिए पौधों की नियमित जांच और कवक तथा कीटनाशियों का उपयुक्त समय पर छिड़काव करना चाहिए। इसके बारे में विस्तार से अध्याय-10 व 11 में बताया गया है।

ग्रीष्मकालीन देख-रेख

मार्च-अप्रैल में, फूल खिलने का मौसम समाप्त हो जाने के बाद, अच्छी तरह से सड़ी हुई गोबर या पत्तियों की खाद, पलवार के साथ देने पर, खरपतवारों की रोकथाम और नमी के संरक्षण में सहायता मिलती है। गर्मियों के बाद इसे जुताई द्वारा मिट्टी में मिला दिया जाता है।

गर्मी के दौरान प्रायः सिंचाई की जरूरत पड़ती है। मुर्झाये हुए फूलों को भी बारम्बार निकालते रहना चाहिए। उकठा रोग के लिए पौधों पर निगरानी रखनी चाहिए। अगर उकठा रोग लग जाये तो रोग ग्रसित भाग को तुरंत काट कर निकाल देना चाहिए। बहुत छोटे या हाल ही में लगाये गये पौधों को तेज धूप और हवा से बचाना चाहिए। यह कार्य चटाइयों या सिरकियों की बाड़ की सहायता से भलीभांति किया जा सकता है।

स्टैंडर्ड गुलाबों को सहारा देने के लिए लगाई गई बांस की डंडियों की बीच-बीच में जांच करनी चाहिए कि वे सही स्थिति में हैं या नहीं। अगर वे अच्छी तरह से बांधे न गये हों तो गर्मी के दिनों में तेज हवाओं से उनको नुकसान पहुंचने का डर रहता है। रैम्बलर और बेलदार गुलाबों की शाखाओं को दीवार, लता मंडप, मेहराब या खंभों से बांध देना चाहिए, ताकि हवा के तेज झोंकों से टूटकर वे नीचे न गिर जायें। गर्मी के दिनों में शाम के समय पौधों पर पानी का छिड़काव करना उपयोगी रहता है। गमलों में नए लगाये गए गुलाबों को तेज धूप, हवा और वर्षा से बचाने के लिए उन्हें छाया में या बरामदे में रखना चाहिए। पर

26. 'ऑनर' (एच.टी.)
भारत में जारी किये गये श्वेत गुलाब किस्मों में यह श्रेष्ठ है।

27. 'मृणालिनी' (एच.टी.)

एक अत्यंत महत्वूपर्ण भारतीय किस्म। इसके बड़े, सुगठित गुलाबों ने कई बार गुलाब-प्रदर्शनियों में पुरस्कार जीते ह।

28. 'मि. लिंकन' (एच.टी.)

वृहद आकार के सुवासित गहरे, मखमली फूल जो लंबी झाड़ियों पर होते हैं। दिल्ली की जलवायु में उगने वाली यह एक श्रेष्ठ किस्म है।

29. 'गोल्ड मैडल' (एच.टी.)
मध्यम से वृहद आकार के सुनहरे फूल जिनमें पंखुड़ियों के किनारे विशेष मौसम में लाल हो जाते हैं।

30. 'डोरिस टिस्टरमैन' (एच.टी.)
इसका चटक नारंगी रंग सभी को आकर्षित करता है। इसके पौधे लंबे और फैली झाड़ियों की तरह होते हैं।

31. ‘कनकांगी’ (एच.टी.)

इसकी गोलाकार कलियां खिलने के बाद मनोहारी, चटक सुनहरे और खुबानी रंग के फूलों में बदल जाती हैं। चित्ताकर्षक सुगन्धित। दिल्ली की गुलाब प्रदर्शनियों में इस किस्म के फूल सर्वाधिक आकर्षित करते हैं।

32. 'गोल्डन आफ्टरनून' (एच.टी.)

नारंगी और खुबानी रंग के संयोजन वाले आकर्षक पुष्प। छोटे किन्तु सुंदर फूल जिनमें विशेष सुगंध होती है। पत्तियां चमकदार होती हैं।

33. 'जवाहर' (एच.टी.)

बड़े आकार के दोहरे, श्वेत फूल कभी-कभी हल्के क्रीम रंग के हो जाते हैं। क्यारियों के लिए उत्कृष्ट, लेकिन प्रदर्शनियों में अधिक लोकप्रिय नहीं।

उन्हें जरूरत से अधिक दिनों तक छाया में भी न रखें, वरना वे रोगग्रस्त, पीले तथा लम्बे हो जायेंगे।

शीतकालीन देखरेख

मैदानी क्षेत्रों में सर्दी के मौसम में गुलाबों को किसी विशेष देख-रेख की जरूरत नहीं पड़ती। लेकिन पहाड़ी क्षेत्रों में, जहां कड़ाके की सर्दी पड़ती है, गुलाब के पौधों को कुछ विशेष देख-रेख की जरूरत पड़ती है। पाला लगी कोपलों व टहनियों के समूचे प्रभावित भाग को, जिसका भीतरी ऊतक (पिथ) भूरा पड़ जाता है, काटकर निकाल देना चाहिए। नये लगाये गये छोटे पौधों को दिसम्बर से फरवरी तक भारी बर्फ और पाले से बचाना चाहिए। अतिरिक्त सुरक्षा के लिए पौधों के आधार व ऊपरी भागों को सूखी घास या पुआल से ढक दिया जाता है। पाले से प्रभावित पौधों को (पहली बार प्रभावित होने पर) भूमि से 40 से 45 सेंटीमीटर की ऊंचाई से काट दिया जाता है।

भारी वर्षा और बर्फ गिरने के बाद पौधों की जांच करनी चाहिए। रैम्बलर तथा बेलदार गुलाबों की ढीली-ढाली या गिरी हुई शाखाओं को फिर से सहारा देकर बांध देना चाहिए। स्टैंडर्ड गुलाबों के सहारे अगर गिर गये हों तो उन्हें भी फिर से अपने स्थान पर गाड़ देना चाहिए। बरसात के मौसम में क्यारियों में (पौधों के आधार के पास) पानी नहीं रुकने देना चाहिए।

उपेक्षित पौधों व क्यारियों का नवीकरण

कटाई-छंटाई, निराई-गुड़ाई, खाद देने तथा देख-रेख की उचित व्यवस्था न होने पर पौधों का ओज कम हो जाता है, स्वरूप बेढंगा हो जाता है और उनमें निम्नकोटि के व कम संख्या में फूल लगते हैं। इन उपेक्षित गुलाबों को फिर से अच्छे रूप में लाना कोई कठिन काम नहीं है। सामान्य रोपाई के समय यानी सितम्बर और अक्टूबर में पुराने पौधों को जड़ के चारों ओर की थोड़ी मिट्टी सहित निकाल लेना चाहिए और फिर से नयी क्यारी में उनको लगाना चाहिए। अगर उन्हें उसी क्यारी में लगाना हो तो संपूर्ण क्यारी को 60-75 सें.मी. की गहराई तक खोदना जरूरी है। खुदाई के बाद उसमें अच्छी तरह सड़ी हुई गोबर की खाद और हड्डी का चूरा डालना चाहिए। इस क्यारी को भी नई क्यारी की ही भांति तैयार करना चाहिए। प्रतिरोपण के पहले पौधों की समुचित कटाई-छंटाई कर लेनी चाहिए। निकाले गये पौधों को छाया में रखना चाहिए और उनकी जड़ों को गीले टाट से ढक देना अच्छा रहता है। पहाड़ी क्षेत्रों में यह कार्य अक्टूबर-नवम्बर में किया जा सकता है।

पौधों को लगाने के बाद उनकी सही देख-रेख की जानी चाहिए। समय पर समुचित कटाई-छंटाई, खाद देना, सिंचाई तथा निराई-गुड़ाई और कीट एवं कवकनाशियों का छिड़काव आवश्यक है।

वह मिट्टी जिसमें लगातार कई वर्षों तक गुलाब उगाया गया हो, कभी-कभी उनके लिए प्रतिकूल हो जाती है। फलस्वरूप पौधों की बढ़वार और पुष्पन घट जाता है। ऐसी हालत में अप्रैल या मई में पूरी क्यारी की 60 से 75 सें.मी. गहरी खुदाई करके, पुरानी की जगह अच्छी और ताजा मिट्टी व खाद डालना लाभकारी रहता है। इसके बाद उन्हीं पौधों को उस क्यारी में लगाया जा सकता है। यदि पुराने पौधे उस क्यारी में न लगाये जा रहे हों तो उसमें हरी खाद देने के लिए उपयुक्त फसलें, जैसे सनई उगायी जानी चाहिए। जुलाई में बोई हरी खाद की फसल को मध्य अगस्त तक मिट्टी में मिलाया जा सकता है। इसके बाद सितम्बर के अंत या अक्टूबर आरंभ में गुलाब के पौधे लगाने चाहिए। गुलाब की पुरानी और अनुर्वर क्यारियों को फिर से उर्वर अवस्था में लाने के लिए हरी खाद बहुत लाभप्रद साबित होती है।

कांच घर में गुलाब उगाना

हमारे देश में गुलाब प्रायः केवल खुले मैदानों में उगाये जाते हैं। गुलाब को कांच घरों में उगाने का मुख्य लाभ यह है कि नियंत्रित परिवेश में रहने के कारण अत्यधिक वर्षा, पानी के जमाव, हवा, पाला, धूप या बर्फ से पौधों को किसी तरह का नुकसान नहीं पहुंचता और उनमें पुष्पन की अवधि कई महीने तक बढ़ायी जा सकती है। कांच घरों में फूल उस समय भी उपलब्ध कराये जा सकते हैं, जब वे आसानी से नहीं मिलते तथा उनकी कीमत काफी बढ़ जाती है। ठंडे इलाकों में इन कांच घरां को गर्म रखा जाता है। हमारे देश में मैदानी इलाकों में गर्मी के दिनों में कांच घरों का तापमान कम रखना जरूरी है, जो बहुत खर्चीला होता है। कांच घरों में केवल चुने हुए ऐसे गुलाब ही उगाये जाने चाहिए, जिन्हें गमलों में सफलतापूर्वक लगाया जा सके। कांच घरों में उगाये जाने वाले पौधों की कटाई-छंटाई, खाद देना और दूसरी कृषि क्रियायें ठीक उसी तरह से की जाती हैं, जैसे खुले स्थान में गमलों में उगाये जाने वाले पौधों में।

अध्याय 7

गुलाबों को खाद–पानी

जंगली गुलाब अनुकूल परिस्थितियों में कहीं भी बढ़-पनप सकते हैं। लेकिन गुलाब की खेती-योग्य किस्मों को, मौसम-दर-मौसम बढ़िया फूल लेने के लिए, पर्याप्त मात्रा में संतुलित आहार की जरूरत पड़ती है।

मिट्टी को उर्वर बनाने का सबसे अच्छा तरीका कौन सा है, इस बारे में प्रत्येक गुलाबशास्त्री का अपना अलग-अलग दृष्टिकोण हो सकता है। एक प्राचीन परंपरा के अनुसार गुलाब की झाड़ियों के नीचे किसी 'मृत गधे को गाड़ देना' असाधारण परिणाम प्राप्त करने का राज था। आधुनिक युग में पोषक तत्वों की प्राप्ति के लिए इतनी विचित्र वस्तुओं का इस्तेमाल तो नहीं होता, फिर भी कुछ लोग कबूतर की बीट की, कुछ भेड़-बकरी के मल की तो कुछ घोड़े की लीद की सिफारिश जरूर करते हैं। परंतु अब हमें मिट्टी, खाद और उर्वरक पर वैज्ञानिक दृष्टि से विचार करना चाहिए।

जिस मिट्टी में गुलाब उगाना हो उसकी परख गहराई, गठन, बनावट, पारगम्यता, जल निकास, अम्लीय या क्षारीय प्रतिक्रिया और घुलनशील लवणों की मात्राओं के आधार पर करनी चाहिए। गुलाब की सफल खेती के लिए ऐसी उर्वर, एक मीटर गहरी, भुरभुरी, चिकनी, दुमट या दुमट मिट्टी (प्रधानता चिकनी दुमट मिट्टी को दी जाती है) आवश्यक है, जिसकी अवमृदा (निचली सतह) में पारगम्यता और जल निकास अच्छा हो, ताकि भारी वर्षा होने पर भी पानी न रुके। मिट्टी हल्की अम्लीय या उदासीन या हल्की क्षारीय (पी.एच. 6.0-7.5) हो। गुलाब की खेती के लिए समुचित मृदा प्रबंध बहुत महत्वपूर्ण है। अच्छे प्रबंध द्वारा मृदा को अनुकूल बनाना गुलाब की सफल खेती की कुंजी है।

अगर भूमि अधिक गहरी नहीं हो तो बाहर से मिट्टी डालकर उसे वांछनीय गहराई का बना लेना चाहिए। दुमट या बलुई मिट्टी में थोड़ी चिकनी तथा चिकनी मिट्टी में थोड़ी बालू मिलाकर मिट्टी को ठीक किया जा सकता है। मिट्टी में काफी मात्रा में भली-भांति सड़े-गले जैविक पदार्थ, जैसे गोबर की खाद मिलानी चाहिए (एक पौधे के लिए लगभग एक टोकरी)। सफल खेती के लिए समुचित जल निकास बहुत जरूरी है। आंतरिक जल निकास में अगर कोई रुकावट हो, तो बाधक परत को खुदाई करके निकाल देना चाहिए।

60 से कम पी-एच मान वाली भूमि में कुछ आवश्यक पोषक तत्वों को ग्रहण न कर पाने के कारण गुलाब पनप नहीं पाते। ऐसी मिट्टी को सुधारने के लिए डोलोमाइटी चूने के पत्थर या कृषि उपयोगी महीन चूने (100 मेश का) को मिट्टी में खूब अच्छी तरह से मिला देना चाहिए। इसकी मात्रा मिट्टी पर निर्भर करेगी। मिट्टी की जांच करके इसे ज्ञात किया जा सकता है। हां, यह ध्यान रखना महत्वपूर्ण है कि मिट्टी में बहुत अधिक चूना न मिलाया जाए, अन्यथा इसका पौधों पर बुरा असर पड़ेगा और कुछ सूक्ष्म मात्रिक पोषक तत्व पर्याप्त मात्रा में उपलब्ध न हो सकेंगे।

अपनी व्यापक जानकारी के आधार पर आस्ट्रेलिया के डा. ए.एस. थॉमस ने बताया कि गुलाबों का प्रदर्शन 6.5 से 8.0 यहां तक कि 8.5 पी-एच वाली मृदा में काफी अच्छा रहता है। भारत में भी 8.0 या थोड़ी अधिक पी-एच वाली मृदा में गुलाब अच्छा लगता है, तथापि 8.0 या इससे अधिक पी-एच वाली मृदा में सही मूलकाण्ड का प्रयोग करना अच्छे परिणामों के लिए आवश्यक है। डा. थॉमस के अनुसार *रोज़ा इंडिका* में अनेक प्रकार की जलवायु और मृदा के लिए अनुकूलनशीलता पाई जाती है तथा विश्व के अग्रणी गुलाब उत्पादक देशों की गर्म, शुष्क, क्षारीय दशाओं के लिए यह उपयुक्त है। उत्तरी भारत का अनुभव भी यही बताता है कि *रोज़ा इंडिका का* मूलकाण्ड *मल्टीफ्लोरा* की अपेक्षा इस क्षेत्र की क्षारीय मृदा के अधिक उपयुक्त रहता है।

गुलाब के लिए सर्वाधिक आदर्श मृदा तो कभी-कभार ही देखने में आती है, परंतु बहुत कम पौधे मृदा प्रबंध तकनीकों के प्रति गुलाब से बेहतर अनुक्रिया प्रदर्शित करते हैं। वस्तुतः उचित मृदा प्रबंध ही बेहतर गुलाब उगाने की कुंजी है। जब तक मृदा या जलवायु के साथ कोई आधारभूत खराबी ही न हो किसी भी स्थान पर समुचित प्रबंध द्वारा गुलाब उगाने के लिए इष्टतम दशाएं विकसित की जा सकती हैं। दूसरे शब्दों में गुलाब उत्पादक को मृदा की प्रकृति का ज्ञान होना चाहिए और उसे सुधारने के समुचित उपाय भी अपनाने चाहिए।

यदि मिट्टी की परत अधिक गहरी नहीं है तो बाहर से मिट्टी लाकर डालनी चाहिए। यदि मृदा बलुई लोम या बलुई है तो उसमें कुछ अच्छी चिकनी मिट्टी मिला लेनी चाहिए। यदि मिट्टी चिकनी है तो उसमें कुछ मात्रा में बालू मिलानी चाहिए ताकि मिट्टी का गठन सही हो जाए। इसके अतिरिक्त प्रचुर मात्रा में जीवांश जैसे गोबर की खाद प्रति पौधा एक टोकरी की दर से, मिलाना भी लाभकारी रहता है। जल-निकासी का ध्यान रखना भी अच्छे गुलाब उत्पादन के लिए बहुत जरूरी है। यदि आंतरिक निकासी में कोई व्यवधान हो तो समुचित खुदाई करके हटा लेना चाहिए।

खाद और उर्वरक

भारत की अधिकांश मिट्टियों में नाइट्रोजन और जैविक पदार्थ की कमी होती है। कुछ

34. 'फ्यूचुरा' (एच.टी.)

लंबी, नुकीली कलियां खिलने के बाद सिन्दूरी रंग के खूबसूरत फूलों में बदल जाती हैं। इसके पौधे, लंबे किन्तु झाड़ीनुमा होते हैं। इनके कुछ पौधे ही समूचे बगीचे को जगमगाने के लिए काफी हैं।

35. 'सुपर स्टार' (एच.टी.)

अमेरिका में ट्रॉपिकाना नाम से प्रचलित इस उत्कृष्ट गुलाब का जब मैथटैन्टाऊ द्वारा सर्वप्रथम विमोचित किया गया तो इसने समस्त विश्व को अपने रंगों की छटा से चकाचौंध कर दिया और लंबे समय तक यह विश्व के पसंदीदा गुलाबों में एक रहा।

36. 'हेल्मट शिमट' (एच.टी.)
बहुतायत में पाये जाने वाले आभामय, हल्के पीले रंग की समान पंखुड़ियों वाले फूल। भारत में उगायी जाने वाली पीले रंग की श्रेष्ठ किस्म

37. 'नेफरटिटी' (एच.टी.)

इसका नाम मिस्र की एक अदभुत सौन्दर्यमयी मल्लिका के नाम पर रखा गया है। गुलाब की यह भारतीय किस्म अपनी सुंदर संरचना और मनोहारी रंग के लिए विख्यात है।

38. 'जूलियाज़ रोज' (एच.टी.)

आमतौर पर प्रचलित गुलाबों के रंगों में यह एक नये रंग का द्योतक है। कभी-कभी इन पर चटक भूरे धब्बे भी होते हैं। ये एकाएक कली से फूल में बदल जाते हैं और इनका रंग धुंधलाने लगता है।

39. 'हॉट प्यूटर' (एच.टी.)

प्रसिद्ध प्रजनक जैक हार्कनैस द्वारा विकसित यह नारंगी-लाल रंगी छटा बिखेरता सुगठित आकर्षक फूल सहज ही किसी का भी ध्यान अपनी ओर खींच लेता है।

40. 'कैरा मिया' (डियरेस्ट वन) (एच.टी.)

फूल बड़े, गहरे मखमली लाल और सुवासित होते हैं।

41. 'रम्पा पाल' (एच.टी.)

बड़े आकार के दोहरे, शीर्ष केन्द्रित, आकर्षक, गुलाबी रंग के फूल, चमकीली पत्तियां और पौधों का झाड़ीनुमा आकार।

ऐसी भी मिट्टियां हैं, जिनमें फास्फोरस, पोटैशियम और गौण एवं सूक्ष्ममात्रिक तत्वों की कमी रहती है। इनमें से किसी की भी कमी होने पर पौधों की बढ़वार रुक जाती है और कुपोषण के लक्षण भी दिखाई दे सकते हैं।

जैविक खाद

जैविक खाद प्राकृतिक खाद है, जो पौधों या पशुओं के अपशिष्ट (बेकार) पदार्थों से तैयार की जाती है, जैसे गोबर की खाद, कम्पोस्ट, पत्तियों की खाद आदि। खली, जैविक नाइट्रोजन की बहुत अच्छी स्रोत है और गुलाबों के लिए तो बहुत उपयोगी है। हड्डी का चूरा भी गुलाबों के लिए उपयोगी होता है। गुलाब के पौधों में हरी खाद का भी प्रयोग किया जा सकता है। हमारे देश में इस काम के लिए उपयुक्त पौधे सनई और ढैंचा हैं, जिन्हें तनों के कड़ा पड़ने से पहले ही मिट्टी में दबा दिया जाता है। उष्ण कटिबंधीय क्षेत्र की मिट्टियों में जैवांश नष्ट होता रहता है, इसलिए उनमें जैविक खाद डालते रहना चाहिए। इसमें न केवल पौधों को पोषक तत्व प्राप्त होंगे बल्कि मिट्टी भी अच्छी अवस्था में बनी रहेगी। उसमें हवा और पानी का उचित संचार होगा तथा लाभकारी सूक्ष्मजीवों की वृद्धि होती रहेगी।

गुलाब के पौधों में जैविक खाद डालने का सबसे अच्छा समय उनकी कटाई-छंटाई का समय है। जैविक खाद डालने के लिए जड़ के चारों तरफ की थोड़ी-सी मिट्टी हटा देनी चाहिए। खाद भली-भांति पकी हुई होनी चाहिए वरना दीमक लगने का भय रहता है। मुर्गी और कबूतर की बीट में जैवांश अधिक रहता है। घोड़े की लीद बहुत गर्म होती है। खाद डालने के बाद पौधों की अच्छी तरह सिंचाई कर देनी चाहिए।

कटाई-छंटाई के समय और जैविक खाद डालने के पहले जड़ों को लम्बे समय तक खुला छोड़ देने से कोई लाभ नहीं होता। बल्कि कुछ जड़ों के कट जाने से पौधों के कमजोर पड़ जाने का खतरा जरूर रहता है, इसलिए जड़ों पर से उतनी ही मिट्टी हटानी चाहिए जितनी जैविक खाद डालने के लिए जरूरी है।

उर्वरक

उर्वरक, जैविक खादों की तुलना में बहुत जल्दी असर दिखाने वाले होते हैं। ये जैविक खादों की तुलना में कम मात्रा में डाले जाते हैं और अधिक प्रभावशाली होते हैं। इनमें सबसे महत्वपूर्ण नाइट्रोजन उर्वरक, जैसे अमोनियम सल्फेट होते हैं। भारत की अधिकांश मिट्टियों में नाइट्रोजन की कमी पायी जाती है। अतः जब नाइट्रोजन उर्वरक दिये जाते हैं तो बहुत अच्छे परिणाम प्राप्त होते हैं। कटाई-छंटाई के बाद नई कोपलें निकलते समय थोड़ा सा अमोनियम सल्फेट देने से बढ़वार अच्छी होगी। गुलाब के एक मध्यम आकार के पौधे के लिए एक बड़ा चम्मच उर्वरक काफी होगा। उर्वरक को तने के आधार के चारों ओर 20 सें.मी. की परिधि में छिड़ककर मिट्टी में अच्छी तरह मिला दिया जाता है। इसके बाद अच्छी तरह से

सिंचाई कर दी जाती है। बहुत अधिक मात्रा में उर्वरक देने से नई कोपलें नष्ट हो जाएंगी, जिससे पत्तियां बेडौल हो जायेंगी या फिर कोंपल के ऊपरी भाग पर काला दाग बन जाएगा अथवा नया पौधा पूर्णतः मुरझा जाएगा। इसलिए यह अच्छा रहेगा कि शुरू में थोड़ा उर्वरक दिया जाए और प्रत्येक 10वें दिन उतनी ही मात्रा दोहराई जाए।

दूसरा उर्वरक जो अच्छे और अधिक फूलों के उत्पादन में सहायक होता है, सुपरफास्फेट है। इसका प्रयोग थोड़ी मात्रा में उस समय किया जा सकता है, जब पहले-पहले कलियां निकल रही हों। सुपरफास्फेट डालने के तुरंत बाद सिंचाई करनी चाहिए। अन्य फास्फोरसधारी उर्वरकों जैसे बेसिक स्लैग का भी प्रयोग किया जा सकता है। यह देर से असर करता है व अम्लीय मिट्टियों के लिए उपयुक्त होता है। हड्डी का चूरा भी औसत मिट्टियों के लिए बहुत अधिक उपयोगी है।

प्रमुख आवश्यक तत्वों में तीसरा स्थान पोटाश है। आमतौर पर भारत की मिट्टियों में इसकी पर्याप्त मात्रा सुलभ है। फिर भी नाइट्रोजन और फास्फोरस के साथ मिलाकर इसे देने से अच्छे परिणाम मिल सकते हैं।

बहुत से लोग मिश्रण के रूप में उर्वरकों का प्रयोग सुविधाजनक पाते हैं। इस मांग को पूरा करने के लिए कुछ विशेष प्रकार के गुलाब उर्वरक, जैसे 'रोज़ मिक्स' बाजार में उपलब्ध हैं। इसका एक फार्मूला यहां पर भी दिया जा रहा है।

मूंगफली की खली	5 किलोग्राम
हड्डी का चूरा	5 किलोग्राम
एमोफास (अमोनियम फास्फोरस) (11:48)	2 किलोग्राम
अमोनियम सल्फेट	1 किलोग्राम
सुपरफास्फेट (सिंगल)	2 किलोग्राम
पोटैशियम सल्फेट	1 किलोग्राम

अच्छे परिणाम प्राप्त करने के लिए इस मिश्रण की प्रति पौधा 50 से 100 ग्राम मात्रा दी जा सकती है। दक्षिण के पठारी इलाके (बंगलूर जैसी जलवायु) में नीचे दिए गए मिश्रण को प्रति पौधा 100 ग्राम की दर से देने की सिफारिश की जाती है:

पोटैशियम नाइट्रेट	6 भाग
अमोनियम सल्फेट	2 भाग
कैल्शियम सुपरफास्फेट	16 भाग
पोटैशियम सल्फेट	8 भाग
लोहे का सल्फेट	½ भाग
मैग्नीशियम सल्फेट	2 भाग

इस क्षेत्र में कटाई-छंटाई के 15-20 दिन पहले घोड़े की लीद और लाल मिट्टी को बराबर-बराबर मात्रा में मिलाकर देने की सिफारिश भी की गयी है। प्रति वर्ग मीटर एक मुट्ठी हड्डी का चूरा भी दिया जाता है। कली बनते समय तिल की खली से तैयार (तरल) खाद भी दी जाती है।

कुछ क्षेत्रों में, लोहा, मैग्नीशियम, मैंगनीज या बोरोन की कमी हो सकती है। लौह मैग्नीशियम और मैंगनीज का यौगिक सीक्वेस्ट्रीन-प्लस के नाम से बाजार में उपलब्ध है। ये तत्व फूल के सही रंग को लाने में सहायक होते हैं।

पोषक तत्वों की कमी से उत्पन्न लक्षण

नाइट्रोजनः पत्तियां छोटी व हल्की हरी हो जाती हैं। नीचे की पत्तियां पीली पड़ जाती हैं, लेकिन गिरती नहीं। कभी-कभी पत्तियों पर हल्के लाल रंग के दाग उभर आते हैं।

फास्फोरसः परिपक्व पत्तियां गिरने लगती हैं, तने कमजोर हो जाते हैं और जड़ों का पूरा विकास नहीं हो पाता।

पोटैशियमः पत्तियों के किनारे-किनारे भूरे चकत्ते निकल आते हैं, जिससे उनका किनारा फट जाता है।

मैग्नीशियमः पत्तियों के बीच का हिस्सा पीला हो जाता है और मध्यशिरा के समीप ऊतक मरने लगता है।

मैंगनीजः शिराओं के बीच ऊतक पीला हो जाता है, लेकिन शिरायें हरी ही रहती हैं। नयी पत्तियां पर्णहरित (क्लोरोफिल) की कमी के कारण पीली हो जाती हैं। मैंगनीज की कमी के विपरीत लोहे की कमी होने पर सभी शिराएं भी हरी ही रहती हैं।

बोरोनः नम वर्धनशील ऊतक (मेरिस्टेम) प्रभावित होती है, अंतस्थ कलियां मर जाती हैं और अत्यधिक शाखायें निकल जाती हैं।

ऑक्सीजन की कमी से भी पत्तियां पीली पड़ जाती हैं। अनेक विषाणु भी ऊपर बताये गये पोषक तत्वों की कमी के लक्षणों से मिलते-जुलते लक्षण उत्पन्न करते हैं, जिसके कारण निदान कठिन हो जाता है। यह पहचान केवल लम्बे अनुभव के आधार पर ही की जा सकती है।

पत्तियों का पोषण

पत्तियों पर छिड़काव कर पोषक तत्व देने की विधि भी अब लोकप्रिय होती जा रही है। मिट्टी की कुछ प्रतिकूल दशाओं जैसे अम्लीय और क्षारीय अवस्था में मिट्टी में पोषक तत्व देने पर उसका स्थिरीकरण हो जाने से वह पौधे के लिए सुलभ नहीं रहता है। इस स्थिति में पत्तियों पर पोषक तत्वों का छिड़काव एक बहुत ही सफल, प्रभावकारी व कम खर्चीला तरीका है। हां, यह ध्यान रखना जरूरी है कि घोल इतना गाढ़ा न हो कि पत्तियां जल जाएं। जल के पृष्ठ तनाव को कम करने के लिए लिसापोल या डेफ्ट का इस्तेमाल सहायक होता है। प्रमुख पोषक तत्वों का घोल तैयार करने के लिए यूरिया और पोटैशियम डाइहाइड्रोजन फास्फेट को भार के अनुसार बराबर मात्रा में मिलायें और मिश्रण की 2.5 ग्राम मात्रा में एक लीटर पानी मिलाकर घोल तैयार करें। एमोफॉस (11:48) और पोटैशियम नाइट्रेट को भी बराबर मात्रा में मिलाकर देने से भी इतने ही अच्छे परिणाम प्राप्त किए जा सकते हैं। पोषक तत्वों का छिड़काव सुबह 8 बजे से पहले करना चाहिए। जहां सूक्ष्ममात्रिक तत्वों की कमी का संदेह हो, वहां छिड़के जाने वाले मिश्रण के साथ इन्हें भी मिला देना अच्छा रहेगा। इनकी निम्न मात्रा ठीक रहेगी। सीक्वेस्ट्रीन प्लस 10 ग्राम प्रति 100 लीटर घोल या 15 ग्राम मैंगनीज सल्फेट, 20 ग्राम मैग्नीशियम सल्फेट, 10 ग्राम चीलेटेड लोहा और 5 ग्राम बोरेक्स के मिश्रण को 2.0 ग्राम प्रति लीटर के हिसाब से।

गुलाब की सिंचाई कब करें

गुलाब की जड़ में पानी नहीं रुकना चाहिए। साथ ही मिट्टी को इतना सूखने भी नहीं देना चाहिए कि पौधे मुरझाने लगें। सिंचाई की संख्या अनेक बातों पर निर्भर करती है, जैसे भूमि की प्राकृतिक अवस्था आदि। अगर भूमि हल्की और बलुई है तो वह बहुत जल्दी ही सूख जाएगी। अगर वह चिकनी है तो उसमें बहुत दिनों तक नमी बनी रहेगी। अगर सिंचाई के लिए फव्वारे का इस्तेमाल किया जाता है तो पाइप की तुलना में अधिक सिंचाई करनी चाहिए। अगर पाइप से सिंचाई की जा रही हो तो धार की ताकत को कम करने के लिए पत्तीदार टहनियों पर या पोलिथिन आदि का इस्तेमाल करना चाहिए, वरना पानी की धार मिट्टी काट देगी।

जहां मिट्टी दुमट और जलोढ़ है (दिल्ली की भांति), वहां गर्मी के दिनों में सप्ताह में एक बार सिंचाई करना पर्याप्त है। सिंचाई में पूरी क्यारी को पानी से भर देते हैं। बरसात के दिनों में क्यारियों को मौसम के अनुरूप बना लेना चाहिए। अगर क्यारियां नीची हैं और पानी रुकता हो, तो उसे तुरंत निकालने का (नाली बनाकर) प्रबंध करना चाहिए। जाड़े के मौसम में 15 दिन के अंतर से सिंचाई करना पर्याप्त रहेगा। सिंचाइयों के अन्तराल में अगर

ऊपर की मिट्टी सूख जाती है तो हल्की गुड़ाई कर देनी चाहिए, जिससे न केवल खरपतवारों को निकालने में बल्कि तेजी से नमी के ह्रास को रोकने में भी सहायता मिलेगी।

गमलों की सिंचाई

गमलों में उगाये गये फूलों की सिंचाई क्यारियों में उगाये गये फूलों की अपेक्षा कुछ भिन्न तरह से की जाती है। चूंकि गमलों में बहुत कम मात्रा में मिट्टी होती है और वह भूमि के सीधे संपर्क में नहीं होती अतः उसमें नमी बहुत तेजी से कम होती है। फलतः ग्रीष्म ऋतु में पानी रोज देना पड़ता है तथा अन्य मौसमों में आवश्यकतानुसार। यदि समुचित सिंचाई के बावजूद गमले में लगे किसी सुस्थापित पौधे की पत्तियां पीली पड़ने लगें तो गमले के नीचे बने निकासी छिद्रों की जांच करनी चाहिए कि कहीं वे बंद तो नहीं हो गए। गुलाब निकासी रुकने की दशा को सहन नहीं कर पाते हैं।

छिड़काव

पौधों पर फूल अधिक हो जाने पर कभी-कभी हजारे या अन्य उपकरण से छिड़काव करना लाभकारी रहती है। इससे न केवल पौधे साफ व चमकदार हो जाते हैं बल्कि उनकी प्रकाश संश्लेषण क्षमता भी बढ़ जाती है।

अध्याय 8

गुलाब की कटाई-छंटाई

कटाई-छंटाई का कार्य मुख्य रूप से दो कारणों से किया जाता है। पहला- कमजोर, लम्बी, लटकने वाली तथा पुरानी टहनियों को हटाने तथा मजबूत टहनियों को छोटा करने के लिए ताकि पौधे में ओजपूर्ण वृद्धि हो सके और प्रचुर मात्रा में बेहतर फूल आ सकें। दूसरा- पौधों की बढ़वार को सीमित रखकर उसे वांछित आकार-प्रकार प्रदान करने के लिए। यदि काट-छांट सही ढंग से की जाती है तो पौधे पर शाखाओं का संतुलित विन्यास पाया जाता है तथा फूलों वाली टहनियां सीधी ऊपर की ओर बढ़ती हैं जिससे पौधों के मध्य भाग को पर्याप्त प्रकाश तथा हवा मिल जाती है।

कटाई-छंटाई का समय

यूरोप, अमेरिका तथा अत्यधिक शीतयुक्त जाड़े वाले अन्य क्षेत्रों में कटाई-छंटाई का कार्य प्रायः सुषुप्त शीतकाल के बाद किया जाता है। वसंत में कटाई-छंटाई से हानि पहुंचने का भय कम रहता है। भारत के अधिकांश भागों में कटाई-छंटाई प्रायः मानसून समाप्त होने के बाद की जाती है जिससे शीतकाल के महीनों में पौधों पर सर्वोत्तम फूल आते हैं। बिहार का गुलाब प्रेमी कटाई-छंटाई के लिए मानसून आरंभ होने के ठीक पहले की अवधि की संस्तुति करता है क्योंकि बरसात से पूर्व की गरमी का दौर गुलाब को सर्वाधिक क्षति पहुंचाता है (ठीक उसी तरह जैसे कि ठंडे देशों में जाड़ों में होता है)। लेकिन इस सुझाव को मानने में कठिनाई यह है कि अधिक आर्द्र और गर्म मौसम में लगने वाले फूल उतने बढ़िया नहीं होते जितने कि जाड़ों में आते हैं। इस प्रकार कटाई-छंटाई का उद्देश्य पूरा नहीं हो पाता।

जैसा कि बताया जा चुका है कटाई-छंटाई प्रायः मानसून के बाद की जाती है। दिल्ली के समान जलवायु वाले स्थानों में अक्टूबर के पहले पखवाड़े को इसके लिए सर्वाधिक उपयुक्त समय माना जाता है। इस माह का दूसरा यानी 8 अक्टूबर से आरंभ होने वाला सप्ताह सर्वोत्तम रहता है, क्योंकि यह मध्य दिसम्बर में होने वाली शीतकालीन गुलाब प्रदर्शनियों (रोज़ सोसाइटी ऑफ इंडिया द्वारा आयोजित) में भाग लेने की दृष्टि से भी कटाई-छंटाई का उपयुक्त समय होता है। यदि किसी के पास अधिक संख्या में गुलाब हैं तो वह कटाई-छंटाई का कार्य कुछ पहले से आरंभ करके 20 अक्टूबर तक चला सकता है। परंतु इसके बाद कटाई-छंटाई करने

का अर्थ है फूल बहुत देर से आएंगे। दिसम्बर में फूल लेने का उद्देश्य यही होता है कि उन दिनों गरमी नहीं होती और कलियों का ताप से तुरंत होने वाली क्षति से बचाव हो जाता है। साथ ही इन दिनों इतनी ठंड भी नहीं होती कि निम्न तापमान को सहन न कर सकने वाली किस्मों को भी ठंड से हानि पहुंच सके। इन दिनों पौधों पर फूल सबसे अधिक समय तक तरोताजा बने रहते हैं। ठीक इसी प्रकार की एक अन्य अवधि फरवरी के दूसरे पखवाड़े की भी होती है, परंतु उस समय बहुत से गुलाबों में फूल नहीं आता- हालांकि फरवरी के तृतीय सप्ताह में एक अपेक्षाकृत हल्का पुष्पन आरंभ होता है।

कटाई-छंटाई का अंतराल

अधिक कांट-छांट करने पर पौधे कमजोर हो जाते हैं। लेकिन, इसके बावजूद फूलों को पर्याप्त टहनी सहित काटते रहना चाहिए क्योंकि इससे पौधा साफ-सुथरा बना रहता है और नई शाखाएं कमजोर भी नहीं होती।

बेंगलूर क्षेत्र में, जहां की जलवायु वर्ष भर बढ़िया बनी रहती है, कटाई-छंटाई साल में दो बार की जाती है ताकि जनवरी तथा अगस्त में होने वाली पुष्प प्रदर्शनियों के लिए उत्कृष्ट फूल मिल सकें। हाइब्रिड टी गुलाबों को प्रदर्शनी की तिथि से 42 दिन पहले काटा-छांटा जाता है, जबकि फ्लोरीबंडा गुलाबों को गुच्छों में फूल लगने के कारण तीन दिन का अधिक समय दिया जाता है अर्थात् 45 दिन पहले काटा-छांटा जाता है।

कटाई-छंटाई के औजार

इसके लिए अधिकांश लोग विशेष कैंचियों का प्रयोग करते हैं, जो विभिन्न आकार-प्रकार की होती हैं। कैंचियों की धार तेज रखनी चाहिए ताकि साफ कटाई की जा सके और पौधों के ऊतकों को आघात न पहुंचे। उपयोग के बाद कैंचियों के फलकों (धार) पर थोड़ा सा तेल या वैसलीन लगा देनी चाहिए। विशेष प्रकार की छुरियों से भी कटाई-छंटाई की जा सकती है। वास्तव में इस कार्य में जो भी लोग निपुण होते हैं, वे छुरी से कटाई-छंटाई करना अधिक अच्छा समझते हैं, क्योंकि कैंचियों की अपेक्षा छुरियों से अधिक साफ कटाई की जा सकती है। काष्ठीय शाखाओं की कटाई-छंटाई के लिए आरी का प्रयोग आवश्यक होता है।

हल्की या भारी कटाई-छंटाई

यह विवादास्पद विषय है कि कुछ गुलाबशास्त्री बहुत अधिक कटाई-छंटाई के पक्ष में हैं। उनका मत है कि प्रत्येक तने पर केवल दो या तीन आंखें छोड़कर उसे काट देना चाहिए। दूसरे लोग हल्की और केवल ऊपरी कटाई की सिफारिश करते हैं। वास्तव में भारी कटाई छंटाई करने से फूल तो बड़े निकलते हैं, लेकिन उनकी संख्या घट जाती है। साथ ही चूंकि इनसे पौधों का खाद्य संचित करने वाला भाग भी नष्ट हो जाता है, अतः गुलाब के पौधों

की जीवन अवधि घट सकती है। वस्तुतः कटाई-छंटाई किस सीमा तक की जाए, यह गुलाब की किस्म और स्थानीय जलवायु पर निर्भर करता है। आमतौर पर हल्की कटाई-छंटाई ही सबसे अच्छी व सुरक्षित विधि है।

कटाई-छंटाई के सामान्य नियम

1. सभी सूखी शाखाओं और अन्य हिस्सों को निकाल दें।
2. सभी कीट व रोगग्रस्त भागों को निकाल दें।
3. अगर झाड़ी घनी है तो सभी कमजोर शाखाओं को निकाल दें।
4. मूलकांड के किसी भी भाग से निकले भूस्तारियों को काट कर निकाल दें।
5. कटाई हमेशा तेज धार वाले औजार से, 45 डिग्री के कोण पर, स्वस्थ आंख से करीब 5 मि.मी. की ऊंचाई पर करें।

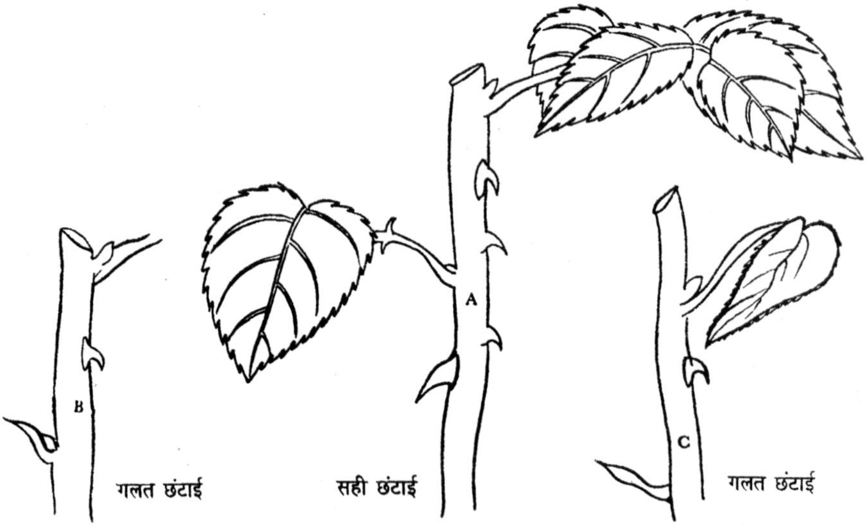

रेखाचित्र-3. सही और गलत कटाई-छंटाई

हाइब्रिड टी की कटाई-छंटाई

दिल्ली की तरह जलवायु वाले क्षेत्रों में हाइब्रिड टी गुलाब की कटाई-छंटाई 8 अक्टूबर के आस-पास की जाती है। परिणामस्वरूप नवम्बर के अंत में आकर्षक पुष्प निकलने शुरू हो जाते हैं, जो चार से छः सप्ताह तक ठहरते हैं। पौधे अधिक होने पर कटाई-छंटाई का काम कई दिनों तक चलता है। ऐसी स्थिति में 'कार्डिनल-, 'मैकग्रेडीज आइवरी' और

42. 'ब्ल्यू मून' (एच.टी.)
लेवेण्डर लाइलक समूह का मनोहारी सुगन्ध लिए एक खूबसूरत गुलाब।

43. 'महारानी' (एच.टी.)

इस सुगठित बड़े आकार की गुलाबी किस्म को एक प्राचीन 'प्रेसीडेन्ट मासिया' नामक किस्म के प्राकृतिक संकर के परागित बीज से तैयार किया गया।

44. 'रत्नार' (एच.टी.)

सुगठित आकार के नील–लोहित गुलाबी फूल।

45. 'राजहंस' (एच.टी.)

महीन मखमली से आवरण में लिपटी कलियां पूरी तरह खिलने के बाद एक दोहरे बड़े आकार के श्वेत राजसी पुष्प के रूप में बदल जाती हैं। भारत में विकसित यह फूल विश्व के अत्यंत सुवासित गुलाबों में से एक है।

46. 'अप्सरा' (एच.टी.)

ये चमकदार गुलाबी फूल पौधे की अलग-अलग शाखाओं पर विकसित होते हैं। यह रंग इसे प्रजनक बीज 'सोनिया' से मिला है।

47. 'रॉयल हाइनैस' (एच.टी.)

इस अत्यंत सुंदर आकार के सौम्य हल्के गुलाबी फूल की सुन्दरता का बखान अमेरीका में इन शब्दों में किया गयाः "यह फूल चांदी के गुलदान में रखकर वेदी पर सजाने के लिए उपयुक्त है।"

48. 'कॉन्फिडेंस' (एच.टी.)

पीले रंग के बड़े आकार के, सुगठित फूल पर मोतिया गुलाबी रंग की झलक शोभायमान होती है। प्रदर्शनियों में यह सहज ही पुरस्कारों के लिए चुना जा सकता है। दिल्ली की शीत में अक्सर यह अपने सर्वश्रेष्ठ रूप में नहीं खिल पाता। पश्चिमी भारत में इसकी सुन्दरता देखते ही बनती है।

49. 'डबल डिलाइट' (एच.टी.)

बड़े आकार के शीर्ष केन्द्रित क्रीम-श्वेत रंग के फूल, जिनकी पंखुड़ियों के किनारे बाद में गहरे स्ट्रॉबेरी लाल रंग के हो जाते हैं। अमूमन तेज सुगंधयुक्त। विश्व का सर्वाधिक पसंदीदा गुलाब। भारत में भी प्रचलित।

रेखाचित्र 4. *ऊपर,* काट-छांट के बाद अर्द्ध स्टैण्डर्ड; *नीचे,* काट-छांट के पहले और बाद में स्टैण्डर्ड

50. 'क्रिश्चियन डॉयर' (एच.टी.)

इस किस्म की शीर्ष पर स्थित आकर्षक कलियां आहिस्ता-आहिस्ता खिलने के बाद एक सम्पूर्ण फूल में परिवर्तित हो जाती हैं। फूलों का सुगठित आकार कई दिनों तक बरकरार रहता है। 1958 में पहले-पहल उगाई गई यह किस्म फफूंद रोधी न होते हुए, आज भी प्रचलित।

51. 'फ्रॉउ कार्ल डुश्की' (एच.टी.)

गुलाब की अजर-अमर किस्मों में से एक। इसके फूल सुंदर और औसत से अधिक बड़े आकार के होते हैं। यह आकर्षक गुलाब आज भी गुलाब प्रदर्शनियों में पुरस्कार जीतने में सक्षम हैं। पौधे लम्बे और अत्याधिक हरियाली लिए फैले होते हैं।

'मैमोरियम' जैसी किस्मों की कटाई-छंटाई पहले करनी चाहिए क्योंकि इनके फूलों को दिसम्बर के दूसरे पखवाड़े की ठंडी रातों में नुकसान पहुंचने की संभावना रहती है। गौडविलिंडर, मैकग्रेडीज सनसेट, मॉली शर्मन क्राफोर्ड, ईना हार्कनैस जैसी ठंड-सह किस्मों की कटाई-छंटाई सबसे बाद में की जा सकती है।

प्रदर्शनी हेतु सही प्रकार और अवस्था के पुष्प तथा कलियां प्राप्त करने के लिए हर किस्म के थोड़े-थोड़े पौधों की सप्ताह भर तक रोज कटाई-छंटाई करनी चाहिए।

कमजोर तथा अधिक घनी शाखाओं और रोगग्रस्त टहनियों को निकाल देना चाहिए। केवल मजबूत और स्वस्थ शाखाओं को ही रखना चाहिए। पिछले मौसम में हुई बढ़वार का लगभग आधा हिस्सा काट-छांट देना चाहिए। गुलाब की तेज बढ़वार वाली किस्मों को कम और धीमी बढ़वार वाली किस्मों को बहुत अधिक कटाई छंटाई की जरूरत पड़ती है। फिर भी कुछ ऐसी किस्में हैं जिनको अधिक कटाई-छंटाई से नुकसान पहुंचता है, जैसे 'क्रिमसन ग्लोरी' व 'डाक्टर', 'फ्राऊ कार्ल ड्रश्की' (या शो क्वीन)।

अगर गुलाब के फूल प्रदर्शनी के उद्देश्य से उगाये जाते हैं तो शाखाओं की संख्या कम कर देना आवश्यक है ताकि पोषक तत्व केवल तीन चार शाखाओं को ही मिल सकें। पर्याप्त पोषण मिलने से उनमें बड़े और अच्छे फूल खिलेंगे।

फ्लोरीबन्डा गुलाब की कटाई-छंटाई

अधिक फूलने के कारण फ्लोरीबन्डा गुलाबों की कटाई-छंटाई 'हाइब्रिड टी' से भिन्न तरीके से करनी पड़ती है। इनमें कमजोर और रोगी शाखाओं के अलावा वृद्धि के फलस्वरूप नीचे दब गयी शाखाओं को भी काट देना जरूरी होता है।

पहले मौसम में इनकी कटाई-छंटाई भी 'हाइब्रिड टी' की भांति करनी चाहिए ताकि आधारीय बढ़वार मजबूत व स्वस्थ हो और झाड़ी का आकार बना रहे। इसके बाद पहले बताये गये ढंग से हल्की कटाई-छंटाई करनी चाहिए। नई शाखाओं को जगह देने के लिए कभी-कभी आधार से ही कुछ पुरानी टहनियों को निकाल देना जरूरी हो सकता है। यदि इनसे बाड़ बनाई गयी हो तो पौधों को समान ऊंचाई पर काटना-छांटना चाहिए।

बौने पोलिएन्था और मिनिएचर गुलाब की कटाई-छंटाई

इन्हें बहुत कम कटाई-छंटाई की जरूरत पड़ती है। केवल अत्याधिक घनी शाखाओं को काट दिया जाता है।

क्लाइम्बर और रैम्बलर गुलाब की कटाई-छंटाई

रैम्बलर गुलाबों, जैसे डोरोथी पर्किन्स और क्रिमसन रैम्बलर में साल में एक बार छोटे फूलों के बड़े गुच्छे लगते हैं। जिन टहनियों पर एक बार फूल लग जाते हैं, सामान्यतया उन

पर दुबारा फूल नहीं लगते। इसलिए फूल लगने के बाद उस शाखा को आधार से काट कर निकाल देना चाहिए, ताकि नयी शाखा निकल सके। क्लाइम्बर अत्यंत विविधता दर्शाने वाले गुलाब हैं, जिनकी सही कटाई-छंटाई पौधे का अध्ययन करने के बाद ही की जा सकती है। अगर पौधा हाइब्रिड टी क्लाइम्बर है तो कटाई-छंटाई की शायद ही जरूरत पड़ती है, क्योंकि उसमें पार्श्व शाखाओं की वृद्धि को यथासंभव बढ़ावा देना जरूरी होती है। इनमें बढ़िया फूल नयी शाखाओं पर नहीं, बल्कि पुरानी शाखाओं में निकली छोटी टहनियों पर लगते हैं, इसलिए समय-समय पर मुख्य शाखाओं के ऊपरी भागों को काट देना आवश्यक हो सकता है। फ्लोरीबन्डा, पोलएन्था तथा मिनिएचर क्लाइम्बरों की भी कटाई-छंटाई इसी तरह से की जा सकती है। इनकी कटाई-छंटाई में महत्वपूर्ण बात मुरझाई हुई शाखाओं एवं अनावश्यक गुच्छों की बढ़वार को काटकर निकाल देना है।

स्टैण्डर्ड गुलाब की कटाई-छंटाई

स्टैण्डर्ड गुलाब की कटाई-छंटाई झाड़ीदार गुलाबों की ही तरह की जाती है। लेकिन यह याद रखना चाहिए कि चूंकि उनमें जड़ से करीब एक मीटर की ऊंचाई तक बढ़वार कम होती है, अतः अधिक कटाई-छंटाई की जरूरत नहीं पड़ती।

अध्याय 9

पौधों का प्रवर्धन

गुलाब में प्रवर्धन, यानी नये पौधे तैयार करने का काम बीजों, तने की कलमों, दाब-कलमों तथा चश्मा चढ़ाकर अथवा अन्य कलम-विधियों द्वारा किया जाता है। पादप प्रजनक वांछित जनकों के बीच संकरण कराके उनसे प्राप्त बीजों से पौधे तैयार करते हैं, क्योंकि ऐसा करने से उन्हें चयन के लिए पौधों के बीच अधिक आनुवंशिक विविधता प्राप्त होती है।

बीज

ठंडे देशों में चश्मा चढ़ाने के लिए कभी-कभी जंगली किस्मों के बीजों को बोकर मूलकांड तैयार किए जाते हैं। जंगली किस्मों के बीच प्राकृतिक संकरण नहीं होता या बहुत कम होता है, अतः बीजों से उगे पौधों के बीच ज्यादा भिन्नता नहीं पाई जाती। बीजों से उगे पौधे उसी मौसम में चश्मा चढ़ाने हेतु तैयार नहीं होते।

तने की कलमें

अधिक ओजपूर्ण गुलाब के नये पौधे तने के टुकड़े रोपकर तैयार किए जा सकते हैं। कुछ क्लाइम्बर, रैम्बलर तथा पोलिएंथा गुलाबों के पौधे तैयार करने के लिए यही विधि सफल रहती है। कुछ लोग मिनिएचर गुलाबों में प्रवर्धन के लिए चश्मा विधि की तुलना में इसी विधि को अधिक महत्व देते हैं, क्योंकि चश्मा चढ़ाने पर मूलकांड में ओज अधिक होने के फलस्वरूप पौधे बड़े हो जाते हैं।

इस विधि का सर्वाधिक महत्वपूर्ण लाभ यह है कि चश्मा चढ़ाने के लिए इससे अच्छे मूलकांड प्राप्त हो जाते हैं।

दाब कलमें

लतादार किस्मों के पौधे तैयार करने के लिए दाब कलम विधि सबसे सरल और उपयोगी सिद्ध हुई है। दाब कलम तथा तने की कलम में जड़ें उत्पन्न करने वाले रासायनिक पदार्थ, जैसे सेराडिक्स भी अब बाजार में उपलब्ध हैं।

चश्मा चढ़ाना और अन्य विधियां

इसमें एक पौधे के ऊतकों को कुछ विशेष तैयारी के पश्चात दूसरे पौधे में स्थानान्तरित कर दिया जाता है। इसका उद्देश्य एक वांछित पौधे की बढ़वार के लिए किसी दूसरे पौधे को, उसकी ओजपूर्ण वृद्धि, विशेषरूप से जड़तंत्र के ओज के लिए प्रयोग करना है। इस विधि से तैयार पौधे में दोनों ही जनकों के सर्वोत्तम गुण उपस्थित रहते हैं। नए उत्पादित पौधे के निचले जड़तंत्र वाले भाग को मूलकांड या स्टॉक कहते हैं। ऊपरी टहनी यानी फूल पत्तियां बनाने वाले भाग को सांकुर या सायन कहते हैं। ऐसा देखने में आया है कि कुछ क्षेत्रों के लिए कुछ विशेष मूलकांड अधिक उपयुक्त होते हैं।

मूलकांड

मूलकांड तैयार करने के लिए यूरोप में *रोज़ा कैनाइना* (डॉग रोज़), *रोज़ा मल्टीफ्लोरा, रोज़ा लैक्सा, रोज़ा नोईसेटियाना* किस्म *मनैटी* तथा स्टैंडर्ड पौधे तैयार करने के लिए *रोज़ा रुगोसा* अधिक प्रचलित है। अमेरिका के एक बड़े क्षेत्र में *रोज़ा मल्टीफ्लोरा* को इसके लिए प्रयोग में लाया जाता है, पर कुछ भागों में 'डाक्टर ह्वे' तथा 'रैगेड रॉबिन' का प्रयोग होता है। हाल ही में इन देशों में व्यापक परीक्षणों के बाद, ऐसे मूलकांड विकसित किए गए हैं, जो पुराने मूलकांडों की अपेक्षा कहीं अच्छे सिद्ध हुए। दुर्भाग्यवश ये हमारे देश में उपलब्ध नहीं हैं।

भारत के मैदानी इलाकों में 'रोज़ एडवर्ड' एक अत्यंत प्रचलित मूलकांड है। स्टैन्डर्ड किस्में पौधे तैयार करने के लिए तो ये सर्वोत्तम है, क्योंकि ये वांछित ऊंचाई के सीधे तने प्रदान करता है। पश्चिम बंगाल, बिहार तथा पर्वतीय स्थानों में प्रायः *रोज़ा मल्टीफ्लोरा* का ही इस्तेमाल किया जाता है, जो अत्यंत ओजपूर्ण है। परंतु प्रत्येक गांठ से शाखा निकलने के कारण इसे समय-समय पर छंटाई की आवश्यकता पड़ती है। कुछ नर्सरी मालिकों ने कुछ विदेशी मूलकांड भी मंगाये, जिनके परीक्षण परिणाम अभी उपलब्ध नहीं हुए हैं। हाल में नई दिल्ली के भारतीय कृषि अनुसंधान संस्थान ने एक नया मूलकांड विकसित किया है, जो पहले से बेहतर है। इसे अभी नाम नहीं दिया गया है।

चश्मा चढ़ाना

गुलाब की कलमें तैयार करने के लिए चश्माबंदी की विधि अब तक सर्वोत्तम सिद्ध हुई है। इसके विभिन्न चरण निम्न प्रकार हैं:

1. सांकुर की भांति प्रयुक्त किस्म चुन लेने के पश्चात उसमें से सावधानीपूर्वक उपयुक्त आंखों या कलियों वाली डाली चुन लेनी चाहिए। ये कलियां पत्तियों के डंठलों के कक्ष में होती हैं। पत्तियों के डंठल जहां पर तने से मिलते हैं, वहां जो हल्का सा उभरा हुआ स्थान दिखाई देता है, वही आंख है। ऐसी आंख चुनें, जो देखने में स्वस्थ हो तथा उसमें वृद्धि

आरंभ न हुई हो। चुनी हुई आंख समेत टहनी का पर्याप्त भाग अलग काट लें। इसी को चश्मा कहते हैं। उंगली की सहायता से कांटों को हटायें। पत्ती के डंठल को लगभग 2 सें. मी. की ऊंचाई से काट दें। इससे चश्मा चढ़ाते समय सुविधा रहती है। पर पत्तियों को अलग करने के लिए उन्हें हाथ से पकड़कर खींचना नहीं चाहिए। ऐसा करने से नाजुक आंख को क्षति पहुंचने की संभावना रहती है।

2. अगला कदम तने के टुकड़ों को आंखों से अलग करना है। तने की छाल में आंख से 2 सें.मी. ऊपर तथा 1.5 सें.मी. नीचे तेज चाकू की सहायता से चीरा लगाएं और उसे ढाल (शील्ड) के आकार में उतार लें।

3. दूसरी ओर, चश्मा-बंदी के लिए मूलकांड तैयार रखना चाहिए। पौधे पर केवल मुख्य तने को छोड़कर, जिस पर चश्मा चढ़ाना है, शेष सभी शाखाओं को निकाल दें। तना उपयुक्त मोटाई का हो। मोटाई कम हुई तो चश्मा चढ़ाने में कठिनाई होगी। यदि तना मोटा हुआ तो उसकी छाल अधिक कड़ी होने के कारण सफलता न मिल सकेगी। तने की मोटाई आंख के आकार के अनुरूप होनी चाहिए। तने के कांटे व पत्तियां निकाल देनी चाहिए।

4. तने में उचित ऊंचाई पर भूमि के समानान्तर कटाव बनायें। इस कटाव के ठीक बीच से नीचे की ओर एक सीधा कटाव बनाएं ताकि अंग्रेजी के टी (T) अक्षर की आकृति बन जाए। कटाव का आकार ठीक इतना होना चाहिए कि उसमें आंख अच्छी तरह बैठायी जा सके। यदि कटाव अधिक बड़ा हुआ तो उसके भरने में काफी अधिक समय लगता है और साथ ही संक्रमण का भी डर रहता है। छाल तथा तने के बीच के ऊतक तेज बढ़वार वाले होते हैं। चश्मे को कटाव में सही बैठाना चाहिए ताकि ये ऊतक उसे अच्छी तरह अपनी पकड़ में ले सकें।

5. आंख को ढाल के आकार के ऊतक समेत लें। आवश्यक हो तो इसे थोड़ा सा काट-छांट लें। फिर उसे चश्मा बांधने वाले पौधे में 'टी' कटाव में बैठा लें। आंख ऊपर की ओर रहनी चाहिए। यदि चश्मे के ऊतक का कोई भाग 'टी' कटाव से बाहर निकल रहा हो, तो उसे सफाई से छांट देना चाहिए।

6. इसके बाद, चश्मों को रैफिया या किसी अन्य उपयुक्त रेशे से अच्छी तरह से बांध देना चाहिए। आज कल इस काम के लिए एल्काथीन या पोलिथीन की पट्टियां इस्तेमाल की जाती हैं। यूरोप और अमरीका में इसके लिए रबर की विशेष पट्टियों का उपयोग किया जाता है।

7. आमतौर पर चश्मा पौधे के अधिक से अधिक निचले भाग में बांधना चाहिए। अधिक ठंडे देशों में तने पर पहली शाखा से लेकर जड़ तक के बीच किसी भी जगह पर चश्मा बांध सकते हैं। भारत के अधिकांश भागों में इतना नीचे चश्मा बांधने की जरूरत नहीं है। थोड़ी ऊंचाई पर चश्मा बांधना अधिक सुविधाजनक होता है।

8. आमतौर पर एक तने में एक चश्मा बांधना पर्याप्त होता है, हालांकि अधिक बढ़वार

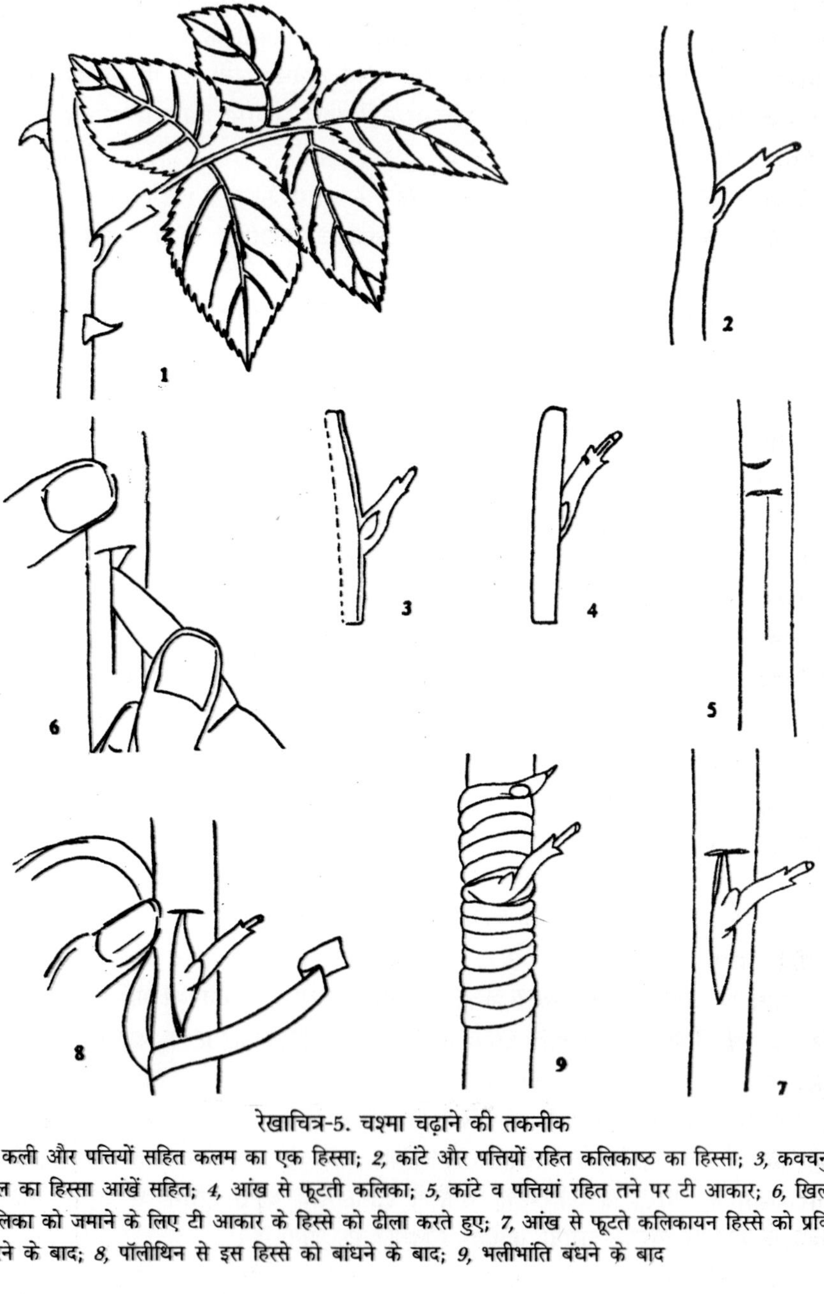

रेखाचित्र-5. चश्मा चढ़ाने की तकनीक

1, कली और पत्तियों सहित कलम का एक हिस्सा; *2,* कांटे और पत्तियों रहित कलिकाष्ठ का हिस्सा; *3,* कवचनुमा छाल का हिस्सा आंखें सहित; *4,* आंख से फूटती कलिका; *5,* कांटे व पत्तियां रहित तने पर टी आकार; *6,* खिलती कलिका को जमाने के लिए टी आकार के हिस्से को ढीला करते हुए; *7,* आंख से फूटते कलिकायन हिस्से को प्रविष्ट करने के बाद; *8,* पॉलीथिन से इस हिस्से को बांधने के बाद; *9,* भलीभांति बंधने के बाद

के लिए लोग अक्सर हर तने में एक से अधिक चश्में बांध देते हैं।

9. दिल्ली के आस-पास के इलाके में चश्मा बांधने का सबसे अच्छा समय अक्टूबर के अंत से मार्च के प्रारंभ तक है। बंगलौर जैसी समान जलवायु वाले क्षेत्रों में साल में किसी भी समय चश्माबंदी की जा सकती है। अन्य क्षेत्रों में स्थानीय प्रचलन के अनुसार चलना चाहिए, फिर भी किसी नए इलाके में चश्मा ऐसे मौसम में बांधना चाहिए, जब न अधिक गर्मी हो न सर्दी और नमी। चश्मा बांधे गये पौधों को छाया देकर या तने के छाया वाले भाग में चश्मा बंदी से चश्मा लगाने के समय को बढ़ाया जा सकता है। जिन क्षेत्रों में धूप अधिक पड़ती हो उनमें चश्माबंदी सूर्यास्त से कुछ पहले करनी चाहिए, ताकि उसे रात की ठंड का फायदा मिल सके।

चश्मा बांधने के बाद की देख-रेख

चश्मा चढ़ाने के बाद जब आंख का आकार बढ़ना शुरू हो जाए, तो मूलकांड को चश्मा चढ़ाने के स्थान से थोड़ा ऊपर से काटा जा सकता है। जब आंख भली-भांति बैठ जाए और कल्ले बढ़ना शुरू हो जाएं तो पोलिथीन की पट्टी या रबर का छल्ला हटा देना चाहिए। इसे हटाने में देरी करने पर तने का वह भाग पतला रह जाएगा, जो हानिकारक है। दिल्ली जैसी परिस्थितियों में इस पट्टी को चश्मा चढ़ाने के तीन सप्ताह बाद हटा देना चाहिए।

तने से निकलने वाली फालतू शाखाओं को निकलते ही काट देना चाहिए, वरना ये आंख से निकले कल्ले की खुराक में भागीदार बनेंगी। चश्मा चढ़े पौधों पर भी फूल शीघ्र ही आने लगते हैं। इससे पौधा कमजोर हो जाता है, अतः यह आवश्यक है कि जब तक पौधा पर्याप्त बड़ा न हो जाए, तब तक फूल और फालतू पत्तियों को नियमित रूप से तोड़ते रहना चाहिए।

चश्मा चढ़ाना एक जटिल क्रिया लगती है, परंतु असलियत में यह एक अत्यंत आसान काम है। थोड़ा सा अभ्यास हो जाने पर कोई भी व्यक्ति सफलतापूर्वक यह कार्य कर सकता है।

पॉलीबैग विधि

हाल के वर्षों में विशेषकर महाराष्ट्र के क्षेत्र में- एन.ए. जोशी द्वारा विकसित प्रवर्धन की एक नई विधि पॉलीबैग विधि का प्रचलन बढ़ गया है। यह गुलाब की किस्मों की संख्या वृद्धि करने की एक आसान तथा द्रुत विधि है। इसमें मोटी पॉलीथीन चद्दर से निर्मित थैलों में छनी हुई मिट्टी दबा-दबा कर भरी जाती है और फिर उन्हें क्यारी में एक दूसरे से सटाकर रख देते हैं। इसके बाद उनकी भली-भांति सिंचाई कर उनमें मूलकांड की कलमें रोप दी जाती हैं। कलमों के निचले सिरे को मृदा में रोपने से पूर्व 'सेरेडिक्स बी-2' या 'कैरेडिक्स' जैसे जड़-हार्मोन में डुबोया जाता है। पूना जैसे स्थानों में ऐसी कलमें कालिकायन के लिए रोपण के 4-7 सप्ताह बाद तैयार हो जाती हैं।

क्या गुलाब में ओज का ह्रास होता है ?

कुछ लोगों की धारणा है कि जिन पौधों में कलमों, दाब कलमों या कलिकायन द्वारा लगातार कायिक प्रवर्धन कराया जाता है, वे अंततः अपना ओज खो देते हैं। इस बात की वैज्ञानिक पुष्टि नहीं हो सकी है। जब तक कि किसी पौधे पर विषाणु का आक्रमण न हो जाए या उसमें ओज के लिए जिम्मेदार लक्षणों का उत्परिवर्तन न हो जाए, पौधों में इस प्रकार कोई ह्रास होता नहीं देखा गया है।

चन्द बातें और

एक सवाल यह भी मन में आता है कि गुलाब कितने समय तक जीवित रह सकता है। हिल्डेशिम गिरिजाघर में लगी गुलाब की एक झाड़ी 1000 वर्ष से भी अधिक पुरानी समझी जाती है। यूरोप तथा अमेरिका में भी गुलाब के ऐसे बहुत से पौधे तथा लतायें हैं, जिनकी आयु काफी अधिक समझी जाती है। शीतोष्ण जलवायु वाले देशों के उद्यानों में गुलाब के पौधे 30-40 वर्ष तक जीवित रहते देखे गए हैं। वैसे यह अवधि किस्म विशेष के पौधों तथा उनकी देख-रेख के तौर तरीकों पर निर्भर करती है।

52. 'गार्डन पार्टी' (एच.टी.)
बड़े आकार और चमकदार बाहरी पंखुड़ियों वाले शीर्ष केन्द्रित और सुगठित फूल बहुतायत में पाए जाते हैं।

53. 'हैप्पीनेस' (एच.टी.)

पूर्णतः खिलने के बाद बड़े आकार के सुगठित फूल। लम्बी शाखाओं पर आने वाले ये फूल घने झाड़ीनुमा पौधों पर आते हैं।

54. 'ब्रांडी' (एच.टी.)

इसकी कलियां खिलने के बाद एक सुंदर आकार के चटक सुनहरे-खुबानी रंग के फूल में बदल जाती है। पौधे घने होते हैं। यह एक उत्कृष्ट किस्म है।

55. 'होमेज' (एच.टी.)

मीलैण्ड द्वारा फ्रांस में खोजी गई 'प्रिंसेज़ मार्गरेट ऑफ इंग्लैण्ड' और 'सोनिया' नामक बेहतरीन गुलाब किस्मों के मेल से विकसित बड़े सुगठित आकार, आकर्षक गुलाबी रंग की छटा वाले फूल की किस्म।

56. 'निशाद' (एच.टी.)
सामान्य से अधिक लम्बी और बड़े आकार की कलिकाएं। नारंगी-गुलाबी छटा लिए हुए अत्यंत खुशबूदार फूल।

57. 'दिल की रानी' (एच.टी.)

अत्यंत लम्बे और अपने सुगठित रूप के लिए मशहूर पैस्टल गुलाबी रंग के मनोहारी फूल। 'सैबीन' नामक गुलाब की एक बेहतरीन किस्म से विकसित।

58. 'चम्बे दी क़ली' (एच.टी.)

हिमालय के चम्बा घाटी के तराई मैदानी भाग अपनी नैसर्गिक खूबसूरती के लिए प्रसिद्ध हैं। इसी सुंदरता की उपमा देते हुए गुलाब की इस किस्म का नाम 'चम्बे दी कली' दिया गया है। इसकी सुंदर गुलाबी रंग की कलिकाएं चमकदार पत्तियों के बीच एक अलग ही नजारा पेश करती हैं।

59. 'राजा सुरेन्द्र सिंह ऑफ नालागढ़' (एच.टी.)
('राजा ऑफ नालागढ़' के नाम से पंजीकृत)

ये नारंगी-गेरुए रंग के दीप्तिमय सुगठित आकार के फूल, सीधी-लम्बी शाखाओं पर बहुतायत में खिलते हैं। उत्तरी भारत के विख्यात गुलाब विशेषज्ञ के सम्मान में किस्म का यह नाम दिया गया है।

60. 'लेडी ग्रेड' (एच.टी.)

आकर्षक, बड़े एवं सुगठित आकार के ये फूल घने झाड़ीनुमा पौधों पर खिलते हैं। इसका मूल स्थान इंग्लैण्ड है। यह विख्यात 'सुपर स्टार' नामक प्रजनक बीज का वंशज है।

61. 'कोरेंटल' (एच.टी.)

बड़े आकार के सुनहरे सरसोंई पीला रंग लिए नारंगी-गुलाबी किनारों वाली पंखुड़ियों के आकर्षक फूल। चौंधिया देने वाले रंग।

अध्याय 10

कीट तथा नाशकजीव

अन्य पौधों की भांति नाशी-जीव गुलाबों को भी हानि पहुंचाते हैं। उत्तर भारत में इनके द्वारा होने वाली हानि का विवरण यहां पर दिया जा रहा है।

अधिकतर नाशी जीव केवल गुलाब के पौधों को ही हानि नहीं पहुंचाते, बल्कि ये कई अन्य पौधों को भी हानि पहुंचाते हैं। इस प्रकार गुलाबों को उनसे पूरी तरह बचाने में कुछ कठिनाई होती है, क्योंकि गुलाब के पौधों के आस-पास उगने वाले खरपतवारों और दूसरे पौधों पर ये पनपते रहते हैं। पर इनकी रोकथाम के पर्याप्त साधन आजकल सुलभ हैं।

दीमक

नई रोपी गयी कलमों के लिए दीमक बहुत हानिकर होती है। दीमकों की रोकथाम करने में एक व्यावहारिक कठिनाई यह है कि क्यारियों में हानि पहुंचाने वाली दीमकों को तो किसी प्रकार नष्ट किया जा सकता है, पर उनकी भूमिगत या दूर स्थित कालोनियों को नहीं। अनुभव से पता चला है कि यदि तैयार गड्ढों की मिट्टी को, पौधों की रोपाई से पहले किसी उपयुक्त कीटनाशी से भली-भांति उपचारित कर लिया जाये तो हानि की मात्रा में काफी कमी हो जाती है। इसके लिए प्रति गड्ढा 3 ग्राम 5 प्रतिशत बी.एच.सी. अथवा 5 प्रतिशत एल्ड्रीन का प्रयोग करना चाहिए। इससे भूरे गुबरैलों से भी पौधों की रक्षा की जा सकेगी।

गुबरैले (शैफर बीटल)

मानसून के दौरान गुलाब के पौधों की पत्तियों में छेद हो जाने, उनके कट-फट जाने तथा कभी-कभी तो पौधों के बिल्कुल ही पत्ती विहीन हो जाने के लक्षण प्रकट होते हैं। दिन के समय जांच करने पर उनमें कोई कीड़ा दिखायी नहीं पड़ता। यह काम एक बादामी गुबरैले (शैफर बीटल) का है जो रात के समय ही निकलता है और 9-12 मि.मी. लम्बा व बादामी रंग का होता है।

हालांकि इसकी कुछ प्रजातियों को गुलाब का गुबरैला कहते हैं, परंतु उनमें से अधिकांश अनेक प्रकार के पौधों पर पाई जाती हैं। ये अंडे भूमि में देती हैं, जिनमें से काफी बड़े आकार

की सफेद सूंडियां निकलती हैं। सूंडियां पौधों की जड़ों को हानि पहुंचाती हैं। वयस्क पत्तियां खाते हैं। गुलाब को इनसे बचाना तब तक कठिन होता है, जब तक कि एक बड़े क्षेत्र में उनकी रोकथाम के उपाए न किए जाएं। हां, निम्नलिखित उपायों को प्रयोग करते रहने से होने वाली हानि को काफी हद तक घटाया जा सकता है।

(क) क्यारियों की निराई-गुड़ाई करते समय सूंडियों को पकड़कर नष्ट कर देना चाहिए। संक्रमित क्षेत्र की मिट्टी को 1 किलोग्राम सक्रिय अवयव प्रति हैक्टर के हिसाब से बी.एच. सी. अथवा एल्ड्रिन मिलाकर उपचारित करना चाहिए।

(ख) पौधों पर 0.2 प्रतिशत डी.डी.टी. का छिड़काव करना चाहिए। यदि जोर की वर्षा न हो तो छिड़काव सप्ताह से पहले दोबारा करने की आवश्यकता नहीं पड़ती।

(ग) यदि आक्रमण कुछ ही पौधों पर हो, मगर उसके गंभीर होने का भय हो, तो पौधों को रात में थैलों से ढक देना चाहिए। दिन में थैले उतार देने चाहिए। हाल में चश्मा चढ़ाये गए पौधों के लिए यह विधि उपयोगी रहती है।

लाल खपरा (रेड स्केल)

इन कीड़ों का रंग भूरा तथा स्वरूप मोमिया शल्कों जैसा होता है। ये गुलाब के कोमल तनों पर बड़ी संख्या में चिपके रहते हैं, जिसके कारण स्वस्थ तनों पर चेचक जैसे दाग पड़ जाते हैं तथा वे भद्दे दिखाई देते है। अपने पोषण तथा बढ़ोत्तरी के लिए ये तने से ही रस चूसते हैं। लगातार रस चूसते रहने के कारण पौधे कमजोर होकर सूख जाते हैं।

मादा कीड़े आकार में कुछ बड़े तथा गोलाकार होते है, जबकि नर कुछ छोटे और लम्बे से। मादा एक ही स्थान पर रहती है। नर के वसंत में पंख निकलते हैं और वह गर्भाधान करने हेतु इधर-उधर घूमता है। दिल्ली में गुलाब के पौधों पर इन कीड़ों का प्रसार मार्च-अप्रैल मास में होता है। गर्मी अधिक होने पर इनकी सक्रियता भी घट जाती है तथा बहुत सारे कीड़े मर भी जाते हैं। सितम्बर में इनकी क्रियाशीलता फिर आरंभ हो जाती है, जो अक्टूबर-नवम्बर तक चलती है।

ऊपर बताई गयी बातों को पढ़ने से लगता है कि किसी भी व्यक्ति के लिए अपने छोटे से गुलाब उद्यान को इस कीट से बचाकर रखना बहुत आसान है क्योंकि यह मुख्यतः स्थिर ही रहता है। परंतु ऐसा होता नहीं है क्योंकि यह कीट गुलाब का खास कीट नहीं है बल्कि 86 तरह के पेड़-पौधों पर आक्रमण करता है, जिनमें सेब, केला, नींबू, नारियल, अंजीर, अंगूर, लोकाट, आम और शहतूत प्रमुख हैं। अतः जब ऐसे अनेक बहुवर्षीय पौधे भी आस-पास मौजूद हों तो बाग से इस छोटे से कीट को पूरी तरह से हटाना असंभव हो जाता है।

परंतु निम्न उपायों को अपनाकर गुलाब उद्यान को काफी हद तक इस कीट से मुक्त रखा जा सकता है:

1. पौधे कम हों तो कीड़ों को पकड़-पकड़ कर नष्ट करना चाहिए, अथवा प्रभावित भाग

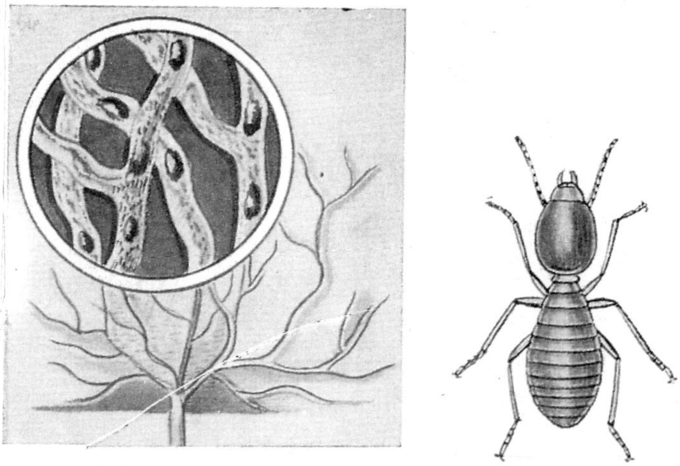

रेखाचित्र-6. बाएंः दीमक द्वारा प्रभावित जड़ें; दाएंः दीमक का परिवर्धित रेखाचित्र

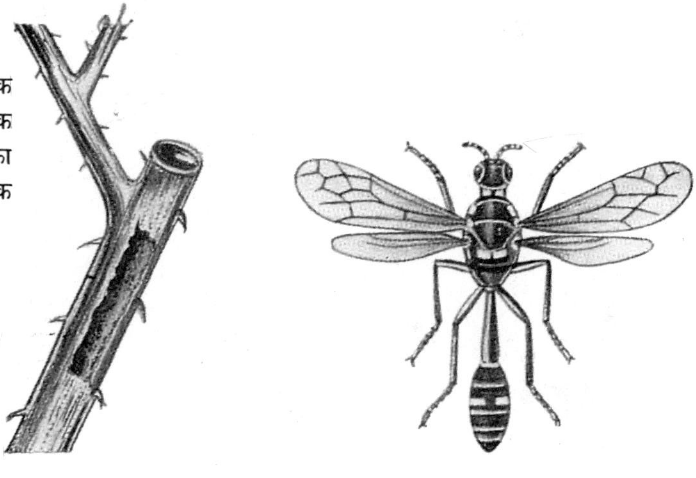

रेखाचित्र-7. *बाएंः* तना छेदक कीट द्वारा प्रभावित तने की एक काट; *दाएंः* तना छेदक कीट का परिवर्धित चित्र (वास्तविक आकार 1.5 सें.मी.)

रेखाचित्र-8. *बाएंः* पत्तियों पर माइट द्वारा किये गये छोटे-2 छेद; *दाएंः* परिवर्धित रूप में माइट का चित्र (सूक्ष्मदर्शीय, वास्तविक आकार)

रेखाचित्र-9. गुलाब के तने पर खपरा कीटों का हमला (परिवर्धित)

रेखाचित्र-10. पंखुड़ियों और कलिकाओं पर माहू समूह(इनसेट में)अत्यधिक परिवर्धित आकार में एक माहू (वास्तविक आकार, पिन की घुंडी जितना)

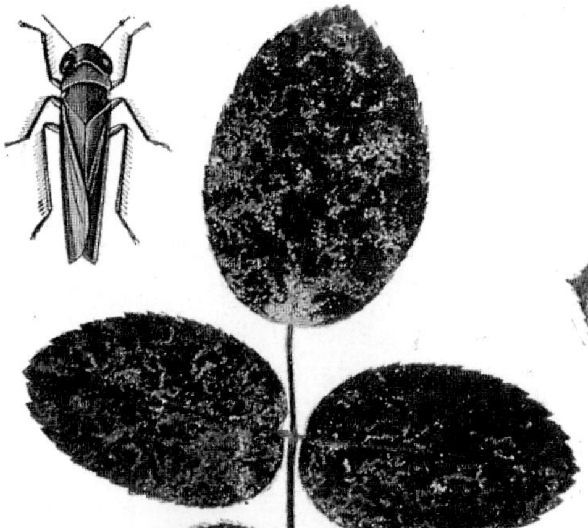

रेखाचित्र-11. जैसिड से क्षतिग्रस्त पत्तियों पर पीले-सफेद धब्बे। (ऊपर) अत्यधिक परिवर्धित्त रूप में एक जैसिड (वास्तविक आकार, पिन की घुंडी जितना)।

रेखाचित्र-12. थ्रिप्स क।टा से क्षतिग्रस्त पत्तियां पर काले धब्बे। (ऊपर) अत्यधिक परिवर्धित आकार में एक थ्रिप कीट (वास्तविक आकार, पिन की घुंडी जितना)।

रेखाचित्र-13. *बाएं*: गुबरैला (वास्तविक आकार, 11 मि.मी.); *दाएं*: भृंगों द्वारा क्षतिग्रस्त गुलाब की पत्तियां

रेखाचित्र-14. *ऊपर*: पत्ती कुतरनी मक्खी; *नीचे*: पत्तियों के किनारे गोलाकार और अण्डाकार में कुतरी हुई पत्तियां।

पर मैथिलेटेड स्प्रिट में डुबोये रुई के फाहे अथवा स्पंज से शाम के समय लेप करना चाहिए। संतोषजनक नियंत्रण के लिए इस विधि को दोहराते रहना आवश्यक है और अधिक अच्छे परिणाम प्राप्त करने के लिए कीटनाशी पैराथियान (व्यापारिक नामः फॉलिडाल, एकाटौक्स आदि) में डूबे ब्रश को प्रभावित भागों पर धीरे-धीरे फेरना चाहिए। यह बहुत ही प्रभावकारी उपचार है तथा इससे पौधे पूरी तरह कीटमुक्त हो जाते हैं। इस उपचार में अधिक सावधानी बरतनी चाहिए क्योंकि पैराथियान मनुष्य तथा मवेशियों के लिए अत्यंत विषैला रसायन है।

2. पौधे अधिक हों तो सावधानीपूर्वक पैराथियान का छिड़काव करना चाहिए। पहला छिड़काव कटाई-छंटाई के पश्चात् तथा दूसरा मार्च-अप्रैल में करना चाहिए।

3. कटाई-छंटाई के समय संक्रमित शाखाओं को काटकर जला देना चाहिए।

माहू (एफिड)

ये छोटे, गोल से, हल्के हरे, गहरे हरे या काले हरे रंग के कीट हैं, जो कोमल कल्लों, कलियों तथा फूलों पर गुच्छों में चिपके रहते हैं और पौधों का रस चूसते हैं। इनकी कई प्रजातियां गुलाब पर आक्रमण करती हैं। दिल्ली में इनका प्रभाव सामान्यतया जनवरी-फरवरी में देखने में आता है।

माहू भी पौधे का रस चूसते हैं, परंतु ये एक ही स्थान पर न टिककर, घूमते फिरते रहते हैं। जब भी इन कीड़ों को खुराक की आवश्यकता पड़ती है, ये पौधों की पत्तियों अथवा अन्य बाह्य अंगों में नये छेद बनाते हैं फलस्वरूप पौधे की बढ़वार प्रभावित हो जाती है, फूलों की सुंदरता में कमी आ जाती है तथा वे अधिक समय तक टिक नहीं पाते।

बादामी खपरा को नष्ट करने वाले कीटनाशियों के प्रयोग से इन कीड़ों को भी नष्ट किया जा सकता है। मगर अत्यंत कोमल कल्लों तथा फूलों पर ऐसे कीटनाशी प्रयोग करने चाहिए, जिससे हानि न पहुंचे जैसे पाइरोडस्ट (0.2 प्रतिशत की दर से)। तीव्र संक्रमण होने पर उपचार को दोहराना चाहिए।

जैसिड

जैसिड या पर्ण फुदका बहुत छोटे, हल्के धूसर या हरे रंग के, फनाकार पंख वाले कीट हैं जो प्रायः अप्रैल-मई में गुलाब के पौधों पर बहुतायत से आक्रमण करते हैं। ये पत्तियों पर चिपककर उनसे रस चूसते हैं। पौधों में रस की हानि के कारण पत्तियों की ऊपरी सतह पीली पड़ जाती है और मुरझाई सी लगती है। छाया में उगे पौधों पर इनका आक्रमण अधिक होता है।

तरुण, पंखहीन कीट भी वयस्क कीट की भांति पौधों से रस चूसकर उन्हें नुकसान पहुंचाते हैं। प्रभावित पौधा चिपचिपा सा दिखाई देता है।

जैसिड पर 0.1 प्रतिशत मैलाथियान के घोल का या 0.1 प्रतिशत डाइजीनॉन या 0.1 प्रतिशत फेनिट्रोथियॉन का छिड़काव करके आसानी से नियंत्रण पाया जा सकता है। इस बातं की सावधानी बरतनी चाहिए कि कीटनाशी त्वचा पर न गिरे। चूंकि ये कीट आड़ू जैसे वृक्षों, बोगनवीलिया जैसी झाड़ियों पर भी आक्रमण करता है अतः आसपास लगे इन पौधों पर भी उपयुक्त रसायनों का छिड़काव करना चाहिए।

थ्रिप्स

कभी-कभी पत्तियों पर भूरे धब्बे पड़ जाते हैं तथा उनका रंग हल्का होने लगता है। पत्तियों की विकृतियों के कारण गुलाब के पौधे भद्दे तथा कमजोर हो जाते हैं ऐसा कुछ नन्हें कीट-थ्रिप्स के कारण होता है, जो पत्तियों की निचली सतह से रस चूसते हैं तथा उसे क्षति पहुंचाते हैं। इससे उत्पन्न क्षत-चिह्न न केवल देखने में भद्दे लगते हैं, बल्कि वे पौधों की कार्यिकी सम्बंधित प्रक्रियाओं और पुष्पन को भी प्रभावित करते हैं। थ्रिप्स मार्च से नवम्बर तक अत्यंत सक्रिय रहते हैं।

यह समस्त भारत में पाये जाते हैं तथा गुलाब के अतिरिक्त कई अन्य पेड़-पौधों पर भी आक्रमण करते हैं जैसे अंगूर, आम तथा अनार। गुलाब की क्यारियों को इन कीड़ों से सर्वथा मुक्त करना चाहिए। लाल खपरा कीटों को नष्ट करने वाले कीटनाशी, थ्रिप्स को भी नष्ट कर देते हैं। यह ध्यान रखना चाहिए कि पत्तियों की निचली सतह पर भी कीटनाशी अच्छी तरह पहुंच सकें। एक सप्ताह के पश्चात् छिड़काव दुबारा करना चाहिए। यदि कम पौधे हों तो कीड़ों को चुन-चुनकर कर या फिर प्रभावित पत्तियों पर ब्रश से दवा लगा कर नष्ट किया जा सकता है।

पत्ती कुतरा (लीफ कटिंग बी)

पत्तियां कुतरने वाली मक्खियां मध्यम आकार, काले रंग तथा रोएंदार शरीर वाली होती हैं। ये गुलाब की पत्तियों को किनारे की ओर से कुतरती हैं तथा उनमें गोल या अंडाकार छेद कर देती हैं। मानसून से ठीक पहले तथा पश्चात् ये मक्खियां अधिक सक्रिय हो जाती हैं।

ये मक्खियां गुलाब को अधिक हानि नहीं पहुंचाती तथा परागण में मदद करती हैं इसलिए इनकी रोकथाम की विशेष आवश्यकता नहीं है। अन्य कीटों के नियंत्रण के लिए काम में लाये गए कीटनाशियों से इनकी भी रोकथाम हो जाती है।

छेदक भिड़ (डिगर वास्प)

अक्टूबर मास में गुलाब के पौधों की कटाई-छंटाई के बाद कभी-कभी कटी हुई शाखायें ऊपर की ओर से सूखती जाती हैं। ये लक्षण ठीक सूखा रोग जैसे होते हैं। ध्यानपूर्वक देखने

पर कटी हुई कुछ शाखाओं के पिथ (मध्य ऊतक) में काले गहरे सुराख दिखाई पड़ते हैं जो भिड़ के कारण होते हैं। ऐसी सुरंगे बिल्कुल सीधी, 12 से 17 सें.मी. लम्बी तथा आमतौर पर खुली हुई होती हैं।

इन सुरंगों में प्रायः एक प्रकार के कवक का प्रवेश हो जाता है, जो सूखा रोग के लक्षण उत्पन्न करता है। फलतः शाखा ऊपर से नीचे की ओर सूखकर मर जाती है। छेदक भिड़ को नष्ट करने के लिए एल्ड्रिन की कवकनाशक लेई (कॉपर कार्बोनेट 4 भाग, रेड लैड 4 भाग तथा अलसी का तेल 5 भाग) में मिलाकर शाखाओं के कटे भागों में लगाना चाहिए।

माइट

यह बहुत नन्हें कीट हैं, कोरी आंखों से दिखाई नहीं देते। गुलाब पर रैड स्पाइडर माइट आक्रमण करती है, जो संसार में हर कहीं पायी जाती है। यह गुलाब के अतिरिक्त अनेक अन्य पौधों को भी प्रभावित करती है, जैसे अरण्डी, कपास, भिण्डी, टमाटर तथा बैंगन आदि।

ये पत्तियों की निचली सतह पर समूह में रहती हैं। वयस्क तथा शिशु पौधों का रस चूसते हैं। इस कारण पत्तियों पर पीले रंग की चित्तियां बन जाती हैं। अधिक प्रभावित पत्तियां पीली पड़कर सूख जाती हैं।

मानसून प्रारंभ होते ही ये गुलाब के पौधों पर पहुंच जाती हैं तथा अगले वर्ष अप्रैल तक वहीं रहती हैं। सितम्बर से जनवरी तक ये अत्यंत सक्रिय रहती हैं।

गुलाब के पौधों पर माइट सबसे पहले मानसून आरंभ होने पर दिखाई देते हैं और इनका प्रकोप अगले अप्रैल तक रहता है। यद्यपि ये सक्रिय सितम्बर से जनवरी तक रहते हैं। गर्मियों में तापमान बढ़ने पर इनकी संख्या काफी घट जाती है और केवल घास, छाल की दरारों और गिरी हुई पत्तियों की आड़ में सीमित संख्या में वे बची रहती हैं।

इस कीट पर रोगी पौधों पर 0.5 प्रतिशत मोनोक्रोटोफोस का सावधानीपूर्वक छिड़काव करके नियंत्रण पाया जा सकता है। 0.1 प्रतिशत केलथेन का डाइजीनोन इमल्शन का प्रयोग भी किया जा सकता है।

शोभाकारी गुलाब के पौधों पर कभी-कभी मकड़ियां जाले बना देती हैं, जो पत्तियों पर आने वाली धूप को रोकते हैं। किसी नरम कपड़े या ब्रश से इन्हें हटाते रहना चाहिए। परंतु यदि मकड़ियों का प्रकोप बहुत अधिक है तो रासायनिक नियंत्रण आवश्यक हो जाता है, जिसके लिए वही उपाय किये जाते हैं जो माइट के लिए।

नेमाटोड

भारतीय कृषि अनुसंधान संस्थान द्वारा किए गए सर्वेक्षण से गुलाब की क्यारियों में कई तरह के नेमाटोडों (सूत्रकृमियों) की उपस्थिति का पता चला है। नेमाटोड अत्यंत सूक्ष्म होते हैं तथा केवल सूक्ष्मदर्शी की सहायता से देखे जा सकते हैं। ये पौधों के जड़-क्षेत्र को प्रभावित

करते हैं। इससे पौधे अत्यंत कमजोर हो जाते हैं। कल्लों की बढ़ोत्तरी रुक जाती है, फूल नहीं आते हैं तथा पौधों की रोगग्राहिता बढ़ जाती है।

इनकी रोकथाम के लिए भूमि में प्रयोग किए जाने वाले धूमक, जैसे शैल डी.डी. तथा निमागॉन आदि मिलते हैं। पौधे की रोपाई से 4-6 सप्ताह पहले क्यारियों में धूमन करें। एक हैक्टर क्षेत्र के लिए 250 लीटर धूमक पर्याप्त होता है। निमागॉन का इस्तेमाल पौधे लगी क्यारियों में भी किया जा सकता है। प्रति हैक्टर 10-12 लीटर निमागॉन सिंचाई के पानी के साथ प्रयोग करना चाहिए। ये रसायन काफी महंगे होते हैं। अतः इन्हें तभी इस्तेमाल करना चाहिए, जब इस बात का विश्वास हो जाये कि नेमाटोड बड़ी संख्या में मौजूद हैं।

भारत के विभिन्न भागों में पाये जाने वाले अन्य कीट

कीट	हानि
भूरे रंग की टसक सूंडियां (कैटरपिलर)	पत्तियां खाते हैं।
अरण्डी का शम्बुक या स्लग	पत्तियां खाते हैं।
अरण्डी का सेमीलूपर	पत्तियां खाते हैं।
क्रैब सूंडियां (क्रैब कैटरपिलर)	पत्तियां खाती हैं।
गर्डलर बीटल	तनों को हानि पहुंचाता है।
मिली बग	पत्तियों को संक्रमित करता है तथा पौधों का रस चूसता है।

नाशकजीव नियंत्रण कार्यक्रम

क्यारियों की तैयारी के समयः पौधा लगाने के 4-6 सप्ताह पहले भूमि में 250 लीटर प्रति हैक्टर की दर से नेमाटोडनाशी डी.डी. से धूमन करना चाहिए। क्यारियां तैयार हो जाने के पश्चात् उन्हें 1 किलोग्राम सक्रिय अवयव प्रति हैक्टर की दर से 5 प्रतिशत बी.एच.सी. अथवा 5 प्रतिशत एल्ड्रीन से उपचारित करना चाहिए। इससे मिट्टी, नेमाटोडों के प्रभाव से मुक्त हो जायेगी तथा पौधों पर दीमक जैसे हानिकारक कीट भी नहीं लगेंगे।

कटाई-छंटाई के समयः शाखाओं के कटे हुए भागों पर फफूंदनाशी लेई में डी.डी.टी. तथा बी.एच.सी. (1:1) का मिश्रण मिलाकर लगाना चाहिए। बादामी खपरों व माइट की रोकथाम के लिए 0.1 प्रतिशत पैराथियान प्रयोग करना चाहिए।

जनवरी से मार्च तकः माहू तथा थ्रिप्स की रोकथाम के लिए 0.2 प्रतिशत पाइरोडस्ट का बुरकाव करना चाहिए।

रेखाचित्र-15. कलिका के आधार पर मिली बग कीट का हमला

रेखाचित्र-16. मकड़जाल से मुरझायी हुई पत्तियां

62. 'हैनरी फोर्ड' (एच.टी.)

लंबे आकार की सुगठित, नुकीली कलिकाएं झाड़ीनुमा आकार के पौधों पर देखी जा सकती है। मनमोहक सुगंध वाले फूल।

जुलाई से अगस्त तकः गुबरैलों तथा थ्रिप्स की रोकथाम के लिए 0.2 प्रतिशत डी.डी.टी. का छिड़काव करना चाहिए।

सावधानी

कीटनाशी जहरीले होते हैं। अतः उनके प्रयोग के समय निर्माता द्वारा बतायी गयी हिदायतों पर अवश्य अमल करना चाहिए। ऐसी जहरीली सामग्री को बच्चों व पालतू पशुओं की पहुंच तथा खाने-पीने की चीजों से अलग रखना चाहिए।

विभिन्न कीट, माइट तथा नेमाटोड और उनका नियंत्रण

कीट	हानियां	कीटनाशी तथा उनका व्यापारिक नाम	फार्मूला/प्रयोग योग्य शक्ति	साधारण व्यापारिक उत्पादों की शक्ति	इस्तेमाल में लाये जाने वाले कीटनाशी की मात्रा	उपचारों की संख्या	टिप्पणी
1	2	3	4	5	6	7	8
दीमक	पौधे सूख जाते हैं तथा उन्हें सरलता से उखाड़ा जा सकता है। रोपी गयी कलमें जम नहीं पाती।	बी.एच.सी. अथवा एल्ड्रिन 1 बी.एच.सी. (गैमक्सीन, हैक्सीडाल हैसामर बी.एच.सी.)। एल्ड्रिन (एल्ड्रैक्स हैसामर एल्ड्रिन)।	5 प्रतिशत चूर्ण	5 प्रतिशत	1/2 चम्मच अथवा तीन ग्राम चूर्ण प्रति वर्गमीटर	एक	जनवरी-फरवरी तथा सितम्बर-अक्टूबर में वे अत्यंत सक्रिय हो जाते हैं। जिन क्यारियों में गुलाब की कलमें रोपनी हों, उनमें चूर्ण बिखेर कर मिट्टी में मिला देना चाहिए। गड्ढ़ों में भी पौध लगाने से पहले कीटनाशी को मिट्टी में अच्छी तरह मिला देना चाहिए। पौध की रोपाई से 15 दिन पहले यह उपचार करना उचित रहता है।
लाल खपरा (रैड स्केल)	कोमल कल्लों तथा तनों पर भूरे रंग के खपरा कीड़े चेचक के दाग जैसे रूप में दिखाई देते हैं। पौधे के प्रभावित भाग सूख जाते हैं।	पैराथियान (पैरामर फॉलीडाल)	इमल्शन 0.1%	50% ई.सी.	3 चम्मच अथवा 5 लीटर पानी में 10 सी.सी.	दो या तीन 15 दिन के अंतर से	
		कार्बारिल (सेविन कार्बाबिन, हैक्साविन)	निलम्बन 0.25%	50% डब्ल्यू.पी.	5 लीटर जल में 3 चम्मच	दो या तीन 15 दिन के अंतर पर	
		डाएजीनॉन (बासुडिन)	इमल्शन 0.1%	20% ई.सी.	5 लीटर पानी में 25 सी.सी.	"	

1	2	3	4	5	6	7	8
गुबरैला (शैफर बीटल)	वयस्क कीड़े रात्रि के समय पौधों की पत्तियां खाते हैं। पत्तियों में छेद तथा उन्हें अनियमित रूप से कटाफटा देखा जा सकता है।	बी.एच.सी. अथवा एल्ड्रिन (ऊपर बतायी गयी विधि) अथवा डी.डी.टी. (डी.डीमैक), लोटैक्सडिट	5% चूर्ण 0.2% इमल्शन*	5% चूर्ण 25% ई.सी.	3 चम्मच अथवा 20 ग्राम प्रति वर्ग मीटर 12 चम्मच अथवा 5 लीटर पानी में 40 सी.सी.	एक	अगस्त-सितम्बर में इन कीड़ों की वृद्धि होती है। पौधों के प्रभावित भागों पर कटाई-छंटाई के पश्चात् तथा एक बार मार्च-अप्रैल में छिड़काव करना चाहिए। यह कीटनाशी मनुष्यों व पशुओं के लिए जहरीला है। इस बात की सावधानी रखनी चाहिए कि उस रसायन अथवा उस बर्तन का जिसमें इसका घोल तैयार किया हो कोई अप्रशिक्षित व्यक्ति न प्रयोग करे। जब केवल कुछ पौधों की ही देखभाल करनी हो तो मैथिलेटिड स्प्रिट में डुबोया हुआ रूई का फाहा या 0.1% पैराथियान घोल में डुबोया हुआ पुराना ब्रश प्रभावित भागों पर रगड़ना चाहिए।
जैसिड	पत्तियों में प्राकृतिक रंग न रहकर वे हल्की सफेद या पीली हो जाती हैं तथा कुछ समय पश्चात् सूख जाती हैं। प्रभावित पौधे रोग से पीड़ित दिखाई देते हैं।	पैराथियान (बतायी गयी विधि के अनुसार)	0.3% घोल	46.7% ई.सी.	एक चम्मच अथवा 5 लीटर पानी में 3 सी.सी.	एक	ये कीड़े अप्रैल-मई में अत्यंत सक्रिय रहते हैं। प्रभावित पौधे पर सावधानीपूर्वक छिड़काव करना चाहिए।

1	2	3	4	5	6	7	8
भिड़	ये कीड़े पिथ में बारीक सुरंगे खोद लेते हैं तथा वहां अपना घर बना लेते हैं। तना ऊपर से नीचे की ओर सूखता चला जाता है।	कवकनाशी दवा की लेई में डी.डी.टी. व बी.एच.सी. (1:1) का मिश्रण मिलाना चाहिए।	गीला हो सकने वाला पाउडर तथा डी.डी.टी. व बी.एच.सी. प्रत्येक का 0.1 प्रतिशत	50% गीला हो सकने वाला पाउडर	500 ग्रा. कवकनाशी लेई में 1 ग्राम डी.डी.टी. तथा 1 ग्राम बी.एच.सी.	एक	गुलाब के कटे हुए तनों के सिरे पर कवकन।शी लेई में 0.1 प्रतिशत डी.डी.टी. तथा 0.1 प्रतिशत बी.एच.सी. का मिश्रण लगाना चाहिए।
माइट	इन कीड़ों के प्रकोप से पत्तियों पर चित्तियां पड़ जाती हैं। अधिकता की स्थिति में पत्तियां सूख जाती हैं।	पैराथियान (ऊपर बताये गये अनुसार)	इमल्शन* 0.05 प्रतिशत	46.7% ई.सी.	डेढ़ चम्मच अथवा 5 लीटर पानी में 5 सी.सी.	एक महीने के अंतराल से दो बार	मकड़ियां सितम्बर से जनवरी तक अधिक सक्रिय रहती हैं। पत्तियों की निचली सतह पर घोल भली-भांति पहुंचना चाहिए।
नेमाटोड	पौधों में कुपोषण के लक्षण, कल्लों की बढ़वार में कमी, पत्तियों का पीला पड़ जाना तथा अनुर्वरता	डी.बी.सी.पी. (नेमागॉन)	इमल्शन* 60%	60% ई.सी.	7 चम्मच अथवा 10 वर्गमीटर की क्यारी के लिए 25 सी.सी.	एक	नेमाटोड नाशी की सिंचाई पानी में करनी चाहिए। हल्की सिंचाई करने से भी लाभ होता है सिंचाई से पहले घोल के रूप में नेमाटोडनाशी जड़ क्षेत्र तक पहुंचता है। क्योंकि यह जहरीला पदार्थ है, अतः केवल कुशल कर्मचारियों को ही प्रयोग करना चाहिए।

नोटः धूलि को प्राकृतिक रूप में इस्तेमाल करना चाहिए। बोतलों में बन्द इमल्शन * को बताई गयी मात्रा में पानी में मिलाकर उन्हें और पतला (स्तंभ 6 के अनुसार) कर लेना चाहिए।

अध्याय 11

रोग

गुलाब पर अनेक रोगों का हमला होता है। इनमें से कुछ विषाणु, जीवाणु या नेमाटोड द्वारा होते हैं, परंतु ज्यादातर रोग कवकों द्वारा लगते हैं। भारत में गुलाब पर लगभग 24 प्रकार के कवक पाए गए हैं। ये हैं: *डिप्लोडिया रोजेरम, स्फेरोथीका पैन्नोसा* किस्म *रोजी, डिपलोकार्पोन रोजी, फ्रेग्मीडियन स्पिसीज, सर्कोस्पोरा* स्पिसीज, *पेस्टेलोडिया* स्पिसीज, *एपियोस्पोरा* स्पिसीज, *टीलोकोनिया* स्पिसीज, *मोनोकीशि़या* स्पिसीज, *हाइपोजाइलोन* स्पिसीज, *स्फीरैला* स्पिसीज, *सेप्टोरिया* स्पिसीज, *वालसा* स्पिसीज, *क्रिप्टोस्टिक्टिस* स्पिसीज, *मैसेरिया* स्पिसीज, *नोमोनिया* स्पिसीज, *फैब्रिया* स्पिसीज, *मैसेराइना* स्पिसीज, *ग्लियोस्पोरियम* स्पिसीज, *कीटोमियम* स्पिसीज, *कुर्वुलेरिया* स्पिसीज, *मेरुलियस* स्पिसीज, *पोस्टोलोटियोप्सिस* स्पिसीज तथा *आल्टरनेरिया* स्पिसीज।

भारत में गुलाब में पीला मोजेक रोग भी पाया जाता है, हालांकि इस रोग की रोकथाम ताप अथवा रासायनिक उपचार में से किसके द्वारा की जाए, यह निर्धारित करने के लिए विस्तृत जानकारी उपलब्ध नहीं है। कई उद्यानों में गुलाबों पर मोजेक रोग के समान लक्षण देखे गए हैं तथा इस बात की जानकारी पाने के लिए कि भारत में गुलाब का मोजेक रोग विद्यमान है या नहीं, अभी कार्य करने की आवश्यकता है। कुछ महत्वपूर्ण रोग हैं: उकठा या डाइबैक, झुलसा या स्टेम ब्लाइट तथा काला धब्बा रोग। पहाड़ी क्षेत्रों के महत्वपूर्ण रोग हैं: चूर्णिल फफूंद तथा रतुआ रोग।

उकठा (डाइबैक)

इसके आक्रमण से गुलाब के पौधे ऊपर से नीचे की ओर सूखने लगते हैं। रोग मुख्य रूप से काटी-छांटी गयी शाखाओं की ऊपरी सतह से शुरू होता है। प्रभावित शाखाएं काले रंग की हो जाती हैं। बाद में रोग तने व जड़ में फैलता है। गंभीर प्रकोप होने पर पौधे मर जाते हैं। रोग का आक्रमण नए पौधों की अपेक्षा पुराने पौधों पर जल्दी और ज्यादा होता है। उकठा रोग को पुष्पवृंत द्वारा भी फैलते देखा गया है हालांकि ऐसे आक्रमण से किसी पौधे को मरता नहीं देखा गया।

छेदक भिड़ भी काटी-छांटी गयी शाखा के ऊपरी सिरे से पिथ में छेद करता हुआ अंदर घुसता है और उकठा रोग को फैलाने में सहायक होता है। उकठा रोग *डिप्लोडिया रोजेरम*

नामक कवक के बीजाणुओं (पिक्नीडीया) द्वारा फैलता है। एक अन्य प्रजाति *कॉलीटोट्राइकम* भी रोग फैलाने में सहायक होती है आमतौर पर कवक के बीजाणु साल भर पौधे पर मौजूद रहते हैं। ये प्रभावित भागों पर गोल, गहरे रंग के धब्बे बनाते हैं।

कवक प्रायः वर्ष भर पुरानी शाखाओं के कांटों में उपस्थित रहते हैं। वे वहां बीजाणु नामक छोटे बीज की तरह के अंग बनाते हैं। शाखाओं पर इनके आक्रमण से छाल पर गहरे भूरे रंग के बाहरी क्षतचिह्न बन जाते हैं। कवक सूखी टहनियों और मुरझाए हुए फूलों के डंठलों में भी पाये जाते हैं। यदि पौधे कमजोर हैं तथा काट-छांट समय पर न की गयी तो प्रायः तने की छाल पर पाये जाने वाले क्षतचिह्न उकठा या डाईबैक में बदल जाते हैं।

उकठा की रोकथाम के लिए गुलाब की प्रभावित शाखाओं को काट-छांट देना चाहिए। रोग के धब्बों से कम से कम 2.5-5 सें.मी. नीचे से काट-छांट करनी चाहिए। काट-छांट करने के तुरंत बाद ही चार भाग कॉपर कार्बोनेट, चार भाग लाल सीसा, पांच भाग अलसी का तेल थोड़ी-सी मात्रा में डी.डी.टी. तथा बी.एच.सी. का लेप बनाकर कटे सिरों पर पोत देना चाहिए। काट-छांट करने के बाद कम से कम 10 दिन तक खाद-उर्वरक नहीं देना चाहिए। भिड़ की रोकथाम के लिए लेप में कीटनाशी मिलाना बहुत जरूरी है। जिन किस्मों या क्षेत्र में इस रोग का प्रकोप अधिक होता हो, उन्हें नहीं उगाना चाहिए।

झुलसा (स्टेम ब्लाइट)

गुलाब की कुछ किस्मों (जैसे हेलेन ट्रोबेल) के पुराने पौधों की टहनियों पर अक्सर विभिन्न आकार वाले कत्थई धब्बे दिखाई देने लगते हैं। बाद में धब्बे एक-दूसरे से मिलकर पूरे तने में फैल जाते हैं। रोगी तने राख जैसे भूरे रंग के हो जाते हैं। इस रोग का प्रकोप ज्यादातर छाल पर ही होता है और प्रायः कल्लों को कोई क्षति नहीं पहुंचती। यद्यपि रोकथाम के उपाय महंगे हैं, लेकिन फिर भी कार्बनिक कैप्टॉन जैसे कवकनाशी का साल में एक या दो बार पौधों पर छिड़काव करना बहुत लाभदायक रहता है।

काला-धब्बा (ब्लैक स्पॉट)

यह रोग व्यापक स्तर पर फैला हुआ है। यह मुम्बई, जम्मू तथा अन्य क्षेत्रों में पाया जाता है। दिल्ली में यह प्रतिवर्ष दिखाई पड़ता है। पत्तियों पर पाये जाने वाले इन धब्बों का रंग गहरा काला व किनारे झालरदार होते हैं। धब्बे पत्ती की एक या दो सतहों पर पाये जाते हैं। यह रोग *डिप्लोकार्पोन रोजी* नामक कवक द्वारा फैलता है।

इस रोग की रोकथाम लक्षण दिखाई देते ही करनी चाहिए। यह कार्य 15-25 दिन के अंतर से दो या तीन बार 0.2 प्रतिशत कैप्टॉन या फरबाम का छिड़काव करके आसानी से किया जा सकता है। रोगग्रस्त पत्तियों को एकत्र करके जला देना चाहिए। *सैप्टोरिया या सर्कोस्पोरा* नामक कवकों से उत्पन्न धब्बों की रोकथाम भी काला धब्बा की ही भांति की जाती है।

रेखाचित्र-17. मुरझान रोग

रेखाचित्र-18. पत्तियों का काला धब्बा रोग

रेखाचित्र-19. चूर्णी फफूंद से ग्रस्त पत्तियां

चूर्णी फफूंद

मुम्बई, देहरादून, नागपुर, शिमला, श्रीनगर, इन्दौर, बेंगलूर और दिल्ली में यह रोग गुलाब के पौधे पर लगता देखा गया है। कम वर्षा में इस रोग से बहुत अधिक हानि होती है। इसका प्रकोप पौधों के सभी बाहरी भागों पर होता है। नयी छोटी पत्तियां ऐंठ जाती हैं तथा उनकी निचली सतह पर फफोले पड़ जाते हैं, जो सफेद चूर्ण से ढके होते हैं। नयी कोंपलें इस कवक से पूरी तरह ढकी रहती हैं। रोगग्रस्त कलियां खिलती नहीं हैं। चूर्णी फफूंद रोग *स्फैरोथीका पैनोसा* नामक कवक से फैलता है। यह रोग वायुजनित रोग है, जिस पर 1 कि. ग्रा. प्रति 500 लीटर जल की दर से गंधक के पर्ण-छिड़काव द्वारा नियंत्रण पाया जा सकता है। 5-7 दिन के बाद, रोग की तीव्रता तथा मौसम के अनुसार दुबारा छिड़काव किया जा सकता है। 320 सें.ग्रे. से ऊपर के तापमान पर गंधक पौधों को नुकसान पहुंचाता है। सारणी में दिये गये अन्य कवकनाशियों का भी रोग नियंत्रण में सफलतापूर्वक इस्तेमाल किया जा सकता है।

रतुआ

भारत में गुलाब का रतुआ रोग, शिमला, कसौली, मसूरी और कश्मीर की पहाड़ियों में बड़े पैमाने पर फैला हुआ है। हाल में इसे राजस्थान में भी देखा गया है। इस रोग के कारण पत्तियों, पर्णवृंतों और तने पर पीले काले रंग के फफोलेनुमा धब्बे उभर आते हैं। *फ्रैग्मीडियम* नामक कवक की कई प्रजातियों द्वारा यह रोग फैलता है, जिनमें से चार प्रजातियां भारत में पायी जाती हैं। अतः 500 लीटर पानी में 1 कि.ग्रा. फरबाम तथा 1 कि.ग्रा. गंधक को घोलकर तथा उसमें सेंडोविट मिलाकर सप्ताह भर के अंतराल से पर्ण छिड़काव करना चाहिए।

विषाणु रोग

अमेरिका में डा. एफ.ओ. होमस् ने काफी पहले गुलाब में मोजेक रोग का अध्ययन करके पता कर लिया था कि इसका निदान तापोपचार द्वारा किया जा सकता है। सेब तथा नींबू वर्गीय फलों की भांति निर्यात के लिए गुलाब की चश्मा चढ़ाने में प्रयुक्त कलिकाओं का विषाणु मुक्त होना अनिवार्य है क्योंकि उनका प्रयोग विभिन्न देशों में नई किस्में विकसित करने में होता है। रोगी कलिकाओं के प्रसार से दूसरे देशों में विषाणु रोग फैलने का भय रहता है। अतः इसकी रोकथाम के लिए अंतर्राष्ट्रीय तथा आंतरिक स्तर पर रोक लगानी चाहिए। कलियां भेजने से पहले न केवल कवकों से बल्कि विषाणुओं से मुक्त होने का प्रमाणपत्र संलग्न किये जाने पर बल दिया जाना चाहिए।

गुलाब के रोग और उनकी रासायनिक रोकथाम

रोग	रोगकारक	लक्षण	कीटनाशक का प्रचलित नाम	कीटनाशक का ब्रांड नाम	मात्रा	निर्माता	टिप्पणी
1	2	3	4	5	6	7	8
उकठा या डाइबैक	डिप्लोडिया रोजेरम	काटी टहनी का काला पड़ना तथा सिरे से धीरे-धीरे नीचे की ओर सूखना, प्रायः संपूर्ण पौधे का मर जाना		रोजपेंट	भार के अनुसार कॉपर कार्बोनेट और लाल सीसे के बराबर भागों को अलसी के तेल के साथ मिलाकर गाढ़ा लेप बनाकर उसमें 0.1% डी.डी.टी. और 0.1% बी.एच.सी. मिलायें	ब्रिटिश ड्रग हाउस (इंडिया) प्रा.लि. मुम्बई	वर्ष में एक बार कटाई-छंटाई के तुरंत बाद टहनियों के सिरों पर इस लेप का इस्तेमाल करना चाहिए। डी.डी.टी. तथा बी.एच.सी. मिलाने से भिड़ की रोकथाम हो जाती है।
चूर्णी फफूंद	स्फीरोथिका पैनोसा किस्म रोज़ी	संक्रमित पत्ती मुड़ जाती है और बौनी होकर बैंगनी हो	वेटेबल गंधक	माइक्रोसल	0.2%	भारत पल्वराइजिंग प्रा.लि., नई दिल्ली-मुम्बई	साप्ताहिक अंतराल के बाद वेटेबल गंधक या डायनोकैप का छिड़काव करना चाहिए। फफूंदीनाशी, बीनोमिल
		जाती है और समय से पहले ही		सल्ताफ	0.2%	रैलीज़ इंडिया लि. नई दिल्ली- मुम्बई	और बेनोमिल या कार्बेडेजिम का छिड़काव तीन सप्ताह के
		झड़ जाती है। कली बिना खुले ही		कोसान	0.2%	सीबा ऑफ इण्डिया लि., नई दिल्ली	अंतराल पर 32° से (90° फारेनहाइट) तापमान पर करें; घुलनशील सल्फर
		मुरझाने लगती है संक्रमित हिस्सा सफेद धूसर चूर्ण	डाइनोकैप	कैराथिन	0.1%	इण्डोफिल कैमिकल्स लि. नई दिल्ली-मुम्बई	और डाइनोकैप के साथ मिलाकर इसका छिड़काव न करें, क्योंकि ये पादपरोधी हैं। रोग के उत्पन्न

(...जारी)

1	2	3	4	5	6	7	8
		में ढक सा जाता है कवक जाल सतही होते हैं।	बीनोमिल	बैनलेट	0.1%	भारत पल्वराइजिंग मिल्स प्रा.लि. नई दिल्ली-मुम्बई	होने के अनुमानित मौसम या समय से पहले ही फफूंद रोधक का छिड़काव करना चाहिए। छिड़काव की संख्या रोग की गहनता पर निर्भर करती है।
			कार्बन्डाजिम	बैवेस्टिन	0.1%	एग्रोमोर लिमिटेड बैंगलूर बी.ए.एस.एफ. इण्डिया लि. नई दिल्ली - मुम्बई	
काला धब्बा	डिप्लोकार्पन रोज़ी	पत्तियों की ऊपरी सतह पर 1 सें.मी. व्यास के वृताकार काले धब्बे पड़ जाते हैं और पत्तियों के किनारे मुड़ जाते हैं। पत्तियां कमजोर पड़ जाती है और जल्दी गिर जाती हैं।	कैप्टान	हैक्साकैप	0.2%	भारत पल्वराइजिंग मिल्स प्रा.लि. नई दिल्ली - मुम्बई	रोग के लक्षण प्रकट होते ही प्रभावित पौधों पर विशेष रूप से पत्तियों की निचली सतह पर 7-14 दिनों के अंतर से फफूंदनाशी का छिड़काव करें। इस रोग के नियंत्रण के 3 या 4 छिड़काव पर्याप्त हैं।
				कैपटैफ	0.2%	रैलीस इण्डिया नई दिल्ली - मुम्बई	
			फर्बेम	हैक्साफर्ब	0.2%	भारत पल्वराइजिंग मिल्स प्रा.लि. नई दिल्ली - मुम्बई	
रतुआ	फ्रैगमिडियम	प्रभावित पत्तियां पर्णवृन्तों तथा तने पर छोटे भूरे-काले	फर्बेम	हैक्साफर्ब	0.2%	भारत पल्वराइजिंग मिल्स प्रा. लि. नई दिल्ली - मुम्बई	रोग के लक्षण प्रकट होते ही 7-10 दिनों के अंतराल से 3-4 छिड़काव करें।

(...जारी)

1	2	3	4	5	6	7	8
		फफोले	जिनेब	डाइथेन जेड-78	0.2%	इन्डोफिल कैमीकल्स लिमिटेड, नई दिल्ली-मुम्बई	
तना झुलसा	डिप्लोडिया रोज़ेरम	तने पर भूरे या काले धब्बे	कैप्टॉन	हैक्साकैप	0.2%	भारत पल्वेराइजिंग मिल्स प्रा. लि. नई दिल्ली - मुम्बई	सितम्बर के आरंभ और अक्तूबर के अंत में भली-भांति छिड़काव
				कैप्टॉन	0.2%	रैलीस इंडिया लि. नई दिल्ली - मुम्बई	
पीला मोजेक		शिराओं के पास पास पीली धारियां					रोगी पौधों को नष्ट कर देना चाहिए। उन्हें कलमों या चश्मा चढ़ाने के लिए इस्तेमाल नहीं करना चाहिए।

अध्याय 12

गुलाबों का प्रजनन

"गुल़ाब क्यारियों को
        निहारते हम
अनगिनत रूप, अनजाने नाम
        नाना रंग, नई-नई सुगंध
चमत्कृत हम प्रकृति की उस सीमा सृजनशीलता को
        जिसने दीं इतनी किस्में
और भरी प्रत्येक में
        इतनी पूर्णता और कमनीयता"

— एडमण्ड ब्लन्डेन

पौधों और पशुओं के नये रूपों का विकास एक रोमांचक विषय है। गुलाबों के मामले में तो इस कार्य का सुख कई गुना बढ़ जाता है। गुलाबों का प्रजनन अब बहुत बड़े पैमाने पर किया जाने लगा है जिसमें फ्रांस, जर्मनी, स्पेन, नीदरलैण्ड, इंग्लैण्ड, अमरीका, कनाडा, आस्ट्रेलिया, न्यूजीलैण्ड तथा अन्य अनेक देशों के सैकड़ों नर्सरी मालिक शामिल हैं और जो हजारों की संख्या में नये पौधे तैयार कर रहे हैं। इस क्षेत्र में जापान ने अभी हाल ही में प्रवेश किया है और तेरानीसी, सूजूकी तथा ओनोडेरा वहां के सुविख्यात गुलाब प्रजनक हैं। भारत में भी गुलाब प्रजनन का कार्य आरंभ हो चुका है और हाइब्रिड-टी गुलाब की पहली भारतीय किस्म 'डा. एस.डी. मुखर्जी' है, जिसे 1935 में बी.के. राय चौधरी द्वारा 'हैडिले' तथा 'फेसिनेशन' किस्मों के संकरण से विकसित करके जारी किया गया था। आरंभिक कार्यकर्ताओं में बी.एस. भटाचार्जी तथा उनके पुत्र प्रमुख गुलाब प्रजनक रहे, जिन्होंने महत्वपूर्ण कार्य किया। इसके बाद अनेक लोगों ने इस क्षेत्र में काम किया और आज बहुत से व्यावसायिक तथा शौकिया गुलाब प्रेमियों द्वारा यह कार्य किया जा रहा है, विशेषकर व्यावसायिक नर्सरी वालों द्वारा क्योंकि उनके पास सुविधायें और साधन अधिक हैं। शौकिया गुलाब प्रजनकों की सीमाओं के कारण उन्हें इस क्षेत्र में अपेक्षाकृत कम सफलता मिली है। तथापि ऐसे अनेक उदाहरण हैं जहां शौकिया लोगों ने कहीं अधिक सफल किस्में दी हैं।

नई किस्में कैसे तैयार होती हैं ?

गुलाब की नई किस्में दो प्रकार से प्राप्त हो सकती हैंः (1) प्राकृतिक उत्परिवर्तन के द्वारा, जिससे गुलाब की किसी किस्म के पौधे से भिन्न आनुवंशिक-स्वरूप वाली कोई शाखा स्वतः उत्पन्न हो जाती है। इस उत्परिवर्तित शाखा से यदि कायिक प्रवर्धन किया जाए तो नई किस्मों के अनेक पौधे प्राप्त हो सकते हैं। हाइब्रिड टी किस्म के अनेक लतादार प्रारूप इसी विधि से तैयार हुए हैं। एक्स-किरणों तथा रेडियो-आइसोटोपों की सहायता से भी पौधों में उत्परिवर्तन लाना संभव है। दूसरी विधि है, बीजों द्वारा गुलाब की नई किस्में तैयार करने की अत्यंत महत्वपूर्ण विधि। इस विधि से संबंधित महत्वपूर्ण बातें कुछ इस प्रकार हैंः

गुलाब के फल और बीज

बहुत से लोगों को इस बात की जानकारी नहीं है कि गुलाब के पौधों पर फल भी लगते हैं, जिनमें बीज होते हैं। यदि फूलों को पौधों पर ही रहने दिया जाए, तो दलपुंज के नीचे का गोल भाग फलों (हिप, हेप या एपल) में विकसित हो जाता है। फल सभी किस्मों में नहीं लगते। मुख्य रूप से जंगली किस्मों में फल काफी संख्या में लगते हैं। पकने पर फल लाल अथवा नारंगी रंग के हो जाते हैं और पौधों को आकर्षक स्वरूप प्रदान करते हैं। इनका आकार तथा बनावट अलग-अलग किस्मों में अलग-अलग होती है। इनका स्वरूप गोल, कलशनुमा या लम्बा तथा आकार छोटे से लेकर सेब के बराबर तक बड़ा हो सकता है।

गुलाब का संकरण

गुलाब के फूलों में सामान्यतः पर-परागण होता है, विशेषतया मधुमक्खियों द्वारा। फूलों की खुशबू ओर रंगीन पंखुड़ियां कीटों को आकर्षित करती हैं। ये कीट ही परागण करते हैं। प्राकृतिक परागण से बने बीजों से जो पौधे उगते हैं उनमें काफी असमानता होती है- विशेष रूप से आधुनिक किस्मों में।

व्यावसायिक गुलाब प्रजनक नई किस्में तैयार करने के लिए कृत्रिम संकरण कराते हैं, ताकि वांछित गुण वाली किस्में ही तैयार हों। अतः जनक किस्मों के चुनाव में बड़ी सावधानी बरतनी पड़ती है। संकरण की विधि अपने आप में अत्यंत सरल है, इसके विभिन्न चरण निम्न प्रकार हैं।

1. मादा जनक के रूप में प्रयोग की जाने वाली किस्म के फलों से सभी परागकोषों को हटा देना चाहिए। यहं कार्य चिमटी की सहायता से किया जाता है तथा परागकोषों से पुंकेसर निकलने से काफी पहले कर लिया जाता है।

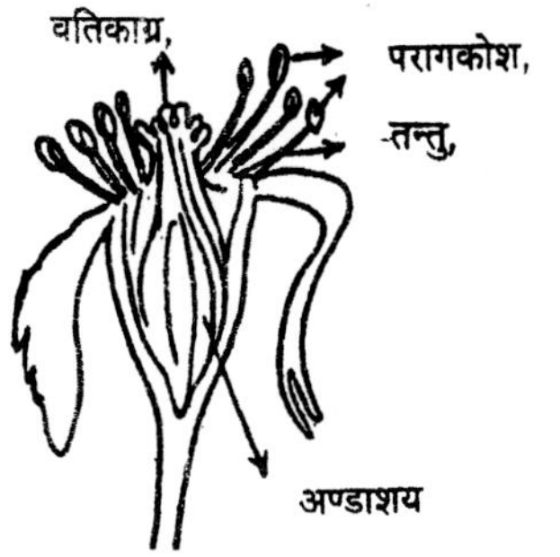

रेखाचित्र-20. गुलाब का फूल, अनुप्रस्थ काट में

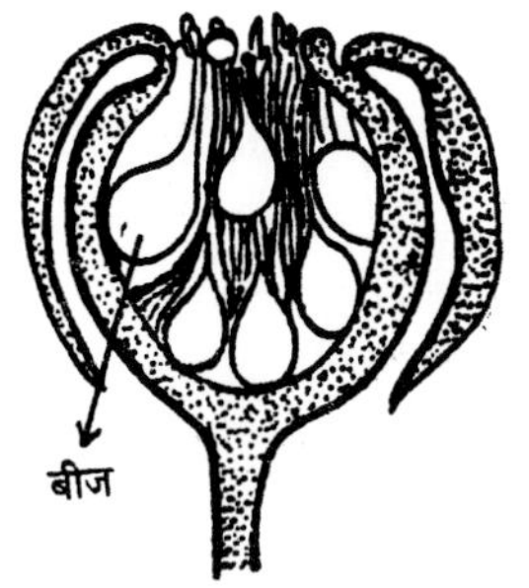

रेखाचित्र-21. गुलाब का परिपक्व फल, अनुप्रस्थ काट में

2. नर प्रजनक के लिए चुनी गई किस्म के फूल से सभी पंखुड़ियों को हटा दें। ज्यों ही परागकोष फटना आरंभ करे, उस फूल को तोड़ कर मादा जनक के फूलों के स्त्रीकेसर के ऊपरी भाग पर मल देते हैं। यह कार्य उंगली अथवा किसी कोमल ब्रुश की सहायता से भी किया जा सकता है। यदि आप कांचघर या पॉलीथीन घर में काम न करके खुले में काम करने वाले शौकिया गुलाब प्रजनक हैं तो यह आवश्यक है कि आप सुबह तड़के, मक्खियों के आने से पहले, प्रजनन का कार्य कर लें अन्यथा मक्खियां पराग को इधर-उधर फैला देंगी।

3. इस प्रकार परागित फूल को चिकने कागज के महीन छिद्रयुक्त लिफाफे से ढक दिया जाता है। उस पर एक लेबल लगा दिया जाता है, जिस पर दोनों जनक किस्मों के नाम लिख दिए जाते हैं- मादा जनक का पहले, नर जनक के बाद में। संकरण की तिथि भी लिखनी चाहिए। यह सूचना इस बात का पता करने में सहायता करती है कि संकरण किस अवधि में सर्वाधिक सफल रहता है।

यदि कई संकर तैयार करने हों तो प्रत्येक संकरण के बाद उंगली अथवा ब्रुश को भली-भांति धो लेने के बाद ही दूसरा संकरण आरंभ करना चाहिए। सफल संकरण के फलस्वरूप फूलों से 'हिप' बनेगा, जो बाद में फूलने लगेगा। वह कुछ समय बाद पीला, लाल अथवा नारंगी रंग का हो जाएगा (कुछ विशेष परिस्थितियों में 'हिप' हरे रंग के ही बने रहते हैं)। आमतौर पर बीज पकने में 3,4 महीने लगते हैं जब फल भूरे रंग के होने लगें तथा सिकुड़ जायें तो उन्हें तोड़कर भली-भांति सुखा लिया जाता है। सूखे फलों को चाकू से सावधानी से काटकर बीजों को निकाल लिया जाता है।

बीजों का बोना

बीजों को गमलों में 5 सें.मी. के फासले पर बोना चाहिए। गमलों में काफी खाद वाली

गुलाब

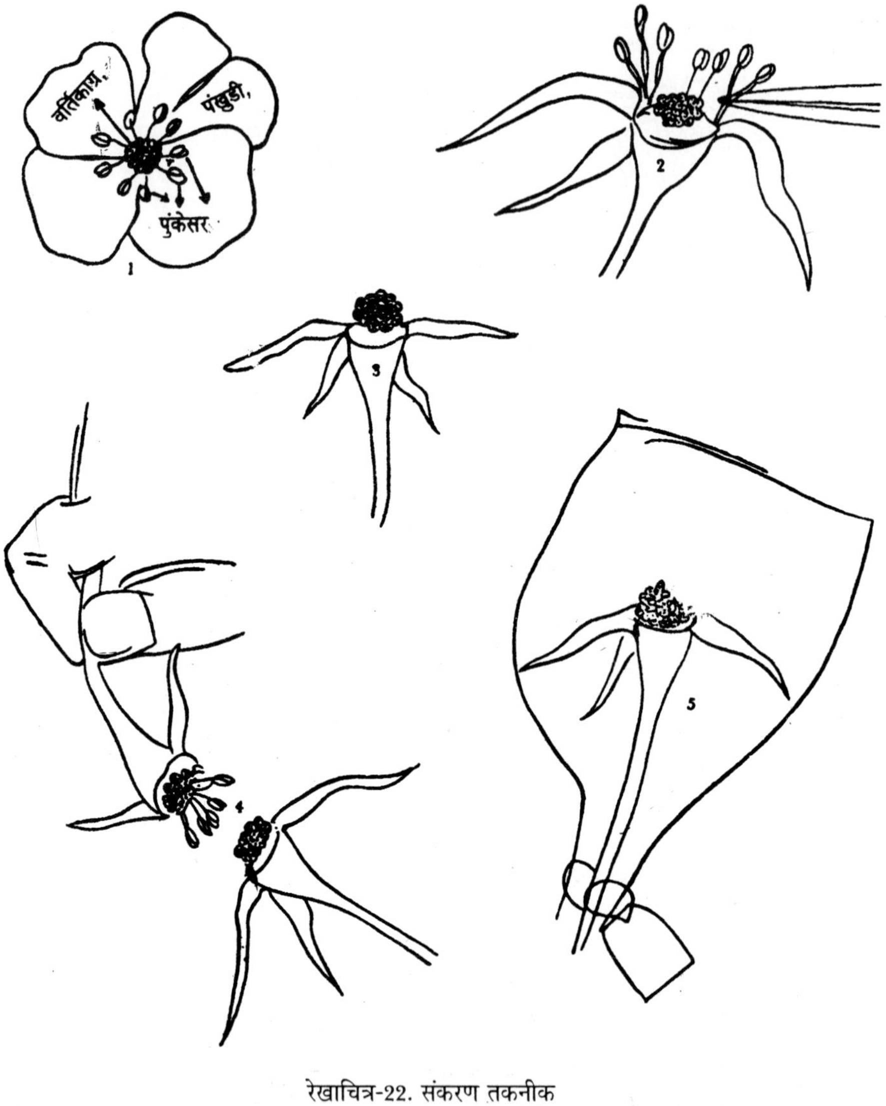

रेखाचित्र-22. संकरण तकनीक

1, एक गुलाब का फूल (रेखाचित्र); *2,* मूल बीज प्रजनक पौधे के फूल से परागकोष फटने से पहले पुंकेसर निकालना; *3,* मूल प्रजनक पौधे का फल संकरण के लिए तैयार; *4,* स्त्रीकेसर पर परागकणों का छिड़काव; *5,* पॉलीथिन बैग में संरक्षित संकरित फूल।

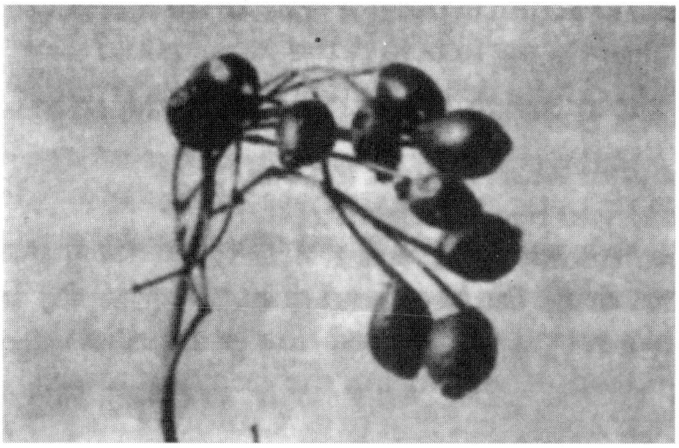

'रोजा मस्काटा'

'फ्रॉलिक'

'मैकग्रेडीज आइवरी'

रेखाचित्र-23. गुलाब के फल

मिट्टी का इस्तेमाल करना चाहिए। दिल्ली जैसी परिस्थितियों में बुआई के लिए अक्टूबर-नवम्बर मास अच्छे हैं। बीज अंकुरण में कई सप्ताह लगते हैं।

जब पौधे कुछ सेंटीमीटर ऊंचे हो जाएं तो उन्हें बड़े गमलों में रोप देना चाहिए।

पौध की देख-रेख

बीजों से उगे पौधों पर कुछ समय बाद ही फूल आने लगते हैं पर ऐसा होने से उनकी शक्ति कम हो जाती है। इसलिए ज्यों ही पौधे पर कली दिखाई दे, उसे काटकर फेंक देना चाहिए। पर्याप्त आकार का हो जाने पर वांछनीय पौधों के लिए फूलों की जांच करनी चाहिए। अच्छे फूल वाले, चुनींदा पौधों की कलियां लेकर 'एडवर्ड' अथवा अन्य किसी किस्म के मूलकांडों पर उनसे चश्मे चढ़ा देने चाहिए।

नई किस्मों का परीक्षण

बीजों से तैयार नई किस्में देखने में काफी सुंदर लगती हैं, परंतु उनका परीक्षण करना तब तक ठीक नहीं रहता, जब तक कि चश्मे चढ़ा कर उनसे तैयार कम से कम तीन पौधों को उसी रंग की पुरानी किस्मों के पौधों के साथ उगा कर परख न लिया जाए। इस प्रकार की जांच में बहुत कम किस्में खरी उतरती हैं। सफलता की संभावना बढ़ाने की दृष्टि से विदेशों में कुछ बड़ी व्यापारिक फर्में प्रतिवर्ष एक लाख से भी अधिक पौध तैयार करती हैं, जिनमें से कड़ी कसौटी पर परखने के बाद, सर्वोत्तम पौधों का चुनाव किया जाता है। चयन का यह कार्य अत्यंत श्रमसाध्य होता है, फिर भी यदि किसी को एक भी असाधारण किस्म मिल जाती है तो उसकी पूरी मेहनत वसूल हो जाती है।

किस्मों का नामकरण

परीक्षण के बाद यदि किस्म को जारी करने योग्य पाया जाता है तो उसको कोई नाम देना आवश्यक हो जाता है। नामकरण करने के कुछ अंतर्राष्ट्रीय नियम हैं, जो जंगली तथा कृषि योग्य दोनों प्रकार की किस्मों पर लागू होते हैं। उद्यान प्रेमी का संबंध वर्गीकरण की जिस इकाई से सबसे अधिक रहता है, उसे 'किस्म' कहते हैं। वानस्पतिक वर्गीकरण में प्रयुक्त किस्म (वैराइटी) का मतलब सामान्य बोलचाल में प्रयोग किये जाने वाले शब्द 'किस्मों' से भिन्न होता है। इस प्रकार की भ्रांति को दूर करने के लिए फल, फूल तथा साग-भाजी की किस्मों को, बागवानी की सामान्य भाषा में हम 'कल्टीवार' कहेंगे। वैज्ञानिक शब्दावली में भी इन्हें इसी प्रकार प्रयोग में लाना चाहिए। इस पुस्तक में यद्यपि 'किस्म' (वैराइटी) शब्द का ही प्रयोग किया गया है परंतु उसे 'कल्टीवार' के रूप में ही लिया जाना चाहिए।

नामकरण के नियमों को कुछ अनुच्छेदों में देना कठिन कार्य है। यहां केवल इतना बता

देना काफी है कि नाम छोटा ही होना चाहिए जिसमें केवल एक या दो शब्द हों। तीन से अधिक शब्द किसी भी हालत में नहीं होने चाहिए। जहां तक संभव हो, इस बात का ध्यान रखना चाहिए कि यह नाम उसी तरह के पौधों की अन्य किसी किस्म के लिए पहले कभी प्रयोग न हुआ हो। गुलाबों के नाम अनेक तथा विविध हैं। कुछ नाम संगीत-संबंधी शब्दों पर आधारित हैं जेसेः 'कनसर्टो', 'हार्मोनी', 'मैड्रीगल', 'प्रिल्यूड', 'सिम्फनी' आदि। कुछ नाम नृत्य-नाट्य पर आधारित हैं, जैसेः 'बैले', 'मैडम बटरफ्लाई', 'ओपेरा', 'प्राइमा', 'बैलेरिना', 'शो गर्ल' आदि। कुछ नामों से प्रेम का बोध होता है जैसे 'बर्निंग लव', 'केअरलैस लव', 'फर्स्ट लव', 'हनीमून', 'लवसाँग', स्वीटहार्ट' आदि। कुछ नाम फैशन की दुनिया से संबंधित हैं, जैसे 'शैनेल', 'चिक', 'क्रिश्चियन डॉयर', 'फैशन', 'वोग' आदि। बच्चों की कहानियों पर आधारित भी कुछ नाम हैं, जैसेः 'बैशफल', 'बो-पीप', 'सिन्डरेला', 'पीटर पैन' इत्यादि। 'कॉन्फिडेंस, 'फेलिसिटी', 'हैपीनैस' आदि नाम मानसिक स्थितियों पर आधारित हैं। 'पीस' नामक किस्म को यह नाम सान फ्रान्सिस्को में संयुक्त राष्ट्र संघ की स्थापना के समय दिया गया था। किस्मों के अधिकतम नाम सम्राट-सम्राज्ञियों, राजा-रानियों व बड़े-बड़े पादरियों, सेनापतियों तथा महानुभावों के नाम पर रखे गए हैं।

एक बार जब किसी किस्म को कोई नाम दे दिया जाता है तथा वह छप जाता है, तो सामान्यतः उसे बदला नहीं जाता। लम्बे कठिन उच्चारण वाले नामों जैसे 'फ्राऊ ऑबरबर्जर-मीस्टर पीक' या 'मिसलेन डी फैलिगोडे' को लोग प्रायः स्वीकार नहीं करते और चाहते हैं कि इनके नाम बदल कर छोटे नाम रख दिए जायें। समझने में कठिन होने के कारण भी हाल के वर्षों के कुछ नाम बदल दिये गये हैं, जैसे कि 'मैसेज' किस्म का नाम बदलकर 'ह्वाइट नाइट' तथा 'सुपरस्टार' का 'ट्रापिकाना' रख दिया गया। हालांकि कभी-कभी नाम बदलने में न्याय नहीं हो पाता। जैसे कि सुप्रसिद्ध गायिका के नाम पर रखे 'मारिया कैलस' को बदल कर 'मिस्र ऑल अमेरिकन ब्यूटी' रख दिया जाना।

भारतीय गुलाबों के नाम

अन्य देशों की भांति भारत में भी गुलाबों के नाम सम्राटों, राष्ट्रपतियों, प्रधानमंत्रियों या राजनीति, अर्थशास्त्र तथा अन्य क्षेत्रों के ख्याति प्राप्त व्यक्तियों और गुलाबों के प्रजनन तथा विकास से संबंधित लोगों के नाम पर रखे गये हैं। भारत में विकसित प्रारंभिक गुलाबों के नाम स्वाधीनता संग्राम से जुड़े लोगों के नाम पर भी रखे गये। परंतु कुछ गुलाब जैसेः -'पूर्णिमा' तथा 'चंद्रमा' के नाम पूर्णमासी से प्रभावित हैं। जबकि 'अप्सरा', 'पहाड़न', 'बंजारन' तथा 'चम्बे दी कली' आदि नाम भारतीय नारी के सौंदर्य को समर्पित हैं। 'प्रेमा', 'प्रियतमा' तथा 'दिल की रानी' जैसे नाम प्रेम और प्रेमिका से संबंधित हैं और एक नाम-शैलज मुखर्जी तो हमें एक ऐसे तरुण मौलिक कलाकार की याद दिलाता है, जो बहुत जल्दी हमसे विदा ले गया।

गुलाब प्रजनन का भविष्य

कभी-कभी सवाल उठता है कि गुलाब की और अधिक किस्में तैयार करने की क्या आवश्यकता है जबकि पहले से ही हजारों किस्में मौजूद हैं और कुछ तो अत्यंत उत्कृष्ट हैं। गुलाबों की दुनिया के एक जाने-माने व्यक्तित्व डीन होल ने 1870 में प्रकाशित अपनी पुस्तक *ए बुक एबाउट रोजेज़* में लिखा कि वर्तमान गुलाबों के सामने हमारी सारी प्रशासनिक सीमायें और सौंदर्य को बखान करने वाले मानदण्ड एक किनारे रह गये हैं। कल के गुलाब तो इससे भी अधिक चुनौतीपूर्ण होंगे। आज जब गुलाब प्रजनन का कार्य आरंभ हुए एक शताब्दी से अधिक का समय हो चुका है क्या हम यह दावा कर सकते हैं कि वर्तमान गुलाब डीन होल के काल के गुलाबों की अपेक्षा ज्यादा सुंदर थे। सौंदर्य तो प्रशंसक की आंखों में होता है उसके कोई निश्चित मानदण्ड क्या तय किये जा सकते हैं। वस्तुतः किसी भी युग में गुलाबों से संबंधित महत्वपूर्ण व्यक्तियों ने यह नहीं कहा कि भविष्य के गुलाब उस समय की अपेक्षा अधिक सुंदर नहीं होंगे। बल्कि उसका आशय तो यही रहा था कि गुलाब के पुष्प के सौंदर्य से प्रभावित होने की हमारी क्षमता क्या है। यदि हम यह दावा न भी करें कि आज के गुलाब पहले की अपेक्षा अधिक सुंदर हैं तो भी आज हमारे सामने रंगों छटाओं और आभाओं का पहले की अपेक्षा कहीं व्यापक भंडार है। साथ ही बड़े फूल वाली किस्मों के स्वरूप और आकार में भी सुधार हुआ है तथा व्यापक संकरण के फलस्वरूप सुगंधों का एक अद्भुत सम्मिश्रण भी विकसित किया गया है।

यद्यपि अनेक बेहतरीन गुलाब आज भी मौजूद हैं और अनेक पुरानी किस्में विलुप्त भी हो चुकी हैं, लेकिन इसके बावजूद परिपूर्णता प्राप्त करने की ललक तो बनी ही हुई है। अभी भी हम उद्यान गुलाबों में अनेक लक्षण देखना चाहते हैं जैसे अधिक ओज तथा दृढ़ता, रोगों तथा कीटों के लिए रोधिता और कुछ नये रंग जैसे वास्तविक नीला रंग। कई मामलों में जिन गुणों को हम चाहते हैं वे वांछित किस्म में न होकर अन्य कई किस्मों में बिखरे हुए हैं। गुलाब प्रजनक का कार्य है कि वे ऐसे अधिक से अधिक गुणों का समावेश एक ही किस्म में करायें। हाइब्रिड-टी गुलाबों के विशिष्ट स्वरूप तथा पोलिएंथा तथा फ्लोरीबंडा के अधिक पुष्पन के गुणों को मिलाने और 'जनरल मैकार्थर' या 'हैडिली' जैसे गुलाबों की अविस्मरणीय सुगंध को 'सुपरस्टार' या 'डोरिटिस्टरमैन' जैसी किस्मों के अत्यधिक वांछित रंगों के साथ मिलाने का कार्य भी गुलाब प्रजनकों द्वारा किया जाना शेष है।

यह कहना गलत न होगा कि गुलाब प्रजनन पर अब तक किया गया कार्य अनुभव पर आधारित था परंतु अब गुलाबों पर आनुवंशिकी कोशिका विज्ञान संबंधी व्यापक अध्ययन किया जा चुका है। वैज्ञानिकों द्वारा विभिन्न किस्मों में पराग की मात्रा और उसकी जीवन क्षमता तथा जनन क्षमता पर भी अनुसंधान किये गये हैं। फूलों के वर्णकों के जैव रासायनिक पहलुओं का ज्ञान भी आज पहले से कहीं ज्यादा हो गया है। सुगंध के लिए जिम्मेदार वाष्पशील

63. 'फर्स्ट प्राइज़' (एच.टी.)

वड़े आकार के शीर्ष केन्द्रित गहरे, गुलाबी रंग के फूल जिसके केन्द्र में संगमरमरी छटा आ जाती है। प्रदर्शनियों के लिए आजमायी हुई किस्म। इस चित्र में खिले फूल के भीतर झांकता कैमरा।

64. 'सिटी ऑफ पंजिम' (एच.टी.)
आकर्षक, चमकदार गुलाबी व क्रीमी सफेद दोहरे रंग के सुगंधित फूल

65. 'एस्मेराल्डा' (फ्लोरीबंडा)

बड़े आकार के गहरे गुलाबी, हल्के रंग की छटा लिए, सुंदर आकार और आकर्षक पंखुड़ियों वाले फूल।

66. 'मैकाक' (एच.टी.)

मखमली गहरे लाल रंग की भारतीय गुलाब किस्मों में से एक। प्रत्येक फूल पूर्णता के करीब। काफी गहरे रंग के फूल, परन्तु निस्तेज नहीं।

67. 'भीम' (एच.टी.)

बड़े आकार के गहरे लाल फूल झाड़ीनुमा पौधों पर उगते हैं। क्यारियों के लिए उपयुक्त किस्म।

68. 'पार्थेनन' (एच.टी.)

गुलाबी किनारे वाली पंखुड़ियां लिए सफेद फूल, चित्ताकर्षक प्रतीत होते हैं।

69. 'पासादेना' (एच.टी.)

विलक्षण रंगों के ये नारंगी फूल कट फ्लावर के रूप में ज्यादा प्रचलित हैं।

70. 'सुर्खाब' (एच.टी.)
गहरे मखमली लाल रंग के श्वेत पार्श्व वाली पंखुड़ियां लिए सुगन्धित फूल। चित्र में गमले में लगा गुलाब का पौधा।

तेलों का अध्ययन भी जारी है। इन विभिन्न पहलुओं की जानकारी उपलब्ध होने के कारण आज गुलाब प्रजनन का कार्य पहले की अपेक्षा कहीं अधिक वैज्ञानिक हो चुका है और भविष्य में गुलाब के शौकीन लोग नये-नये गुलाबों के मिलने की आशा कर सकते हैं।

अमेरिका तथा कुछ यूरोपीय देशों में गुलाब की नयी किस्म का पेटेंट कराया जा सकता है। हाल ही में इग्लैण्ड में भी पादप प्रजनक के हितों की रक्षा की दिशा में कदम उठाये गये हैं। इन देशों में वहां के कानून के अंतर्गत पेटेंट करायी गयी गुलाब की किस्मों को कुछ निश्चित दशाओं के अंतर्गत ही बेचा जा सकता है और उनसे प्राप्त होने वाली रायल्टी कुछ किस्म को विकसित करने वाले प्रजनक के योगदान की पूर्ति करती है। तथापि यह ध्यान रखना चाहिए कि पेटेंट करायी गयी हर किस्म सर्वश्रेष्ठ गुणवाली ही होगी और पेटेंट न करायी गयी किस्मों की अपेक्षा बेहतर ही होगी। खरीददार के लिए किसी नई किस्म को जारी करना एक लंबी और खर्चीली प्रक्रिया है और अनेक गुलाब प्रजनक इस प्रक्रिया का व्यय किसी व्यावसायिक गुलाब फर्म द्वारा उठाया जाना पसंद करते हैं।

आनुवंशिक पहलू

आनुवंशिकी बुनियादी विज्ञान है, जिसकी स्थापना ग्रेगर जॉन मेण्डल द्वारा एक शताब्दी पहले की गयी थी। अपने अध्ययनों के परिणामस्वरूप मेण्डल ने जीवधारियों के गुणों को निर्धारित करने वाले निर्धारकों की जानकारी हासिल की। उसने बताया कि ये निर्धारक एक पीढ़ी से दूसरी पीढ़ी में कैसे पहुंचते हैं। इसके फलस्वरूप पौधों और जन्तुओं के सुधार कार्य की नई तकनीकें विकसित हुई हैं।

यह बात सही है कि पौध प्रजनकों ने गुलाब की ओर कम ध्यान दिया है, परंतु कुछ नर्सरी वालों ने इस क्षेत्र में अच्छी प्रगति की है। नई किस्में तैयार करने में गुलाब में पाई जाने वाली व्यापक विभिन्नता का बहुत महत्व है। डा. एन.पी. वाइली के अनुसार यदि गुलाब की ऐसी विविध सामग्री से, कुछ लाभ उठाना है तो इसके लिए आनुवंशिकी का सहारा लेना अनिवार्य है। यदि उपलब्ध सामग्री को पूर्व-नियोजित संकरणों में कारगर ढंग से इस्तेमाल किया जाए तो कम समय तथा खर्च में अधिक लाभदायक परिणाम प्राप्त किए जा सकते हैं।

वंशागत कारक, प्रभावी एवं अप्रभावी जीन

गुलाब तथा अन्य पेड़-पौधों के सुधार में आनुवंशिकी का योगदान महत्वपूर्ण है, क्योंकि आज हमें फूलों के रंग, रूप, आकार जैसे विभिन्न विशेषकों (ट्रेट) को नियंत्रित करने वाले कारकों की जानकारी है। मेण्डल ने मटर पर संकरण संबंधी प्रयोगों द्वारा बताया कि वंशागत गुण, जीनों के रूप में विद्यमान होते हैं। जीन जीवों की प्रजनन-कोशिकाओं समेत समस्त कोशिकाओं में उपस्थित रहते हैं। प्रजनन कोशिकाओं द्वारा जीन जनक से संतान में पहुंचते

हैं। पेड़-पौधों तथा पशुओं के सभी सामान्य लक्षण किसी न किसी जीन द्वारा निर्धारित होते हैं, जो जोड़ों में पाए जाते हैं। इस जोड़े का एक अंश नर जनक से और दूसरा मादा जनक से आता है। किसी जीन के ये दो अंश एक समान हो सकते हैं, या फिर यदि वह जीन-विशेष, दो या अधिक रूपों में पाया जाता है तो असमान भी हो सकते हैं। आमतौर पर बहुत सारे जीन दो विभिन्न रूपों में पाए जाते हैं इनमें से एक रूप दूसरे पर प्रभावी (डोमिनेन्ट) होता है। प्रभावी रूप के संदर्भ में दूसरा रूप अप्रभावी (रिसेसिव) कहलाता है और अभिव्यक्त नहीं होता। उदाहरण के लिए मटर के पौधों में ऊंचाई का नियंत्रण एक ही जीन द्वारा होता है, जिसका प्रभावी रूप ऊंचे तथा अप्रभावी रूप बौने पौधे उत्पन्न करता है। जब एक पौधे में प्रभावी जीन एक जनक से तथा अप्रभावी जीन दूसरे जनक से आता है तो उत्पन्न संतति ऊंची बढ़ने वाली होगी, क्योंकि वहां मौजूद प्रभावी जीन अप्रभावी जीन के प्रभाव को दबा देगा। जहां दोनों ही जनकों से अप्रभावी जीन पहुंचता है, वहां संतति में अप्रभावी जीन का ही प्रभाव दिखाई देगा और पौधे बौने होंगे।

दो महत्वपूर्ण अप्रभावी जीन

डा. सी.सी. हर्स्ट के अनुसार चीनी मूल की किस्मों में एक अप्रभावी जीन की उपस्थिति के कारण यूरोप तथा संसार के अन्य भागों में गुलाब की किस्मों की खेती में क्रांति संभव हुई। गुलाब में पुष्पन अवधि का निर्धारण एक विशेष जीन द्वारा होता है, जो प्रभावी होने पर पुष्पन को वर्ष में एक बार तक सीमित कर देता है। इस जीन के अप्रभावी होने पर पुष्पन अवधि काफी लम्बी हो जाती है। लम्बी पुष्पन अवधि एक महत्वपूर्ण गुण है, लेकिन इसे नियंत्रित करने वाला जीन यूरोपियन गुलाब प्रजनकों को उस समय तक न मिल सका, जब तक कि उनके जीन संग्रह में चीनी मूल की किस्में नहीं आईं।

कुछ वर्षों में एक और उपयोगी अप्रभावी जीन की खोज हुई, जो 'पेलारगोनिडिन' नामक वर्ण (पिगमेंट) को नियंत्रित करता है। गुलाब में आमतौर से पाया जाने वाला वर्णक सायानिडिन है। इस वर्णक को नियमित करने वाले अप्रभावी जीन की खोज से गुलाबों के विभिन्न प्रकार के रंगों में चमकीला नारंगी रंग भी जुड़ गया, जो गुलाबों में 1930 से पहले देखने में नहीं आया था। अब आशा की जा रही है कि प्रभावी के साथ-साथ अनेक अप्रभावी जीन भी उद्यान गुलाबों में सुधार करके तथा रोग रोधिता जैसे वांछित गुणों को विकसित करने में महत्वपूर्ण भूमिका निभायेंगे।

गुणसूत्र तथा बन्ध्यता

पहली बार यह पता चला कि दो पृथक जनकों के वांछनीय गुणों को पादप प्रजनन की सामान्य विधि से संतति में लाना संभव है। फिर भी विभिन्न स्रोतों से जीनों को एक जगह जुटाने की अपनी सीमाएं हैं। दो पौधों के संकरण से उत्पन्न संकर के लिए सदैव

जननक्षम होना आवश्यक नहीं है। संकर पौधे बन्ध्य भी हो सकते हैं, जैसे कि *रोज़ा* प्रजाति में। यह एक ऐसा महत्वपूर्ण मुद्दा है जो नयी किस्में प्राप्त करने के मार्ग में प्रमुख बाधक रहा है। सौभाग्यवश कई खोजकर्ताओं ने बन्ध्यता के कारणों तथा उनके निराकरण के उपायों पर कार्य किया है, जैसे हर्स्ट तथा वाइली ने।

जीव में विभिन्न गुण जीनों द्वारा निर्धारित होते हैं, इनकी संख्या हजारों में होती है, तो भी ये एक संतुलित विधि द्वारा जनकों से संतति में संचारित होते हैं। किसी एक जीन की भी कमी जीव के लिए घातक सिद्ध हो सकती है। संचरण तथा अन्य प्रक्रियाओं में सुगमता की दृष्टि से जीन समूह में पाये जाते हैं। जीनों के यही समूह गुणसूत्र कहलाते हैं। गुलाब में गुणसूत्रों की आधारी संख्या 7 है। एशियाई मूल की कई महत्वपूर्ण प्रजातियों में गुणसूत्र द्विगुणित (डिप्लोएड) अवस्था में पाए जाते हैं, यानी इनकी संख्या दुगुनी होती है। हाइब्रिड परपिचुअल तथा हाइब्रिड टी जैसे गुलाबों के विकास में इन प्रजातियों का महत्वपूर्ण योगदान है। 14 गुणसूत्रों वाली एशियाई प्रजातियों का पाश्चात्य प्रजातियों के साथ संकरण कराके 28 गुणसूत्र वाले कई आधुनिक चतुर्गुणित (टैट्राप्लोएड) वर्गों का विकास किया गया है। एक महत्वपूर्ण संकरण *गैलिका* तथा *चाइनैन्सिस* व *गाइगैन्टिया* प्रजातियों के बीच भी हुआ, जिससे उत्पन्न संकर त्रिगुणित (ट्रिप्लोएड) था, अर्थात् उसमें गुणसूत्रों की संख्या 21 थी। इस संकर को 14 गुणसूत्र यूरोपीय जनक से तथा 7 गुणसूत्र एशियाई जनक से प्राप्त हुए। इसी असंतुलन के फलस्वरूप यह संकर बन्ध्य रह गया तथा इसकी उपयोगिता भी सीमित रह गयी। परंतु इन पौधों से प्राकृतिक रूप से 28 गुणसूत्र वाले कुछ पौधे विकसित हुए जो जननक्षम थे, जैसे हाइब्रिड परपिचुअल। ऐसा करने में कुछ और *डैमेसीना* जीनों को समाविष्ट कराया गया।

हाइब्रिड टी को त्रिगुणित मूल का बताया गया है और इसमें काफी हद तक हाइब्रिड परपिचुअल को प्रतिस्थापित कर दिया है। हाइब्रिड टी की उत्पत्ति चतुर्गुणित हाइब्रिड परपिचुअल तथा द्विगुणित टी किस्म के गुलाबों के बीच संकरण के फलस्वरूप हुई जिनमें तीन एशियाई (*मस्काटा, चाइनेन्सिस* तथा *गाइगैन्टिया*) तथा एक यूरोपीय (*डैमेसीना)* प्रजातियों के जीन मिश्रित थे। परपिचुअल की भांति चतुर्गुणित किस्में भी मूल त्रिगुणित हाइब्रिड से प्राप्त हुए, जिसके कारण पौधे की जनन क्षमता बनी रही और संतति में जीनों के विभिन्न संयोजन प्राप्त होने की संभावना बनी रही।

द्विगुणित तथा चतुर्गुणित जनकों के बीच संकरण से उत्पन्न त्रिगुणिता की दशा के फलस्वरूप, उससे संकर बन्ध्यता के जुड़े होने के कारण, जीन संयोजन की निर्मुक्ति में विलम्ब हुआ और इसके कारण गुलाबों के आधुनिक वर्ग के विकास में भी देरी हुई। लेकिन सभी त्रिगुणित संकरों को अपनी उपयोगिता प्रदर्शिन करने के लिए चतुर्गुणित स्तर में परिवर्तित होने की प्रतीक्षा नहीं करनी पड़ती। उनमें कुछ तो इतने उत्तम थे कि उन्हें तुरंत अपना लिया गया जैसे- द्विगुणित *विचूरियाना* तथा चतुर्गुणित हाइब्रिड टी के संकरणों से प्राप्त सुपरिचित

क्लाइंबर गुलाब। इनमें हाइब्रिड मस्क वर्ग की किस्में जैसे 'पैनीलोप', 'फैलीसिया', 'फ्रैंकैस्का', 'नूरमहल' तथा 'वैनिटी' सम्मिलित हैं। ऐसे भी उदाहरण हैं जहां द्विगुणित और चतुर्गुणित के बीच हुए संकरण में त्रिगुणित स्वरूप उत्पन्न नहीं हुए और सीधे चतुर्गुणित स्वरूप प्राप्त हुए, जिनमें आधे के स्थान पर समूचे गुणसूत्र सीधे लिंग कोशिकाओं में स्थानान्तरित हुए। इसका एक विशिष्ट उदाहरण द्विगुणित 'रोबिनहुड' तथा चतुर्गुणित 'जेजी थर्नटन' के संकरण से उत्पन्न हाइब्रिड टी किस्म 'ईवा', जोकि कालांतर में अनेक आधुनिक किस्मों की मूलाधार बनी जैसे 'फैशन', 'मा परकिन्स', 'बोन', 'बर्लिन' तथा जर्मन मूल की कुछ अन्य किस्में। स्पष्ट है कि गुणसूत्रीय अध्ययनों ने गुलाब के जनन के क्षेत्र में महत्वपूर्ण योगदान किया है। भविष्य में गुलाब प्रजनक गुलाब की महत्वपूर्ण किस्मों की गुणसूत्र संरचना संबंधी जानकारी का भरपूर उपयोग कर सकेंगे तथा नए-नए संकरणों की योजना बनाकर कार्य कर सकेंगे। गुणसूत्र की संख्या परिवर्तित करने वाली तकनीकों का प्रयोग भी किया जा सकता है।

उत्परिवर्तन

सामान्यतः धारणा यह है कि जीन तथा गुणसूत्र काफी स्थिर होते हैं। फिर भी इनकी आकृति में कभी-कभी काफी परिवर्तन हो जाते हैं। फलस्वरूप उत्परिवर्तन (म्यूटेशन) हो जाते हैं और नई किस्में विकसित हो सकती हैं। ये परिवर्तन पौधों में उत्परिवर्तन के रूप में प्रकट होते हैं और उन्हें सरलता से पहचाना जा सकता है। मूल पौधों से अलग करके उनसे नए पौधे तैयार किए जा सकते हैं।

गुलाब में उत्पन्न एक अत्यंत लाभकारी उत्परिवर्तन के फलस्वरूप हाइब्रिड टी में लतादार गुण की उत्पत्ति हुई है जैसे कि 'क्रिमसनग्लोरी', 'मिसेज साम मैकग्रैडी' आदि। यद्यपि अपने-आप में वे इतने चमत्कारी न रहे हों, परंतु उनके इस्तेमाल से अन्य कई नई किस्में तैयार हुई हैं। वाइली के अनुसार इस वर्ग की लगभग 18 प्रतिशत किस्में पिछले पच्चीस वर्षों में उत्परिवर्तन द्वारा ही तैयार हुई हैं, जैसे 'मादाम बटरफ्लाई', 'लेडी सिलविया', 'रैप्चर', 'बैटर टाइम्स', 'ज्वैल', 'रायल ब्यूटी' आदि। बौने पोलिएंथा वर्ग में भी 54 प्रतिशत किस्में उत्परिवर्तन की ही देन हैं। हाल में अनेक विकिरण स्रोतों के प्राप्त होने से भविष्य में अनेक आशाजनक उत्परिवर्तनों के मिलने की संभावना है।

गुलाब के वर्णक

हाल के वर्षों में हुआ सबसे अधिक महत्वपूर्ण और रोमांचक कार्य गुलाब के फूलों में वर्णकों से संबंधित अध्ययन का है। भविष्य में अधिक अच्छे परिणाम प्राप्त करने की दिशा में भी सबसे अधिक अनुसंधान गुलाब के वर्णकों पर ही हुआ है। इसके लिए हम जापानी वैज्ञानिक डा. कैनिची आरिसुमी के ऋणी हैं, जिन्होंने 1964 से 1967 के बीच इस क्षेत्र में उत्कृष्ट अनुसंधान कर अनेक शोधपत्र प्रकाशित किए। इस कार्य के महत्व को पूरी तरह

71. 'देहली प्रिंसेज़' (फ्लोरीबंडा)

शीर्ष केन्द्रित लाल कलियां खिलने के बाद गुच्छेदार, चमकदार, गुलाबी फूलों में बदल जाती हैं। पौधों पर ये प्रचुर मात्रा में खिलते हैं। भारत में विकसित एक प्रख्यात किस्म।

72. 'स्कैनिया' (फ्लोरीबंडा)

गहरे-मखमली-लाल, हाइब्रिड टी किस्म के फूल, लंबी टहनियों पर शीतऋतु में एकल फूल के रूप में और ग्रीष्म काल में गुच्छों के रूप में देखे जा सकते हैं। हालैंड की यह किस्म बहुतायत में उगायी जा सकती है।

73. 'सोडालेग न. ४७-17-3 (फ्लोरीबंडा)

"...सूर्योदय की पहली फूटती किरण और सूर्यास्त के आखिरी बिंु तक"

- टैगोर की कविता से उद्धृत अनुदित अंश

"क्वीन एलिजाबेथ" नामक संकर से विकसित हाइब्रिड टी प्रकार की फ्लोरीबंडा किस्म।

74. 'मधुर' (फ्लोरीबंडा)

'किस ऑफ फायर' और बहुत पुरानी किस्म 'गॉडवलिन्डर' के संकर से तैयार इस आकर्षक हाइब्रिड टी प्रकार की फ्लोरीबंडा किस्म की पत्तियां चमकीली होती हैं।

75. 'सरोज' (फ्लोरीबंडा)

चेरी लाल और सफेद रंग की संकर टी प्रकार की यह किस्म प्रख्यात 'रोज़ गाजार्ड' किस्म का आकर्षक फ्लोरीबंडा रूप दिखती है।

76. 'गोल्डन रेज़' (फ्लोरीबंडा)

पीले रंग की किस्मों में एक अद्‌भुत किस्म। इसका आकर्षक पीला रंग इसको मूल प्रजनक 'व्हिस्की मैक' से मिला है। बड़े आकार के हाइब्रिड टी फूल सुगठित होते हैं और घने पौधे पर एकल और गुच्छे में उगते हैं।

77. 'फ्यूगिटिव' (फ्लोरीबंडा)

विगत समय की मशहूर किस्म 'मिसेज ओकले फिशर' की पौध है। पुष्प गुच्छों में आते हैं और रंग सरसोंई पीले से हल्का पीला होकर अन्ततः क्रीमी सफेद हो जाता है। चित्र के अनुसार यह मधुमक्खियों के लिए मनपसन्द फूल है।

78. एक आकर्षक पुष्प विन्यास

सुप्रसिद्ध पुष्प विशेषज्ञ श्रीमती उमा राव ने यह सज्जा 'बेलोना' (ऊपर) और 'व्हिस्की मैके' के इस्तेमाल से की है।

समझने के लिए बगीचों में उगायी जाने वाली गुलाब की किस्मों में रंगों की विविधता से संबंधित दो प्रमुख घटनाओं का उल्लेख करना आवश्यक है: (1) बौने पोलिएंथा वर्ग में हुए उत्परिवर्तन के फलस्वरूप फलों में नारंगी वर्णक पेलारगोनीडिन की उत्पत्ति (2) *रोज़ा फीटिडा* (गहरे पीले रंग) का संकरण हाइब्रिड परपिचुअल के साथ करने तथा प्राप्त संकरों का संकरण हाइब्रिड टी के साथ करने पर हाइब्रिड टी को *फीटिडा* से प्राप्त जीनों के कारण उसमें एक पूर्णतः नए वर्णक कैराटिनाइड का बनना। इसी वर्णक के कारण नए रंग तैयार हुए। अरिसुमी के संकरण द्वारा इन रंगों को एकजुट कर लेने में अत्यंत सफलता मिली थी। इस प्रकार उत्पन्न फूलों के रंग इतने चमकीले थे कि बगीचों में उगायी जाने वाली किस्मों में पहले कभी नहीं देखे गए थे। इस कार्य के फलस्वरूप अनेक नई किस्मों के जारी होने की आशा बढ़ गई।

एक अन्य महत्वपूर्ण कार्य जो आजकल किया जा रहा है, वह है सायनिन नामक वर्णक को प्यूनिन से स्थानान्तरित करना। ये दोनों ही एन्थेसायनिन वर्णकों के भिन्न रूप हैं और प्यूनिन की अपेक्षा सायनिन गुलाबों में कहीं अधिक पाया जाता है। पोइन्सेटीया नामक पौधे में प्यूनिन पाया जाता है जिसका नील लोहित रंग साइनिन की अपेक्षा कहीं अधिक गहरा होता है।

आरिसुमी के बाद इस विषय में महत्वपूर्ण कार्य डि ब्रीज एवं साथियों द्वारा (1974, 1980) किया गया, जिन्होंने दो सौ किस्मों और कुछ प्रजातियों में कैरोटीनोइडों, साइनीडीन, पेलारगोनीडीन, क्वर्सीटीन तथा कीम्पफेरोल की आपेक्षिक मात्राओं का निर्धारण किया और बाद में फूल के रंगों के व्यापक तथा चमकीले परिसर को प्राप्त करने की दिशा में संकरण कार्यक्रम चलाया। हाल ही में गुलाब की पंखुड़ियों के वर्णकों पर मार्शल तथा साथियों (1983) द्वारा महत्वपूर्ण कार्य किया गया है। जहां रासायनिक स्तर पर गुलाब के पुष्प वर्णकों पर हुए अध्ययन में काफी प्रगति हुई है, वहां इनके आनुवंशिक विश्लेषण से संबंधित बहुत कम सूचना उपलब्ध है जिसकी समीक्षा वाइली द्वारा की गई है। इनके अनुसार गुलाबों का प्रभावी रंग मेजेन्टा-पिंक या टायरियन रोज़ से रोज़ रैड है। यह गुलाबी रंग गहरे-लाल की अपेक्षा या नारंगी-पीले, पीले, सफेद तथा सिन्दूरी की अपेक्षा प्रभावी है। गहरा पीला रंग हल्के पीले रंग की अपेक्षा तथा सफेद रंग क्रीम या हल्के पीले की अपेक्षा अप्रभावी है।

अन्त में नीले गुलाबों का उल्लेख भी आवश्यक है जो कि वास्तव में लैवेन्डर, लोहित या बैंगनी रंग हैं। इनके संबंध में भावनाएं मिली-जुली हो सकती हैं। तथापि बाद में स्टर्लिन सिल्वर जैसी हल्की बैंगनी रंग तथा लुभावनी सुगंध सहित विशिष्ट गठन वाले फूलों के लिए जानी जाने वाली या ब्ल्यू मून जैसी सुगठित फूलों, मधुर सुगंध एवं हल्की गहरी लाइलेक-लैंवेडर रंग वाली किस्मों के कारण नीले रंग वाले वर्ग की मांग बढ़ी है। अभी भी वास्तविक नीले गुलाब की प्राप्ति की ललक बनी हुई है और लोग आशा करते हैं कि किस प्रकार गुलाब की पंखुड़ियों के रंग-चक्र में प्राकृतिक उत्परिवर्तन द्वारा पैलारगेनीडीन नामक वर्णक का प्रवेश

हुआ, वैसे ही किसी दिन डेल्फीनियम के चमकीले रंग के लिए उत्तरदायी डेल्फीनिडीन नामक वर्णक का भी गुलाबों में प्रवेश हो सकेगा।

अध्याय 13

गमलों में गुलाब

क्यों उगायें गमलों में गुलाब ?

जो लोग शहरों में फ्लैटों में रहते हैं और जिनके पास बगीचे के लिए जगह नहीं है, वे अपनी संतुष्टि व आनन्द के लिए निश्चित ही गमलों में गुलाब उगा सकते हैं। वे छज्जों या बरामदों, जहां कहीं भी हवा और धूप उपलब्ध हो, गमलों में बगिया बना सकते हैं। दूसरी ओर वे लोग भी जिनके पास बाग के लिए स्थान उपलब्ध है, कुछ गमले तैयार कर सकते हैं क्योंकि उन्हें आसानी से इधर-उधर ले जाया जा सकता है। पर्याप्त धूप वाले छोटे स्थान का उपयोग भी इस प्रकार फूलों से भरे पौधों को उगाने के लिए किया जा सकता है और फूलने के बाद उन्हें हटाकर वहां दूसरे पौधे लाये जा सकते हैं।

भारत में बहुत से लोग गमलों में पर्णी पौधे, फर्न, कैक्टस, गूदेदार पौधे तथा कुछ मौसमी फूल-झाड़ियां लगाते हैं। इसी प्रकार गमलों में गुलाबों को भी सफलतापूर्वक उगाया जा सकता है। वास्तव में मिनिएचर जैसे कुछ गुलाबों का सर्वोत्तम प्रदर्शन तो उन्हें गमलों में उगाकर ही हो सकता है। उन्हें उगाने के लिए विभिन्न आकार-प्रकार के गमलों का इस्तेमाल किया जा सकता है। फ्लोरीबंडा, हाइब्रिड टी आदि को भी बड़े आकार के गमलों (प्रायः 30-35 सें.मी. गहरे) में उगाया जा सकता है ताकि जड़ों की बढ़वार के लिए पर्याप्त स्थान मिल सके। टबों का इस्तेमाल भी किया जा सकता है। विशिष्ट आवश्यकता के अनुरूप गमलों और टबों के विविध स्वरूपों में से चयन किया जा सकता है ताकि वह उस जगह से मेल खाये जहां उसे रखना हो।

गमले में गुलाबों के लिए मिट्टी

गुलाब उगाने के लिए उपयुक्त मृदा मिश्रण देश के विभिन्न भागों में अलग-अलग हो सकता है। उत्तर भारत के लिए तीन भाग मिट्टी, एक भाग भली-भांति सड़ी गोबर की खाद, एक भाग पत्ती की खाद तथा एक भाग लकड़ी की राख के मिश्रण की सिफारिश की जाती है। गमलों के ऊपरी 7.5 सें.मी. भाग के मिश्रण को हर साल हटा कर उसमें भली-भांति सड़ी गोबर की खाद मिलाना वांछनीय है। प्रत्येक वर्ष पौधे की काट-छांट के बाद नई बढ़वार आरंभ होते समय थोड़ा-सा अमोनियम सल्फेट टॉनिक का काम करता है। अनेक प्रकार के

गुलाब मिश्रणों या टिकिया का इस्तेमाल भी किया जा सकता है। प्रत्येक दो-तीन वर्ष के बाद गुलाब के गमलों को बदल देना चाहिए और नई मिट्टी डालनी चाहिए।

किस्मों का चयन

गमलों में उगाने के लिए सही किस्म का चयन बहुत जरूरी है। गमलों के लिए वे किस्में सर्वोत्तम रहती हैं जो ऊंची नहीं बढ़ती तथा जिसकी शाखायें चारों ओर समान रूप से फैलकर पौधे को गोल सा स्वरूप प्रदान करती हैं और फूलों के रंग तथा आकार की पसंद के अनुसार निम्न किस्मों में से चयन किया जा सकता है:

हाइब्रिड टी	***फ्लोरीबंडा***
'आशीर्वाद'	'अरुणिमा'
'ब्रान्डी'	'बंजारन'
'दिवा स्वप्न'	'बेलिन्डा'
'फर्स्ट प्राइज'	'बेलोना'
'फ्लेमिंग सनसेट'	'भागमती'
'फ्रेग्रेन्ट क्लाउड'	'चन्द्रमा'
'गोल्डन आफ्टरनून'	'करिश्मा'
'हेल्मट श्मिट्'	'चार्ल्सटन'
'होमेज'	'चितचोर'
'जून ब्राइड'	'देहली प्रिन्सेज़'
'लेडी फ्रॉस्ट'	'यूरोपियाना'
'महारानी'	'फर्स्ट एडीशन'
'मागरिट स्पॉल'	'फ्लेमेन्को'
'मैकग्रेडीज सनसेट'	'आइसबर्ग'
'मीशेल मीलैण्ड'	'जूडी गार्लेन्ड'
'मोन्टेजुमा'	'कुमकुम'
'मृणालिनी'	'मर्सीडीज'
'पैराडाइज'	'नीलाम्बरी'
'पिक्चर'	'नेत्रवती'
'प्रियदर्शिनी'	'प्रेमा'
'राजहंस'	'रीजेन्सबर्ग'
'सेबाइन'	'सरोज'

79. 'बंजारन' (फ्लोरीबंडा)

ये फूल सुनहरे, नारंगी से नारंगी-लाल रंगों के होते हैं। यह फैले झाड़ीनुमा पौधों पर गुच्छों में आते हैं। भारत में विकसित एक लोकप्रिय किस्म जो गुलाब प्रदर्शनियों में पुरस्कार हासिल कर लेती है।

80. 'कुमकुम' (फ्लोरीबंडा)
अद्भुत सिन्दूरी रंग के छोटे से बड़े गुच्छों में पाये जाने वाले आंखों को चौंधियाते ये फ्लोरीबंडा पुष्प।

81. 'प्लेब्वॉय' फ्लोरीबंडा

आकर्षक सिन्दूरा और सुनहरे रंगों के ये पुष्प घने, झाड़ीदार पौधों पर उगते हैं। स्काट्लैंड की यह किस्म सही मायने में बागान को प्रकाशमान बना देती है।

82. 'अरुणिमा' (फ्लोरीबंडा)
सुप्रसिद्ध भारतीय गुलाबों की इस फ्लोरीबंडा किस्म में गहरे गुलाबी रंग के मुक्त गुच्छों में दोहरे फूल आते हैं।

83. 'एल्स पोल्सन' (फ्लोरीबंडा)

हाइब्रिड टी और पोलिएन्था के संकरण से डेनमार्क में पोल्सन द्वारा विकसित गुलाबों की नई श्रेणी में यह सर्वाधिक सफल है। बड़े-बड़े गुच्छों में 10 पंखुड़ियों वाले फूलों की यह किस्म भारत में अभी तक उगायी जाती है।

84. 'रीजेन्सबर्ग' (यंग मिस्ट्रेस) (फ्लोरीबंडा)

'मैकग्रेडी' का अत्यंत मनोहारी 'हस्तचित्रित' गुलाब। चित्र में इसकी अद्‌भुत पंखुड़ियों व किरणावली को दर्शाया गया है जो कि एक ही गुच्छे के अलग-2 फूलों में भिन्न-भिन्न होती है।

85. 'समर स्नो' (क्लाइंबर फ्लोरीबंडा)

श्वेत, अर्द्ध-दोहरे, फूल इतने घने उगते हैं कि बर्फ का अहसास होता है। दिल्ली के मौसम के अनुकूल एक आकर्षक क्लाइंबर, इसे किसी खंबे या पेड़ पर भी चढ़ाया जा सकता है।

86. 'जूडी गारलैंड' (फ्लोरीबंडा)

फ्लोरीबंडा में सर्वाधिक आकर्षक यह फूल अकेला या छोटे-छोटे गुच्छों में उगता है। यह चटक बसंती-पीले रंग में खुलता है और शीघ्र ही इसके किनारे पीले हो जाते हैं और अन्ततः नारंगी-लाल रंग में बदल जाता है। इसकी चमकीली पत्तियां बहुत आकर्षक होती हैं।

'सोनिया'	'शाकिंग ब्ल्यू'
'श्रीनिवास'	'समर स्नो'
'वर्गो'	'जैम्ब्रा'
'व्हाइट मास्टरपीस'	'जोरीना'

ऊपर बताये गए फ्लोरीबंडा के अलावा हल्की बढ़वार वाले 'गार्नेट' तथा 'टाक' गुलाब भी गमलों में उगाने के लिए उपयुक्त रहते हैं।

अनेक पोलीएन्था जैसे गुलाबी- सफेद 'ईको' तथा गहरे गुलाबी रंग के सफेद आंख युक्त 'चैटीलियन रोज' भी गमलों के लिए ठीक होते हैं। मिनिएचर गुलाब भी गमलों में उगाने के लिए ठीक रहते हैं। क्लाइम्बिंग मिनिएचर भी गमलों में उगाए जा सकते हैं। फ्लोरीबंडा तथा मिनिएचर के बीच आने वाले नए वर्ग के गुलाब भी आकर्षक गमला-गुलाब सिद्ध हुए हैं।

अध्याय 14

मिनिएचर गुलाब

मिनिएचर (नन्हें) गुलाबों को बेबी या परी गुलाब भी कहते हैं। यद्यपि आज से लगभग दो शताब्दी पहले यूरोप में चीन से लाकर गुलाब की एक बौनी किस्म- चीनी गुलाब (चाइना रोज या लॉरेंस रोज) लगाई गयी थी, मगर इस तरह के गुलाब पिछले दो एक-दशकों में ही अधिक लोकप्रिय हुए हैं। ये कम मेहनत से कम जगह में उगाये जा सकते हैं। ये बारहमासी होते हैं। इन्हें अधिक ठंड या रोगों से नुकसान का ज्यादा खतरा नहीं रहता।

शुरू में सफेद गुलाबी और लाल छटा में लॉरेंस गुलाब ही मिलते थे। 1918 में *रोजा चाइनेन्सिस* किस्म *मिनिमा (रोजा राउलेट्टी)* स्विट्जरलैण्ड में खोजी गयी, जो कुछ विद्वानों के अनुसार फ्रांस की 'पाम्पान डि पेरिस' किस्म ही है। इस किस्म का उपयोग कुछ आधुनिक मिनिएचर गुलाबों के प्रजनन में किया गया। इसके कारण ही आज मिनिएचर गुलाबों के बहुत से रंग मिलते हैं। कुछ किस्मों जैसे 'बेबी मैस्करेड' में विकास के साथ-साथ फूलों का रंग भी बदलता जाता है।

आजकल हॉलैण्ड में विकसित, 'कम्पैक्टा' कहा जाने वाला, घनी झाड़ी व गुच्छेदार फूलों वाले बौने फ्लोरीबंडा गुलाबों का छोटा समूह भी उपलब्ध है।

मिनिएचर गुलाबों का उपयोग

क्यारियों की किनारी बनाने के लिए गमलों, टबों या पेटियों में लगाने के लिए, छोटे परंतु हवा और धूपदार आंगन में लगाने के लिए यह बढ़िया किस्म है। यदि किसी के पास पर्याप्त हवा तथा धूपदार एक छोटा सा अहाता है तो वहां पर एक आकर्षक मिनिएचर रोज उद्यान विकसित किया जा सकता है। वहां छोटी-छोटी क्यारियां बनाई जा सकती हैं, जिन्हें घास या पत्तरी लगी पट्टियों से अलग किया जा सकता है। मिनिएचर गुलाब के स्टैण्डर्ड पौधे तैयार किये जा सकते हैं। अब तो 'कैन्डी केन' तथा 'नोजोमी' जैसे लतीय मिनिएचर भी उपलब्ध हैं, जिन्हें आवश्यकतानुसार माप तथा आकार के मेहराबों पर चढ़ाया जा सकता है। इनके स्टैण्डर्ड पौधे भी उगाये जा सकते हैं। दीवारों, खंबों या महराबों पर बौनी लताएं भी चढ़ाई जा सकती हैं। गुलदस्तों के लिए ये ज्यादा उपयोगी व लोकप्रिय नहीं हैं। लेकिन कुछ लम्बे तने वाली 'हाइब्रिड टी' किस्में जैसे 'बेबी गोल्ड स्टार', 'पोर तोई', 'रोजीना' आदि

गुलदस्तों में काम आ सकती हैं। गुलदस्तों में लगाने के लिए फूल उस समय काटें जब कलियां खिल रही हों। इस तरह से वे गुलदस्तों में कई दिनों तक खिले रह सकेंगे।

गमलों में उगे मिनिएचर गुलाबों के लिए धूप बहुत जरूरी है। फिर भी फूल खिल जाने पर कुछ ही सप्ताह के लिए, उन्हें अन्दर भी रखा जा सकता है इस अवधि में भी उन्हें बीच-बीच में बाहर धूप दिखाना बेहतर होता है।

प्रवर्धन

यद्यपि मिनिएचर गुलाबों को बीज से सरलता से उगाया जा सकता है। लेकिन इस तरह उनके प्रवर्धन की सिफारिश नहीं की जाती, जब तक कि कोई नई किस्म प्रजनित न की जा रही हो। सामान्य तरीका कलम या चश्मा लगाने का है। कलम लगाने से लाभ यह है कि इस प्रकार तैयार पौधे बड़े व फैलावदार नहीं होते। यह महत्वपूर्ण है कि मिनिएचर गुलाबों का एक प्रमुख गुण उनका बौना होना है।

ब्रिटेन में दाब कलम बांधने का तरीका ज्यादा इस्तेमाल किया जाता है और मूलकांड के लिए रोजा कैनाइना को ज्यादा पसंद किया जाता है, जोकि स्वाभाविक रूप से बौनी किस्म है।

किस्में

मिनिएचर गुलाबों की किस्में दो समूह में विभक्त की गयी हैं। पहली किस्म *मिनिमा रोज़ा चाइनेन्सिस (रोज़ा रौलेटी)* से निकली हुई, जिनके फूलों का आकार 'हाइब्रिड टी' जैसा होता है। दूसरी 'अर्ली लॉरेन्स रोज' से तैयार की गयी, जो 'पोलीएन्था' या 'रैम्बलर' से मेल खाती है।

अनेक किस्में हैं जिनमें से अपनी पसंद और आवश्यकता के अनुसार चयन किया जा सकता है। गुलाब प्रजनकों ने इस दिशा में काफी कार्य किया है। कुछ उत्कृष्ट मिनिएचर किस्में निम्न प्रकार हैं:

'एन्जेला रिप्पन'	'जेट ट्रायल'
'चन्द्रिका'	'ओवर द रेनबो'
'कोलिब्रि'	'पार्टी गर्ल'
'क्रीक्री'	'पप्पी लव'
'कडल्स'	'पीक ए बू'
'ग्लोरीग्लो'	'राइज एन शाइन'
'ग्रीन आइस'	'स्टारीना'
'होली टोलीडो'	'व्हाइट मैडोना'

अध्याय 15

रैम्बलर तथा क्लाइम्बर

भारत में रैम्बलर व क्लाइम्बर (लतीय) गुलाब अधिक लोकप्रिय नहीं है, यद्यपि इन्हें उगाना सरल है। साल में एक बार बढ़ी हुई टहनियों को काटने के अलावा इनकी बहुत कम देखभाल करनी पड़ती है। इनसे रंग-बिरंगी छटा वाले फूल मिलते हैं। कुछ किस्मों में तो एक मौसम में हजारों फूल आते हैं। अनेक किस्मों के फूल बहुत सुंदर व सुगंधयुक्त होते हैं। रैम्बलर व क्लाइम्बर गुलाबों को दीवारों, मेहराबों, परगोला व मुंडेरों पर चढ़ाने और बाड़ लगाने के लिए उगाया जाता है। घर के प्रवेश द्वार पर चढ़ाई गई क्लाइम्बर गुलाब की लता अत्याधिक आकर्षक लगती है, तो रैम्बलर गुलाब की फूलदार टहनियों से बना मेहराब बाग की सुन्दरता को और भी बढ़ा देता है।

बहुत से लोग इन गुलाबों में किस्मों की बहुतायत के बारे में नहीं जानते। जी.ए. स्टीवेंस की पुस्तक 'क्लाइम्बिंग रोजेज' में इनकी 800 किस्मों का विवरण दिया गया है।

इन किस्मों के लिए अच्छी पत्तियों का पाया जाना बड़ा महत्व रखता है। फूल तो थोड़े ही समय के लिए रहते हैं, पर अच्छी पत्तियों के कारण ये वर्षभर बाग की शोभा बढ़ा सकते हैं। अतः इनका चुनाव करते समय पत्तियों के आकार और रंग पर भी ध्यान देना चाहिए। पत्तियां पौधे को किस प्रकार ढकती हैं, इस बात पर भी ध्यान दिया जाना चाहिए।

रैम्बलर

हालांकि रैम्बलर तथा क्लाइम्बर को कभी-कभी एक दूसरे का पर्याय समझा जाता है, मगर ये दोनों हैं अलग-अलग। रैम्बलर में फूल गुच्छों में आते हैं तथा पत्तियां प्रायः हल्की हरी व 7-9 पर्णकयुक्त होती हैं। इनमें साल में केवल एक ही बार फूल आते हैं मगर ये फूल कई हफ्तों तक रहते हैं। फूल इतने रंगीन होते हैं कि हर बगीचे में रैम्बलर ही उगाने को जी करता है। गर्मी के शुरू के दिनों में रैम्बलर भारत के पहाड़ी स्थलों की शान बढ़ाते हैं। उत्तर भारत के मैदानी भागों में अधिकांश रैम्बलर दुर्भाग्यवश केवल गर्मी के आरंभिक दिनों में ही फूलते हैं, इसलिए इनका शबाब थोड़े ही दिन रहता है।

87. 'लेमार्क' (क्लाइम्बर)
मैदानी भागों के लिए सर्वश्रेष्ठ क्लाइम्बर। इस गुलाब में सुवासित पुष्प गुच्छों में लगते हैं।

88. 'डा. होमी भाभा' (एच.टी.)

दोहरे, सुगठित, बड़े आकार के इन पुष्पों की पंखुड़ियां 60 तक हो सकती हैं। सर्द रातों या गर्म मौसम में भी यह पौधा टिका रहता है। थ्रिप्स के हमले से बचाव जरूरी है।

रैम्बलर तथा क्लाइम्बर

रैम्बलर गुलाब की आरंभिक किस्मों को दो पैतृक किस्मों से विकसित किया गया है; *रोज़ा मल्टीफ्लोरा* और *रोज़ा विचूरियाना।* इनकी पत्तियां बड़ी व खुरदरी होती हैं, तने मोटे होते हैं और फूल गुच्छों में ही आते हैं। एक सुप्रसिद्ध आरंभिक मल्टीफ्लोरा रैम्बलर 'क्रिमसन रैम्बलर' है, जिसे 1890 में जापान से इंग्लैड लाया गया था। बाद की मल्टीफ्लोरा किस्मों में कांटे-रहित, मोतिया-गुलाबी रंग वाली 'टाउसेनडेस्कान' (अर्थात् हजार गुना सौंदर्य वाली) किस्में किसी जमाने में बहुत प्रसिद्ध थीं। नीले लतादार गुलाब जैसे 'विलचेनब्लाउ' और 'वायलेट' इसी से विकसित हुई थी।

अधिक प्रसिद्ध और महत्वपूर्ण रैम्बलर कोरिया के एक वल्लरी गुलाब *रोज़ा विचूरियाना* से विकसित किए गए हैं। इनमें चमकीली कड़ी पत्तियां आती हैं। फल खुशबूदार, लहरदार व सफेद होते हैं और बड़ी नर्म टहनियों पर गुच्छों में लगते हैं। संकरण द्वारा अनेक बेहतरीन रैम्बलर उत्पन्न किए गए हैं जैसेः 'एलबैरिक बारबियर', 'अमरीकन पिलर', 'एक्सेल्सा', 'सान्डर्स', 'व्हाइट' तथा 'डोरोथी पर्किन'। चूर्णी फफूंद (पाउडरी मिल्ड्यू) के प्रति सुग्राही होने के बावजूद छोटे सीपिया गुलाबी फूलों से भरपूर गुच्छों वाली 'डोरोथी पर्किन्स' एक जगप्रसिद्ध किस्म है। हाल ही में ऐसे गुलाब भी निकाले गये हैं, जिनमें छोटे फूलों के गुच्छों के बजाए 'हाइब्रिड टी' सदृश एकल पुष्प निकलते हैं। इस किस्म का पहला गुलाब डॉ. डब्ल्यू. वानफ्लीट द्वारा विकसित 'डेब्रेक' था, जिसे अब डा. वान फ्लीट नाम ही दे दिया गया है। मशहूर रैम्बलरों में ताम्र गुलाबी, बड़े फूलों वाले 'एल्बरटाइन' के अलावा 'ईस्लिया गोल्डन' रैम्बलर और 'एमिली ग्रे' सम्मिलित हैं।

क्लाइम्बर (लतीय गुलाब)

लतादार हाइब्रिड टी

रैम्बलरों के विपरीत लतादार 'हाइब्रिड टी' गुलाबों में फूल एकल या कभी-कभी 2 या 3 के समूह में आते हैं। मगर फूल सारे मौसम में बराबर आते ही रहते हैं। इनकी बहुत सी किस्में हैं। बहुत से प्रसिद्ध हाइब्रिड टी गुलाबों से उनके लतादार उत्परिवर्त (म्यूटेन्ट) उत्पन्न हुए हैं। केवल लतीय प्रवृत्ति के अलावा, इनमें व हाइब्रिड टी किस्मों में और कोई अंतर नहीं होता। कहीं-कहीं फूलों की संख्या कुछ अधिक भी देखी गयी है। भारत के मैदानी क्षेत्रों में 'शॉट सिल्क' तथा 'पीस' किस्मों की लताएं उनकी झाड़ियों से बेहतर पाई गई हैं। 'मिसेज मैकग्रेडी' किस्म में लतादार पौधों पर अधिक बड़े आकार के फूल आते हैं।

अगर लतादार गुलाब में पर्याप्त संख्या में फूल नहीं आते तो टहनियों को तार के ढांचे पर भूमि के समानांतर साधना चाहिए। ऐसा करने से कभी-कभी फूल आने में मदद मिलती है।

नोयसेट गुलाब

भारत के मैदानों में उगाये जाने वाले कुछ बेहतरीन गुलाब नोयसेट ही हैं। सबसे प्यारी और अब तक की सर्वोत्कृष्ट लतादार किस्म 'मार्शेल नील' है, जिसमें बढ़िया सुगंध वाले सुनहरी पीले फूल आते हैं। 'लामार्क' क्रीमिया-सफेद रंग के हल्की सुगंध वाले फूलों के सुंदर गुच्छों वाली किस्म है। अन्य उम्दा किस्में पीले रंग की 'क्रोमेटेला' (या क्लाथ ऑफ गोल्ड) तथा काजों (बटनटोल) में लगाई जाने वाली नारंगी-पीले रंग की किस्म 'विलियम ऐलेन रिचर्डसन' है। एक अन्य मशहूर किस्म 'मैडम अल्फ्रैड कैरियर' भारत में अधिक प्रचलित नहीं है।

बैंकसियन गुलाब

1807 में ये गुलाब सर्वप्रथम चीन से इंगलैण्ड लाये गये थे खासकर पहाड़ी क्षेत्रों में ये काफी प्रचलित हैं। साल में एक बार इनका कांटों-रहित तना फूलों से लद जाता है। इंग्लैण्ड में तो इस किस्म का एक-एक पौधा 25 मीटर तक बढ़ जाता है और एक ही मौसम में 50,000 तक फूल देता है। इस किस्म में सफेद खुशबूदार फूल आते हैं। पीली किस्मों में खुशबू नहीं होती, पर उनका रंग बड़ा आकर्षक रहता है। 'वीपिंग स्टैंडर्ड' पौधे बनाने के लिए दोनों ही बैंकसियन किस्में बड़ी उपयुक्त रहती हैं।

पिलर गुलाब

झाड़ियों या बाड़ की भांति, कुछ पिलर गुलाब उगाये जाते हैं जिनकी बढ़वार सीमित होती है। जब किसी खंबे को ढकने के लिए उन्हें उगाते हैं तो वे बड़े ही आकर्षक लगते हैं। ऐसी किस्में 2.5-3 मीटर तक ऊंची हो जाती हैं। कुछ आधुनिक पिलर गुलाब बहुत शानदार होते हैं और मौसम भर फूलते रहते हैं, जैसे 'कोरल-डॉन', 'डांस डू फू', 'गोल्डन शावर' तथा 'रायल गोल्ड'। लतादार गुलाबों का 'कोर्डसी' वर्ग इसी श्रेणी में शामिल किया जाता है। इस वर्ग का नाम महान जर्मन गुलाब प्रजनक कोर्डेस के सम्मान में रखा गया है जिसने मैक्सग्रैफ पर कार्य करते हुए इस प्रायः बन्ध्य किस्म से एक जननक्षम एम्फीडिप्लाइड पौधा प्राप्त किया था। इस वर्ग की एक बेहतरीन किस्म है- 'पार्कडिरैक्टर रिगर्स'।

अन्य प्रकार

लतीय गुलाबों के कई अन्य प्रकार भी होते हैं। जैसा कि पहले बताया जा चुका है कुछ जंगली गुलाबों में भी लतीय स्वरूप पाये जाते हैं। इनके अलावा यूरोप, अमेरिका तथा आस्ट्रेलिया में गुलाब प्रजनक इस प्रकार का संकरण कार्य कर रहे हैं कि आधुनिक गुलाबों की कुछ किस्मों की वंशावली काफी जटिल हो गयी है। अतः क्लाइम्बरों के सभी वर्गों और उपवर्गों का विस्तृत वर्णन देने से भ्रम उत्पन्न होगा। यहां जो छोटी सी सूची प्रस्तुत की जा रही है वह भारतीय जलवायु के अनुरूप फूलों के रंगों और आसानी से सुलभता की दृष्टि

से उपयुक्त क्लाइम्बर और रैम्बलर गुलाबों की है।

संस्तुत किस्में

रंग	*पर्वतीय क्षेत्र हेतु*	*मैदानी क्षेत्र हेतु*
सफेद या लगभग सफेद	'सैन्डर्स' व्हाइट रैम्बलर', 'व्हाइट बैंक्सिया'	'देहली व्हाइट पर्ल', 'लैमार्क', 'प्रास्पैरिटी'
पीला	'गोल्डन शावर्स' 'मरमेड'	'कैसीनो', 'गोल्डन शावर्स', 'हाई नून', 'मार्शल नील', 'रायल गोल्ड'
गुलाबी तथा उसकी विभिन्न छटायें	'एल्बरटाइन', 'अमेरिकन पिलर', 'डोरोथी पर्किनस' 'मैडम ग्रेगोयर', 'स्टीवेलिन', 'जैफेरीन ड्रूकहिन'	'कम्पैशन', 'मैडम ड्रायट', 'मार्डेन पिंक (वएनीमोन)*, 'रेने मैरी हैजेरेट'**
लाल	'ब्लेज', 'पॉल्स स्कार्लेट' क्लाइम्बर'	'क्ला. क्रिमसन ग्लोरी', क्ला. इटोयल' डी होलैण्ड', 'डॉन जुआन'
पीला लाल मिश्रित	'कॉकटेल'	'कॉकटेल'
बहुरंग मिश्रित	-	'जोसेफ कोट'**, 'पिनाट'**
नारंगी-लाल	-	'क्ला. मोलिन रोग', 'डांस डू फू'
नील-लोहित या बैंगनी	'वैल्चेनब्लू'	-

*टी किस्में
**पिलर गुलाब

उपर्युक्त के अतिरिक्त भी हाइब्रिड टी तथा फ्लोरीबंडा किस्मों के अनेक लतीय रूप पाये जाते हैं जैसे 'क्ला. एन्जेल फेस', 'क्ला. आइसबर्ग', 'क्ला. लैन्डोरा', 'क्ला. मिस हार्प', 'क्ला. पैराडाइज़' ।

रैम्बलर तथा क्लाइम्बर गुलाबों का भविष्य

यह दुखद बात है कि भारत में इस समय हम 'रैम्बलर और क्लाइम्बर गुलाबों के 'धुंधले युग' में हैं जबकि कुछ वर्ष पूर्व तक हमें इन किस्मों के लिए गुलाब बड़ी संख्या में दिखाई देते थे। इनकी संख्या तेजी से घट रही है जो चिंता की बात है। इसका प्रमुख कारण तो

यह है कि आधुनिक भवनों ने उन बंगलों का प्रचलन हटा दिया है, जहां रैम्बलर तथा क्लाइम्बर लगाने की प्रचुर संभावनायें होती थीं। दिल्ली के एक ताजा सर्वेक्षण में मैंने पाया कि 'मार्शैल नील', 'लामार्क' तथा 'एमी वाइबर्ट' (नायसेट में शामिल की जाने वाली किसी समय पूर्वी भारत की लोकप्रिय किस्म) आज भी पाई जाती है। साथ ही पहले की कुछ लोकप्रिय किस्में, जैसे 'मैडेम डूट', 'रेन मैरी हैनेरेट', क्ला. मिसेज पियरे एस डू पांट', 'क्ला. शॉट सिल्क' तथा 'क्रिमसन रैम्बलर' भी देखने को मिल जाती है, यद्यपि वे समाप्त प्रायः अवस्था में ही है। ये विलुप्त ही हो जाएंगी, जब तक कि हमारे गुलाब अनुसंधान केन्द्र इन्हें खम्बे, मेहराब, मंडवे तथा दीवारें बनाकर संरक्षित नहीं करेंगे।

सीमित बढ़वार के कारण पिलर गुलाबों को अभी उतना खतरा उत्पन्न नहीं हुआ है। अत्यधिक पुष्पन वाली 'जोजेक्स कोट' तथा 'पिनाटा' किस्में तो अभी भी काफी लोकप्रिय हैं। उन्हें खम्बों तथा तिपाये फ्रेमों में चढ़ा कर कम से कम बड़े उद्यानों में तो प्रदर्शित किया ही जा सकता है।

89. 'ए वीपिंग स्टैण्डर्ड' (बैंकसिअन गुलाब)

सुप्रसिद्ध बैंकसिअन गुलाब के पौधे पर साल में एक बार फूलों की बहार आती है। मैदानी क्षेत्रों मे यह आकर्षक फूल कांटेरहित पौधों पर उगते हैं।

90. 'हॉफ स्टैण्डर्ड ऑफ आइसबर्ग' (फ्लोरीबंडा)

निस्संदेह एक श्रेष्ठ फ्लोरीबंडा किस्म। कोर्डस (जर्मनी) की यह प्रख्यात किस्म जिसमें छोटे सफेद रंग के अति सुगंधित फूल आते हैं।

91. 'हॉफ स्टैण्डर्ड ऑफ मौली श्रमन-क्राफार्ड' (टी)

आमतौर से पसन्द की जाने वाली यह टी रोज किस्म बहुतायत में पौधों पर खिलती है।

अध्याय 16

झाड़ीदार गुलाब

झाड़ीदार गुलाब (श्रब रोज़) उन पौधों को कहा जाता है, जो न तो पूरी तरह लतादार होते हैं और न ही क्यारियों में उगाये जाने वाले सामान्य गुलाबों के आकार के। वे इन दोनों के बीच के आकार के होते हैं। ऐसे गुलाबों को क्यारियों में उगाना उपयुक्त नहीं रहता क्योंकि इनका आकार अपेक्षाकृत बड़ा होता है। इनको विशिष्ट पौधों की भांति या फिर छोटे-छोटे समूहों में जहां-तहां उगाया जा सकता है। झाड़ीदार कुंजों में इनको अन्य पौधों के साथ मिलाकर उगाया जा सकता है, बशर्ते कि इन्हें न्यायोचित ढंग से लगाया जाए। वास्तव में गुलाब की जंगली तथा खेती योग्य, दोनों ही किस्मों के पौधों को झाड़ीदार गुलाबों के अंतर्गत रखा जा सकता है।

जंगली गुलाब

उत्तरी गोलार्द्ध के विभिन्न क्षेत्रों में बहुत सारी जंगली प्रजातियां मिलती हैं। बहुत-सी किस्मों पर सुगंधयुक्त, इकहरे पंखुड़ीदार (सिंगल) फूल आते हैं। किन्हीं-किन्हीं किस्मों पर रंग-बिरंगे फल (हिप्स) भी लगते हैं। पौधे वर्ष में केवल एक बार ही फूलते हैं। फूल कई-कई सप्ताह तक लगे रहते हैं। कुछ किस्मों के पौधों पर कांटे होते हैं तथा उनकी पत्तियां जाड़ों में झड़ जाती हैं। कुछ महत्वपूर्ण किस्मों का विवरण यहां दिया जा रहा है, जो ठंडी जलवायु में ही सफलतापूर्वक उग सकती हैं।

रोज़ा मोयेसी

यह प्रजाति यूरोप में सन् 1908 में पश्चिमी चीन से लाई गयी थी। इसके पौधे ऊंचे तथा गहरी हरी पत्तियों से भरे होते हैं। पौधों पर गहरे लाल रंग के फूल छोटे-छोटे गुच्छों में लगते हैं। डंठल गहरे हरे रंग के होते हैं। पुष्पन समाप्त होने पर पौधे चमकीले लाल रंग के बड़े-बड़े फलों से लद जाते हैं, जिससे बगीचों की शोभा और भी बढ़ जाती है।

इस प्रजाति की बगीचों में लगाने योग्य एक किस्म 'जिरेनियम' है, जिस पर गहरे लाल रंग के, गठे हुए फूल आते हैं और फल रोजा मोयेसी के फलों से भी बड़े होते हैं। सामान्य

क्षेत्रफल वाले बगीचे के लिए यह किस्म अत्यंत उपयुक्त है। *रोज़ा मोयेसी* के 'ईयोस' नामक एक संकर किस्म में सीपिया लाल रंग के एकल और पीले पुंकेसर वाले फूल लगते हैं।

रोज़ा एग्लेन्टीरिया (रोज़ा रुबीजिनोसा)

इसे स्वीट ब्रायर या एग्लेन्टा-इन भी कहा जाता है। पौधों पर हल्के गुलाबी रंग के, मोहक सुगंधयुक्त फूल लगते हैं। गर्म-आर्द्र मौसम में इन पौधों की पत्तियां भी सुगन्धित हो जाती हैं। पौधे पर बड़े आकार के फल लगते हैं। इन पर कांटे होते हैं, जिनके कारण बाड़ लगाने के लिए अत्यंत उपयोगी समझे जाते हैं।

रोज़ा रुब्रीफोलिया

इसके पौधे 2.5 मीटर तक ऊंचे होते हैं और इसे मुख्यतः इनकी पर्ण समूह की सुंदरता के लिए पसंद किया जाता है। पत्तियां चिकनी होती हैं। छाया में उगने वाले पौधों की पत्तियां धूसर हरे रंग की होती हैं, जिन पर कहीं-कहीं हल्के गुलाबी रंग की छटा दिखाई देती है। धूप में उगे पौधों की पत्तियां तांबई रंग की व गुलाबी छटा वाली होती हैं। फूल गुच्छों में लगते हैं जिनका बीच का भाग सफेद तथा पुंकेसर पीले रंग के होते हैं। फल भूरे-लाल रंग के होते हैं।

संकर गुलाब

जंगली तथा खेती योग्य प्रजातियों के बीच तथा केवल खेती योग्य किस्मों के बीच बनाए संकरों की संख्या काफी अधिक है। यहां केवल कुछ का ही उल्लेख करना संभव है।

'नेवाडा'

इसे *रोज़ा मोयेसी* तथा किसी हाइब्रिड टी किस्म के बीच संकरण से बनाया जाता है। झाड़ीदार किस्मों में इसे सर्वोत्तम समझा जाता है। इसके पौधे दो मीटर की ऊंचाई तक बढ़ते हैं तथा इसकी शाखाओं का फैलाव और भी अधिक होता है। इसके हल्के क्रीमी रंग के फूलों पर गुलाबी रंग की छटा दिखाई पड़ती है। गर्म जलवायु में तो समूचा फूल ही गुलाबी रंग का हो जाता है। एक-एक झाड़ी पर सैंकड़ों फूल लगते हैं, जिससे पौधा अत्यंत सुंदर लगता है।

फ्रूहलिंग्स गोल्ड

एक जंगली प्रजाति *रोज़ा स्पाइनोसीसिमा* किस्म *हिस्पिड़ा* तथा किसी हाइब्रिड टी प्रजाति के बीच संकरण कराके इसे कोर्डेस द्वारा तैयार किया गया था। आधुनिक किस्मों में यह सर्वोत्तम है। सुंदर पौधे फूलों से लद जाते हैं। इकहरी पंखुड़ियों के फूल बड़े-बड़े पीले अथवा

मक्खनी रंग के होते हैं। पुंकेसरों का रंग भी पीला होता है। ये सुगंधयुक्त होते हैं। कभी-कभी सितम्बर मास में इसके पौधों पर कम संख्या में, दुबारा फूल लगते हैं। *रोज़ा स्पाइनोसीसिमा* किस्म *एल्टाइका* से विकसित एक अन्य संकर 'फ्रुहलिंग-मारगन' भी अत्यंत सुंदर होता है। इसके फूलों की पंखुड़ियां इकहरी तथा इनका रंग हल्का गुलाबी होता है। फूलों का केन्द्रीय भाग हल्का पीला होता है और पुंकेसर गहरे लाल होते हैं।

हाइब्रिड (संकर) मस्क

यह कई ऐसी किस्मों का एक वर्ग है जिनके स्रोत यद्यपि विभिन्न होते हैं, परंतु इनमें कई गुण समान होते हैं। हालांकि यह नाम कुछ भ्रामक है, क्योंकि मस्क रोज *रोज़ा मस्काटा* से इनका दूर का भी संबंध नहीं है। सामान्यतः ये तीव्र सुगंधयुक्त होते हैं। इनकी शाखायें लम्बी होती हैं अतः इन्हें पिलर गुलाबों की भांति इस्तेमाल किया जा सकता है। भारत के मैदानी इलाकों में अनेक हाइब्रिड मस्क किस्में उगाई जाती हैं। 'प्रोस्पैरिटी' इनमें सबसे अधिक सफल है। नीचे कुछ प्रचलित किस्मों का विवरण दिया जा रहा है:

फेलीसियाः इस किस्म के पौधे घने, सुंदर आकृति वाले व बाड़ के लिए उपयुक्त होते हैं। कलियां सुडौल तथा खुंबानी जैसे रंग (एप्रीकाट) की होती हैं। पूरी तरह खिले हुए फूल हल्के गुलाबी रंग के व चमकीले होते हैं। यह अत्यंत दर्शनीय किस्म है।

'पेनीलोप': यह भी एक बढ़िया किस्म है, जिसकी कलियां नारंगी रंग की होती हैं और फूल क्रीमी गुलाबी अथवा चमकीले सफेद होते हैं। गुच्छे बड़े तथा सुगंधयुक्त होते हैं।

'प्रोस्पैरिटी': अनेक पंखुड़ियों वाले, क्रीमी सफेद रंग के फूल गुच्छों में लगते हैं। कभी-कभी इनका रंग लाल अथवा नींबुई-पीला हो जाता है। कलियों पर आमतौर पर क्रीमी गुलाबी झलक रहती है। तने काफी मजबूत होते हैं अतः इनमें अच्छी किस्म के वीपिंग स्टैण्डर्ड बनाये जा सकते हैं। दिल्ली में तैयार किये गये 'प्रोस्पैरिटी' के पौधों को 'देहली व्हाइट पर्ल' नाम दिया गया है, जिसमें बड़े आकार के फूलों के बड़े गुच्छे लगते हैं।

'वैनिटी': इस किस्म के पौधे आकार में बड़े होते हैं। अकेले की अपेक्षा समूह में उगाये जाने पर ये काफी प्रभावशाली लगते हैं। कलियां गहरे गुलाबी रंग की तथा फूल गुलाबी रंग के होते हैं। पौधों पर फूल लगातार आते रहते हैं तथा उनमें तीव्र सुगंध होती है।

'कैसल': इनमें पीले तथा लाल रंग के मिलेजुले फूल, गुच्छों में लगते हैं।

अन्य किस्में

हाइब्रिड परपिचुअल, हाइब्रिड टी तथा 'फ्लोरीबंडा' वर्ग की कुछ किस्मों को भी झाड़ियों के लिए प्रयोग किया जा सकता है। 'स्नो क्वीन' या 'फ्राउ कार्ल ड्रुश्की', 'राजा राममोहन राय', 'इन्सेल मैनो', 'कॉकटेल' के अलावा पुरानी किस्में जैसे 'सौवनर डी लाल मैलमेसन', 'मैडम पीयरे ओजर' तथा 'मैडम हार्डी' आदि भी इनमें शामिल हैं।

अध्याय 17

स्टैन्डर्ड गुलाब

स्टैन्डर्ड या वृक्ष (स्टैन्डर्ड या ट्री) गुलाबों को बगीचों के लिए एक बेहतरीन किस्म माना जाता है। इस प्रकार के गुलाबों से न केवल एकरूपता टूटती है, बल्कि उद्यान की सुंदरता में भी वृद्धि होती है। केवल एक ही स्टैन्डर्ड पौधा अथवा दो या तीन स्टैन्डर्ड पौधों के समूह की उपस्थिति उद्यान के किसी भी कोने को सुंदर बना देती है। 'स्टैन्डर्ड' किस्म के फूलों के सौन्दर्य और सुगंध का आनंद बगैर झुके उठाया जा सकता है।

कुछ लोगों के विचार में स्टैन्डर्ड गुलाबों की सुस्पष्ट किस्में हैं, पर ऐसी बात नहीं है। सीधे खड़े मूलकांड पर स्टैन्डर्ड पौधा लगाने के लिए गुलाब की किसी भी किस्म का चश्मा वांछित ऊंचाई पर चढ़ाया जा सकता है। परंतु इस कार्य के लिए सभी किस्में उपयुक्त नहीं होती। सर्वोत्तम किस्में वे होती हैं, जिन पर काफी संख्या में फूल लगने के साथ-साथ पौधों की बढ़ोत्तरी सभी दिशाओं में एकसार होती है। अनेक शाखाएं निकलने के अतिरिक्त वे घनी हों तथा उनकी बढ़वार ऐसी हो कि पौधा देखने में सुंदर तथा सुगठित दिखाई दे। फूल बाहर की ओर निकलते हों और एक मुकुट-सा बनाते हों। कुछ लोग एक ही मूलकांड पर कई प्रकार के पौधों के चश्में चढ़ाते हैं ताकि एक ही पौधे पर कई रंग के फूल लगें। इसमें यह सावधानी रखनी चाहिए कि जिन किस्मों के चश्में चढ़ाने हों वे सब एक ही समय पर फूलती हों तथा उनकी बढ़ोत्तरी एकसार हो।

स्टैन्डर्ड गुलाबों के मुख्य वर्ग इस प्रकार हैं:

पूर्ण स्टैन्डर्ड (फुल स्टैन्डर्ड)

इनका चश्मा मूलकांड पर 90 से 100 सें.मी. की ऊंचाई पर चढ़ाया जाता है। व्यक्तिगत रुचि के अनुसार अनेक किस्मों को चश्मा चढ़ाने के लिए प्रयोग में लाया जा सकता है, जिनमें से कुछ इस प्रकार हैं:

हाइब्रिड टी	*फ्लोरीबंडा*
'एवन' (लाल)	'एकीटो' (सफेद)
'चार्ल्स मैलेरिन' (गहरी मखमली लाल)	'अरुणिमा' (गुलाबी)

स्टैण्डर्ड गुलाब

'क्रिमसन ग्लोरी' (गहरा लाल)
'डाक्टर वैलुई' (लाल तथा पीला-दोरंगा)
'गोल्डन जायंट' (गहरा पीला)
'हैलमट् श्मिट' (चमकीला पीला)
'जून ब्राइड' (क्रीमी सफेद)
'मैकग्रेडीज सनसैट' (पीला परंतु सर्दियों में नारंगी रंग की झलक)
'मिशैल मीलैण्ड' (मोतिया गुलाबी)
'मोन्टेजुमा' (मूंगा लाल)
'प्रियदर्शिनी' (गुलाबी मिश्रित)
'रंजना' (मूंगा गुलाबी)
'वर्गो' (सफेद)
'चार्ल्सटन' (बहुरंगी)
'देहली प्रिंसेज़' (गहरा गुलाबी)
'फर्स्ट एडीशन' (सिन्दूरी नारंगी)
'आइसबर्ग' (सफेद)
'जूडी गार्लैण्ड' (गहरा पीला, नारंगी मिश्रित)
'लिटिल डार्लिंग' (पीला)
'प्लेब्वाय' (बहुरंगी)
'प्रेमा' (गुलाबी, किनारी गहरी)
'रंभा' (पीला, लाल किनारी)
'समर स्नो' (सफेद)
'जोरीना' (नारंगी)

अर्द्ध स्टैण्डर्ड (हाफ स्टैण्डर्ड)

इसे तैयार करने के लिए चश्मा मूलकांड पर 45 से 60 सें.मी. की ऊंचाई पर चढ़ाया जाता है। ऐसे पौधे से झाड़ीदार गुलाब तथा स्टैण्डर्ड गुलाबों के बीच की कमी को पूरा किया जाता है। पूर्ण स्टैण्डर्ड पौधों की तुलना में इनके लिए कम स्थान की आवश्यकता होती है। अतः कुछ विशेष परिस्थितियों के लिए ये अति उपयोगी रहते हैं। वैसे तो किसी भी किस्म को अर्द्ध स्टैण्डर्ड बनाया जा सकता है, परंतु फ्लोरीबंडा तथा पोलिएंथा किस्में इसके लिए अधिक उपयुक्त हैं। पूर्ण स्टैण्डर्ड की सूची में सम्मिलित सभी फ्लोरीबंडा अर्द्ध स्टैण्डर्ड के रूप में भी प्रयोग किए जा सकते हैं। पोलिएंथा वर्ग में 'चैटीलोन' गुलाब तथा 'ईको' किस्में विशेष रूप से उल्लेखनीय हैं। परंतु 'ईको' 'चैटीलोन' गुलाब से बेहतर साबित होती है।

वीपिंग स्टैण्डर्ड

यदि उपयुक्त मूलकांड प्राप्त हो जाए तो इसमें चश्मा 1.5 मीटर अथवा इससे भी कुछ अधिक ऊंचाई पर चढ़ाया जा सकता है। इसके लिए लतादार या रैम्बलर किस्मों से आंखे लेते हैं क्योंकि उनकी शाखाएं सुंदर ढंग से लटकती हैं। शाखाओं को वांछित आकार देने के लिए तार के ढांचे प्रयोग किए जाते हैं, अन्यथा शाखांयें मुख्य तने से निकलते समय अवांछित रूप से बड़ा कोण बना देती हैं।

वीपिंग स्टैण्डर्ड तैयार करने के लिए किसी भी रैम्बलर किस्म का प्रयोग किया जा सकता है, परंतु वह ऐसी होनी चाहिए कि जो ठंडी जलवायु के लिए अधिक उपयुक्त हो। मैदानी क्षेत्रों के लिए बैंकसियन किस्में सर्वोत्तम पायी गयी हैं जैसे 'देहली व्हाइट पर्ल' तथा 'प्रोस्पैरिटी'। अध्याय-4 में विस्तृत रूप से जानकारी दी गई है कि स्टैण्डर्ड गुलाबों को औपचारिक तथा अनौपचारिक ढंग से किस प्रकार प्रयोग किया जा सकता है।

अध्याय 18

गुलाब प्रदर्शित कैसे करें

गुलाबों की प्रदर्शनियां गैर व्यावसायिक उत्साही लोगों और व्यावसायिक गुलाब उत्पादकों- दोनों के लिए उपयोगी रहती है। उत्साही लोगों को थोड़े से अधिक श्रम से बढ़िया फूलों को उगाने का प्रोत्साहन मिलता है तो व्यावसायिक गुलाब उत्पादकों को एक ही स्थान पर गुलाब की सभी किस्में (नवीनतम किस्मों सहित) अपने सर्वोत्तम स्वरूप में देखने को मिल जाती हैं और इससे उन्हें अपनी पसंद की किस्में चुनने में मदद मिलती है।

पहले भारत में गुलाब के लिए पुष्प प्रदर्शिनियों में केवल एक खण्ड निर्धारित हुआ करता था। सन् 1969 से भारतीय गुलाब संस्थान (दी रोज सोसाइटी ऑफ इंडिया) द्वारा हर वर्ष गुलाबों की अलग प्रदर्शनी आयोजित की जा रही है। इस प्रदर्शनी ने गुलाब प्रेमियों को आकर्षित किया और गुलाब उगाने में लोगों की रुचि बढ़ाने में महत्वपूर्ण योगदान दिया। यद्यपि भारत की यह प्रदर्शनी ब्रिटेन, यूरोपीय या अमरीकी गुलाब प्रदर्शनियों के मुकाबले कहीं नहीं ठहरती, परंतु इसमें संदेह नहीं कि कालांतर में भारत में भी और बड़ी तथा बेहतर गुलाब प्रदर्शनियां लगाई जा सकेंगी। अगर प्रदर्शन के लिए उपयुक्त वातानुकूलित भवन उपलब्ध हो तो निश्चय ही ऐसी प्रदर्शनियों की अवधि को भी बढ़ाया जा सकेगा।

गुलाबों की सूची

किसी प्रदर्शनी में भाग लेने से पहले उसकी सूची को अच्छी तरह पढ़ लेना चाहिए और सभी नियमों को जान लेना चाहिए। आमतौर पर प्रदर्शनी के लिए गुलाबों को कई वर्गों में बांट दिया जाता है। भारतीय गुलाब संस्थान द्वारा मान्यता प्राप्त वर्ग निम्नलिखित हैं:

1. *हाइब्रिड टी गुलाबः* इसमें हाइब्रिड टी के अलावा हाइब्रिड परपिचुअल तथाकथित ग्रैंडीफ्लोरा तथा अन्य बड़े एकल (या अधिक से अधिक छोटे समूह वाले) फलों वाले गुलाब सम्मिलित किए जाते हैं।
2. *फ्लोरीबंडा गुलाबः* इसमें पुष्प समूह वाले सभी तरह के हाइब्रिड पोलीएंथा तथा अन्य प्रकार के (रैम्बलर, पोलीएंथा, पौम्पोन, 'मिनिएचर' व हाइब्रिड टी के अलावा) गुलाब सम्मिलित किए जाते हैं।
3. *पोलिएंथा पौम्पोनः* विदेशों में इन्हें बौने पोलीएंथा भी कहा जाता है और इनमें

फ्लोरीबंडा के समान गुच्छे बनने की प्रवृत्ति पायी जाती है। इनके फूल आमतौर पर छोटे होते हैं, मगर गुच्छे बड़े होते हैं।

4. *मिनिएचरः* इस किस्म के पौधे और फूल सभी छोटे आकार के होते हैं।

प्रदर्शनीय फूल या स्पेसिमेन फूल

गुलाब की प्रदर्शनी में सबसे ज्यादा प्रदर्शनीय चीज कलियां होती हैं। इनके लिए हाइब्रिड टी किस्में सर्वोत्तम रहती हैं। इनमें से कुछ किस्मों के बड़े आकार के, भरपूर पंखुड़ियों वाले, कलश या शंख के आकार के फूल काफी समय तक सही दशा में बने रहते हैं। एक तने में केवल एक ही फूल होना चाहिए। अगर अधिक कलियां निकल आयें तो उन्हें शुरू में ही तोड़ देना चाहिए। प्रदर्शनी के लिए उगाए गए पौधों को पर्याप्त उर्वरक और पानी नियमित रूप से देना चाहिए। जब कलियां विकसित हो रही हों तो पत्तियों पर तरल रूप में उर्वरक छिड़कना बहुत फायदेमंद रहता है। प्रदर्शनी के लिए फूलों को बक्से या फूलदान आदि में रखकर दिखाया जाता है, जो प्रायः आयोजकों द्वारा दिये जाते हैं। भारतीय गुलाब संस्थान के मापदंड के अनुसार ऐसी कलियों की लम्बाई 23 सें.मी. (डंठल सहित) से कम नहीं होनी चाहिए। फूल अधखुले हों और किसी भी दशा में तीन-चौथाई से ज्यादा खुले न हों। वह कितना खुला हो, यह अलग-अलग किस्मों पर निर्भर करता है। पत्तियां स्वस्थ, साफ व किस्में अनुरूप होनी चाहिए।

फूल किस्म के अनुसार कम से कम आधे खुले तथा अधिकतम तीन-चौथाई खुले होने चाहिए। अनखिली कलियां या पूरी तरह खिले हुए फूल प्रायः प्रदर्शनी के लिए उपयुक्त नहीं होते- जबकि उनके लिए कोई अलग वर्ग न हो। प्रदर्शनी हेतु रखे गये फूलों की पत्तियां साफ, स्वस्थ और किस्म के अनुरूप होनी चाहिए। तेल या अन्य पदार्थों का पत्तियों को साफ करने या चमकाने में प्रयोग वर्जित है।

सजावटी हाइब्रिड टी (डेकोरेटिव हाइब्रिड टी)

भारतीय गुलाब संस्थान सहित अनेक संस्थाओं में सजावटी गुलाबों के लिए अलग स्थान हैं। हाइब्रिड टी गुलाब इसी वर्ग में रखे जाते हैं। इनमें एक से एक खूबसूरत किस्में हैं, मगर यह जरूरी नहीं है कि उन सभी का रूप और आकार प्रदर्शनी के योग्य हो। व्यावहारिक रूप में प्रदर्शनी योग्य और सजावटी गुलाबों के बीच विभाजन रेखा बहुत महीन है और 'रीता हरहोल्ड' जैसी किस्में तो दोनों ही वर्गों में स्थान पा सकती हैं। ऐसी कुछ किस्मों की सूची अध्याय-19 में दी गयी हैं, जिन्हें उत्पादक सजावटी वर्ग में देखना पसंद नहीं करते। सजावटी वर्ग (यह पुष्प सज्जा के उद्देश्य से बनाए सजावटी वर्ग से अलग है) में पूरी तरह खिले फूलों को भी प्रदर्शित किया जा सकता है, बशर्ते कि उस किस्म के पुष्प सजावट की दृष्टि से सर्वाधिक सुंदर, पूरी खिली अवस्था में हों।

सिंगल या सेमी-डबल पुष्पयुक्त हाइब्रिड टी किस्में जैसे 'डेन्टी बेस' तथा 'ओरियंटल चार्म' में कलिकाएं नहीं तोड़नी चाहिए।

फ्लोरीबंडा और पोलिएंथा

गुच्छेदार फूलों वाले गुलाबों के लिए प्रदर्शनी सूची में *तनों* की संख्या साफ-साफ बतायी जानी चाहिए। गुच्छा जितना बड़ा होगा, उतना ही बढ़िया माना जाता है, बशर्ते उसमें एक ही तना हो और वह संतुलित हो।

कृत्रिम वर्ग होने के कारण 'फ्लोरीबंडा' में 'हाइब्रिड टी' के आकार के फूलों के अलावा खुले, चपटे, अपने मध्य भागों को प्रदर्शित करने वाले गुलाब भी शामिल किए जाते हैं। प्रदर्शनी के लिए चुने गये फूलों के पुंकेसर ताजे रहने चाहिए और उनका रंग प्राकृतिक दिखना चाहिए। फ्लोरीबंडा व पोलिएंथा में कलियां नहीं तोड़नी चाहिए और उन्हें अपने प्राकृतिक रूप में ही प्रदर्शित करना चाहिए। सामान्यतया फूल के गुच्छे के नीचे कम से कम दो जोड़ी पत्तियां छोड़नी चाहिए। कुछ प्रदर्शनियां जैसे रोज सोसाइटी ऑफ इंडिया द्वारा आयोजित प्रदर्शनी में फ्लोरीबंडा वर्ग को 'एच.टी. प्रकार के फ्लोरीबंडा' तथा 'गैर एच.टी. प्रकार के फ्लोरीबंडा' में विभाजित करके प्रत्येक के लिए अलग खंड तथा पुरस्कार रखे जाते हैं।

मिनिएचर, क्लाइम्बर व रैम्बलर गुलाब

मिनिएचर को भी अपने प्राकृतिक रूप में गुच्छेदार–फूलों वाली किस्मों की ही भांति प्रदर्शित किया जाता है। पर इसमें गुच्छे के नीचे दो जोड़ी पत्तियां रहना जरूरी नहीं है।

बड़े फूलों वाले लतादार (क्लाइम्बर) गुलाबों में फूलों के गुच्छों को वर्तमान मौसम की सम्पूर्ण बढ़वार वाली पार्श्व शाखा सहित प्रदर्शित किया जाता है। छोटे फूल वाले लतादार (रैम्बलर) गुलाब प्रदर्शित नहीं किए जाते। गुच्छे से मुरझाये हुए फूलों को हटाने की अनुमति तो है पर वे गुच्छे को विकृत न करे।

फूलों को कब काटें

शीतोष्ण देशों में फूल प्रदर्शन से पूर्व संध्या को काटे जाते हैं। अगर प्रदर्शन के लिए कटे फूलों को दूर ले जाना हो, तब उन्हें पूर्व संध्या को काटने के अलावा और कोई रास्ता नहीं होता। भारतीय जलवायु में फूलों की कटाई प्रदर्शनी वाले दिन ही करनी चाहिए। अच्छा यह रहेगा कि आप एक दिन पूर्व बगीचे में जायें और वहां जाकर यह देख लें कि कल प्रदर्शनी में ले जाने के लिए कौन-कौन से फूल ठीक रहेंगे। अगर फूल संख्या में ज्यादा हों और सुबह कटाई के लिए समय कम हो तो 'फ्लोरीबंडा' व 'पोलिएंथा' की कटाई पूर्व संध्या को ही की जा सकती है। ठंडे मौसम में गुच्छेदार फूलों में ताजगी काफी समय तक बनी रहती है।

बंद फूलों को एक सप्ताह पहले तक काटकर रेफ्रीजेरेटर में रखने का रिवाज भी अब बढ़ता जा रहा है। इसके लिए दराजों वाला थर्मोस्टेट लगा रेफ्रीजेरेटर ठीक रहता है ताकि तापमान नियंत्रित किया जा सके। 1.7-3.3 डिग्री सेंटीग्रेड के बीच का तापमान उत्तम रहता है। यह भी जरूरी है कि आप फूलों को ठंड से जमने न दें, फूलों के कटे तनों को साफ पानी में डुबो कर रखें। तनों के निचले कटे सिरे को रोज एक बार काटते रहें ताकि वे पानी को अच्छी तरह सोखें। प्रशीतन (रेफ्रीजेरेशन) को सहन करने की क्षमता में गुलाब की विभिन्न किस्मों में व्यापक भिन्नता पाई जाती है। 'एवन', 'क्रिश्चियन डॉयर', 'गार्डन पार्टी', 'हैप्पीनेस', 'सुपर स्टार' तथा 'वर्गो' को रेफ्रीजेरेटर में कई दिनों तक बिना नुकसान के रखा जा सकता है। 'हार्ट थ्रोब' किस्म में तो रेफ्रीजेरेटर में रखने से सुधार होता देखा गया है। 'अमेरिकन हैरिटेज', 'बेल ऐंजे', 'जॉन एफ. केनेडी', 'पीटर फ्रेन्केनफेल्ड', 'डा. होमी भाभा', 'ब्लू मून' तथा 'किंग रेन्सम' जैसी किस्में भी पर्याप्त सहिष्णु होती हैं। 'टोरो' किस्म का रंग और स्वरूप प्रशीतन में लम्बे समय तक बना रहता है। परंतु कुछ किस्में इस उपचार को बिल्कुल पसंद नहीं करतीं जैसे 'एन्विल स्पार्क', 'शो गर्ल' तथा 'पापा मीलैण्ड'। प्रशीतन में उनके रंगों की ताजगी तेजी से समाप्त होती है।

फूलों का संरक्षण

प्रदर्शन के कुछ दिन पूर्व कलियों को कपड़े, पॉलिथीन या कागज की थैलियों से ढकना उचित रहता है वरना रात की तेज ठंड, वर्षा या धूप से खराब हो जाते हैं। कुछ बागों में चिड़ियों से बचाव करना पड़ता है जैसे दिल्ली में लाल गले वाली बुलबुल गुलाब की पंखुड़ियों को नुकसान पहुंचाती हैं।

अध्याय 19

गुलाबों की परख तथा मूल्यांकन

गुलाब प्रदर्शनियों का प्रमुख उद्देश्य यह दिखाना है कि सर्वोत्तम किस्म वाले गुलाबों को बगीचों में कैसे उगाया जा सकता है। निर्णायक का काम प्रदर्शित फूलों में से सर्वश्रेष्ठ को परखना है। विदेशों में निर्णायकों को इस बात का विशेष प्रशिक्षण देने की व्यवस्था है, दुर्भाग्यवश भारत में ऐसा नहीं है। यहां अनुभवी गुलाब उगाने वालों को ही निर्णायक बनाने का प्रचलन है। इस दल में प्रायः तीन लोग होते हैं। प्रदर्शनी के पैमाने के अनुसार अनेक निर्णायक दल गठित किए जा सकते हैं। यही नहीं, पुष्प विकास के विभिन्न वर्गों के लिए विशेषता के अनुरूप पृथक दलों को नियुक्त किया जा सकता है।

गुलाब उगाने और प्रदर्शनी में उनका मूल्यांकन करने की योग्यता में काफी अंतर होता है। इसके लिए केवल गुलाब की किस्मों की पहचान कर लेना ही पर्याप्त नहीं है। आदर्श निर्णायक वह होता है जो गुलाबों को तो भली-भांति जानता ही हो, गुलाब प्रदर्शनी के आयोजकों द्वारा निर्धारित नियमों तथा विशेष गुणों से भी परिचित हो तथा साथ ही किसी प्रतियोगी पौधे के अच्छे व बुरे गुणों (मूल तने व पत्तियों के गुण) को भी तुरंत पकड़ ले, क्योंकि मूल्यांकन का समय सीमित होता है। इन आवश्यकताओं को पूरा करने के लिए निर्णायक ऐसा व्यक्ति होना चाहिए जिसने स्वयं बाग में गुलाब उगाये हों अथवा वह उनकी वैज्ञानिक बागवानी से जुड़ा हो तथा प्रदर्शनी में रखे गुलाब के प्रमुख वर्गों की पर्याप्त किस्मों के प्रमुख गुणों की उसे जानकारी भी हो। वह बतायी गयी किस्म की सही पहचान कर सके तथा उसे प्रदर्शनी के नियमों की पूरी जानकारी हो। उसे कली तोड़ने, कली बनाम फूल का अंतर तथा किस्म विशेष के आदर्श स्वरूप रंग, आकार, सब्सटेंस आदि की तकनीकी आवश्यकताओं का ज्ञान हो। अंततः वह व्यक्ति पसंद-नापसंद तथा पूर्वाग्रह से परे, उच्च सत्यनिष्ठा वाला व्यक्ति हो।

अच्छे गुलाब के लक्षण

आधारभूत प्रश्न यह है कि अच्छा गुलाब किसे माना जाए ? सी.एच. लुइस की मूल्यांकन विषयक उत्कृष्ट पुस्तक के अनुसार अमेरिकन रोज सोसाइटी अच्छा गुलाब उसे मानती है, जिसके फूल अच्छे स्वरूप, आकार, रंग की चमक, सब्सटेंस व अच्छी पत्तियों वाले हों और

प्रदर्शनी में मूल्यांकन के समय अपने सौंदर्य की चरमसीमा पर हों।

प्रायः मूल्यांकन के लिए 'स्पेसीमेन फूल' के कुछ मापदण्ड निर्धारित कर लिए जाते हैं जिससे प्रदर्शित फूल की तुलना की जाती है। नमूना फूल प्रायः 'हाइब्रिड टी' किस्मों के बड़े आकार तथा उच्च केन्द्र वाले उच्च कोटि के फूल होते हैं।

भारतीय गुलाब संस्था में गुलाब के अच्छे नमूनों के मूल्यांकन के लिए विभिन्न गुण और उनके अंक निम्न प्रकार निर्धारित किए हैं:

रंग	20 अंक
स्वरूप	20 अंक
आकार	20 अंक
सब्सटेन्स	20 अंक
पत्तियां	10 अंक
तना	10 अंक

यदि गुलाबों को बक्सों में प्रदर्शित किया जाता है तो पत्तियों और तने के लिए कोई अंक नहीं दिये जाते। स्वरूप में कली की बनावट को सम्मिलित किया जाता है। सर्वोत्तम फूल आधा या तीन-चौथाई खुला होना चाहिए। परंतु कम पंखुड़ियों वाली किस्मों में एक तिहाई से आधा तक खुला फूल अच्छा माना जाता है। अच्छे पुष्प में पर्याप्त संख्या में पंखुड़ियां होनी चाहिए और उन्हें आकर्षक ढंग से व्यवस्थित होना चाहिए। किस्मों के अनुरूप फूलों को पूरे आकार का होना चाहिए। सब्सटेंस नामक गुण की व्याख्या करना सबसे कठिन है। इसमें पंखुड़ियों को बनाने वाले तत्वों की मात्रा और गुणवत्ता सम्मिलित रहती है। अच्छे सब्सटेंस के निर्धारण में पंखुड़ियों की बनावट, कड़ापन और मोटाई तीनों ही का योगदान होता है। रंग, किस्म का सही प्रतिनिधित्व करने वाला होना चाहिए, यद्यपि उसमें मौसम के अनुसार थोड़ा-बहुत परिवर्तन हो सकता है। रंग फीका नहीं होना चाहिए व उसे चमकीला और आकर्षक होना चाहिए। उदाहणार्थ, दिल्ली में 'मिशेल मीलैण्ड' नामक किस्म अक्सर केवल हल्का गुलाबी होने का आभास देती है जबकि दूसरे मौसमों में इसमें नारंगी खुबानी रंग की छटा भी दिखाई देती है। रंग में ताजगी होनी चाहिए न कि आयु, मुरझाने, तेज धूप या अतिशीतन के कारण विकसित हल्कापन। उसे अर्ध-पारदर्शी दिखना चाहिए तथा धुंधला या मटमैला हर्गिज नहीं होना चाहिए। असामान्य पिग्मेंट या रंग भी अमान्य होता है और दंडित किया जा सकता है। पत्तियों और तने के गुणों, जैसे कांटे आदि की भी सावधानी से जांच करनी चाहिए क्योंकि एक ही किस्म के सभी फूल एकसमान से दिखते हैं।

सजावटी गुलाब

कुछ मामलों में यह तय करना कठिन होता है कि किसी विशेष किस्म को सजावटी

गुलाब कहा जाए या नहीं। परंतु यदि हम इस वर्ग के उद्देश्यों को ध्यान में रखें तो कठिनाई नहीं होगी। उदाहरण के लिए इस वर्ग में हम विख्यात प्रदर्शनी किस्मों जैसे 'क्रिश्चियन डॉयर', 'फर्स्ट प्राइज', 'पैराडाइज', 'पीटर फ्रेन्केनफैल्ड' तथा 'सुपर स्टार' के फूलों की अपेक्षा नहीं करते। दूसरी ओर 'डा. वैलोइस, कनकांगी' तथा 'मेकग्रेडीज, सनसेट' जैसी किस्मों को हम इसमें रख सकते हैं जो बेहतरीन किस्में हैं, परंतु प्रदर्शनी हेतु उपयुक्त नहीं हैं।

विभिन्न वर्गों के गुलाबों को परखना

प्रदर्शनी की दृष्टि से गुलाबों का वर्गीकरण अलग ढंग से किया जाता है। इस प्रकार, 'हाइब्रिड टी' वर्ग में हाइब्रिड टी, हाइब्रिड परपीचुअल, हाइब्रिड टी सदृश, फ्लोरीबंडा तथा फ्लोरीबंडा सदृश गुलाबों को सम्मिलित कर लिया जाता है। फ्लोरीबंडा वर्ग में 'हाइब्रिड पोलिएंथा' तथा पुष्प गुच्छों वाले सभी गुलाब सम्मिलित किए जाते हैं।

हाइब्रिड टी वर्ग

पांच से आठ पंखुड़ियों वाली हाइब्रिड टी किस्मों, जैसे 'डेन्टी बेस' की परख प्राकृतिक रूप से उगे फूलों के आधार पर की जानी चाहिए। सामान्यतया उन्हें मूल्यांकन के समय पूरी तरह खुला होना चाहिए। निर्णायकों को पुंकेसरों को भी ध्यान में रखना चाहिए, जिन्हें ताजा होना चाहिए।

फ्लोरीबंडा वर्ग

इनकी प्राकृतिक अवस्था में, यानी गुच्छों में परख की जानी चाहिए। भारतीय गुलाब संस्था के अनुसार फ्लोरीबंडा में एक मुख्य तना होना चाहिए, जिस पर दो या अधिक पांच पर्णकों वाली पत्तियां तथा अनेक कलिकाएं होनी चाहिए। तने के सिरे पर फूलों का गुच्छा होना चाहिए। मूल्यांकन हाइब्रिड टी के नमूनों की भांति ही किया जाता है, परंतु पुष्प-समूह के स्वरूप का विशेष ध्यान रखा जाता है। गुच्छे में समग्रता, आकर्षण और सौन्दर्य को ध्यान में रखा जाता है। गुच्छे का संतुलित होना भी जरूरी है। गुच्छे में सभी फूलों के बीच आपसी दूरी बराबर होनी चाहिए। सबसे अच्छा नमूना वही माना जायेगा, जिसमें ताजे खुले हुए फूलों, अनेक कलियों और कली तथा पूर्णतः खिले फूलों की बीच की अवस्था वाले फूलों की कुल संख्या सर्वाधिक हो और कोई भी पुष्प मुर्झाया हुआ या फीका न हो। पोलिएंथा पॉमपौन गुलाबों का मूल्यांकन भी फ्लोरीबंडा की ही भांति किया जाता है।

मिनिएचर

मिनिएचर गुलाबों में उन सभी सामान्य नियमों का ध्यान रखा जाता है, जिन्हें हाइब्रिड

टी और फ्लोरीबंडा के लिए बताया गया है। पुष्पों को आकर्षण की चरम सीमा पर होना चाहिए। उन्हें चटकीले रंग का और ताजगीयुक्त होना चाहिए। गुच्छे में सभी फूलों के बीच बराबर स्थान होना चाहिए। गुच्छों को अधिक से अधिक बड़े आकार वाला और संतुलित होना चाहिए। यदि कोई अधिक बड़ी पत्ती, टहनी या फूलों वाला नमूना मिनिएचर वर्ग के अंतर्गत रख दिया जाता है तो उसे दंडित किया जा सकता है।

अध्याय 20

पुष्प सज्जा

किसी गुलदस्ते में कुछ फूलों को ठूंस देना पुष्प सज्जा नहीं है। बहुत से प्राचीन चित्रों को देखने से पता चलता है कि उस जमाने में भी फूल सजाने की कला पर्याप्त विकसित थी। पिछले दो-तीन दशकों में तो लोगों का रुझान पुष्प सज्जा की ओर बहुत ही बढ़ गया है। फूलों की उम्दा सजावट के बारे में लोग जागरुक हो गये हैं। समृद्ध देशों में आंतरिक सज्जा में अच्छे पुष्प विन्यास का महत्वपूर्ण स्थान है। इस दृष्टि से न केवल फूलदानों के नमूनों में ही सुधार हुआ है, बल्कि फूलों को सजाने के लिए आवश्यक उम्दा सामग्री के नए स्वरूप, आकार और शैलियों का भी विकास हुआ है। साथ ही विभिन्न रंगों और स्टाइल बनाने में कल्पना शक्ति का अत्यधिक प्रयोग किया जाने लगा है, ताकि फूलों की कलापूर्ण और सौंदर्यपूर्ण सजावट से आधुनिक घर चमक उठें। हाल ही के वर्षों में भारत में भी फूल सज्जा कला में लोगों की रुचि पर्याप्त बढ़ी है।

गुलाबों के प्रकार

पुष्प सज्जा के मूल सिद्धांत गुलाबों पर भी लागू होते हैं। गुलाब के फूल और पत्तियां आकार, प्रकार और रंगों का विशाल भंडार प्रस्तुत करते हैं जिससे कि सजावट के घिसे-पिटे प्रतिरूप से चिपके रहने की कोई जरूरत नहीं रह जाती। गुलाबों को समूह में या रैखिक रूप में सजाया जा सकता है। गुलदस्ते में आप सुंदर हाइब्रिड टी, गुच्छेदार फ्लोरीबंडा व पोलिएंथा तथा आकर्षक मिनिएचर में से कोई भी सजा सकते हैं। कुछ गुलाबों की पत्तियां भी बहुत शानदार और सजावटी होती हैं। जंगली गुलाब *रोज़ा सेरीसिया* किस्म *टैराकैन्था* के बड़े चपटे कांटे बहुत खूबसूरत लगते हैं। रोशनी की विपरीत दिशा में देखने पर लाल दिखाई देते हैं। कुछ जंगली गुलाबों के फल (हिप) बहुत ही सजावटी होते हैं।

रंगों का सुमेल

यह बात किसी हद तक सही है कि प्राकृतिक तौर पर अधिकतर फूल रंगों का अद्‌भुत समागम प्रदर्शित करते हैं। फिर भी, फूलों के कुछ मेल अधिक अच्छे लगते हैं। आंतरिक सज्जा में रंगों के मेल के बारे में प्रत्येक व्यक्ति की अपनी-अपनी पसंद होती है, अतः इस

संबंध में कुछ खास नियम बनाना ठीक नहीं होगा। मगर कुछ ऐसे नियम तथा सिद्धांत अवश्य हैं, जो पुष्प सज्जा में सहायक हो सकते हैं। उदाहरण के लिए निचले हिस्से में बड़े फूलों और ऊपर की ओर या बगल में छोटे फूल व कलियों को रखना चाहिए या फिर गहरे रंग हल्के रंगों की अपेक्षा अधिक प्रभाव रखते हैं अतः इन्हें सज्जा में नीचे की ओर रखना चाहिए। फूलदान का आकर्षक होना भी महत्वपूर्ण है ताकि यह फूलों की खूबसूरती को और अधिक उभार सके।

जापानी पुष्प विन्यास

गुलाबों को अत्यंत लोकप्रिय जापानी शैली में भी सजाया जा सकता है। इसमें खिलते हुए फूलों व कलियों को अन्य पेड़ों की टहनियों के साथ कई ढंगों से सजाया जा सकता है। परंपरागत विन्यास में गुलाबों को चीड़ के साथ सजाया जाता है। चीड़ एक महान योद्धा का प्रतीक है तो गुलाब एक मनमोहक सुंदरी का।

सज्जा में सहायक वस्तुएं

आजकल चीनी मिट्टी के कलात्मक फूलदान तरह-तरह के रूप व आकार में उपलब्ध हैं। गुलदस्तों के अलावा प्यालेनुमा पात्र भी पुष्प सज्जा के लिए इस्तेमाल किए जाने लगे हैं। इनके अलावा कुछ और चीजों की भी जरूरत होती है। एक महत्वपूर्ण चीज है फूलों के तनों को मनचाहे ढंग से टिकाये रखने के लिए नीडल पॉइंट होल्डर। कुछ खास सजावटों के लिए मुड़े हुए तार भी अच्छे रहते हैं। फूलदान में छोटी-छोटी कांटेदार डंडियां भी इस्तेमाल की जा सकती हैं। लम्बे व मोटे तनों के लिए तार की जाली के होल्डर मिल जाते हैं। आधे या तिहाई सूखे नारियल के खोल को जगह-जगह पर छेद करके भी फूलों की डंडियों को खड़ा रखने के लिए बखूबी काम में लाया जा सकता है।

मिश्रित विन्यास

अन्य पौधों की पत्तियों व फूलों के साथ मिलाकर भी गुलाबों को बखूबी सजाया जा सकता है। मगर यह बात ध्यान में अवश्य रहे कि ये सभी एक दूसरे से सही तालमेल रखते हों। गुलाबों को प्रदर्शनी में रखने से पूर्व यह अच्छी तरह देख लें कि गुलाब के साथ अन्य फूल-पत्तियां सजाने की इजाजत भी है या नहीं। बहुत सी प्रतियोगिताओं में किसी विषय विशेष की अभिव्यक्ति के लिए खिलौने, सूखी डालियां आदि वस्तुओं के कल्पनापूर्ण प्रयोग की अनुमति रहती है।

कटे फूलों को ज्यादा समय तक ताजा कैसे रखें

कटने के बाद बहुत से फूलों की ताजगी जल्द समाप्त होने लगती है, खासकर गर्म मौसम

में। कुछ लोग फूलों को ज्यादा समय तक तरोताजा रखने के लिए एस्पिरीन, नमक, चीनी व सिरके आदि के इस्तेमाल की सिफारिश करते हैं। मगर इन चीजों के प्रयोग का कोई वैज्ञानिक आधार नहीं है। अगर फूलों को सूर्योदय से पहले या सूर्यास्त के बाद तोड़ा जाये तो वे ज्यादा समय तक ताजा रह सकते हैं। उन्हें तोड़ने के फौरन बाद ही पानी में रखना चाहिए। फूलों को काटने के लिए अच्छी तेज कैंची या चाकू का इस्तेमाल करें। उसे तिरछा काटें ताकि टहनी की पानी सोखनें वाली सतह अधिक रहे।

हाल के वर्षों में हुए अनुसंधान कार्यों से कुछ ऐसे रसायनों का पता चला है, जो गुलाब सहित अन्य कटे फूलों का टिकाऊपन, उसमें श्वसन प्रक्रिया को रोककर बढ़ा देते हैं। यूरोप तथा अमेरिका में ये ब्लूमलाइफ तथा फ्लोरालाइफ जैसे व्यापारिक नामों से बिकते हैं। जो लोग स्वयं ऐसा घोल बनाना चाहें उनके लिए दो फार्मूले* यहां दिये जा रहे हैं, जिनकी संस्तुति राकबैल तथा ग्रेसन की पुस्तक 'द कम्पलीट बुक ऑफ फ्लावर अरेंजमेंट' में की गयी है।

फार्मूला-1: एक क्वार्टर पानी में 1 औंस हाइड्रोजन सल्फेट घोलें। चौथाई कप घोल को एक गैलन पानी में मिला लें। अब इस घोल के प्रत्येक क्वार्टर में 2 चम्मच भर चीनी मिला लें। इस घोल में फूल रखें।

फार्मूला-2: चौथाई चम्मच भर फिटकरी (पौटेशियम एल्यूमीनियम सल्फेट), चौथाई चम्मच भर क्लोरिक्स (सोडियम हाइपोक्लोराइड), 1/16 चम्मच फैरिक आक्साइड तथा दो चम्मच चीनी को लेकर एक क्वार्ट पानी में घोलें और घोल में कटे फूल रखें।

किस्मों की उपयुक्तता

अनुभव के आधार पर कोई भी व्यक्ति गुलाब की उपयुक्त किस्में चुन सकता है। छोटे तने वाली किस्में भी छिछले पात्रों में सजाने के लिए उपयुक्त रहती हैं। कुछ किस्में ऐसी होती हैं जिनमें रंग कृत्रिम प्रकाश में ज्यादा अच्छे दिखाई देते हैं, जैसे- लाल फूल वाली 'जेराल्ड हार्डी' या 'देहली प्रिंसेस'। उथले या छिछले प्यालों में गुलाब की पंखुड़ियां भी प्यारी लगती हैं।

---

*सौजन्य से वर्ल्डस् वर्क (1913) लि., सरे, इंग्लैण्ड

92. फ्लोरीबंडा गुलाब समूह

लेखक के बागान का एक किनारा। इस चित्र में समर-स्नो किस्म दिखाई पड़ रही है।

93. लेखक के गुलाब बागान में फ्लोरीबंडा गुलाब समूह

94. गमले में पोलिएंथा गुलाब

95. 'वैटरटैग' (पोलिएन्था)

सिन्दूरी-नारंगी रंग के खूबसूरत फूल गुच्छों में आते हैं। इसकी सुन्दर चमकदार पत्तियों के कारण ये क्यारियों, किनारों और गमलों के लिए एक पसंदीदा किस्म मानी जाती है।

96. 'ईको' (बेबी टॉजेनशान) (पोलिएन्था)

अत्यंत पसंद की जाने वाली और आसानी से उगायी जाने वाली पोलिएन्था की एक किस्म। फूल गुच्छों में आते हैं और इसके फूलों पर सफेद से लेकर गुलाबी छटा आती है। इसका गुलाबी रंग शीत ऋतु में अत्यंत गहरा हो जाता है।

97. 'चैटिलियन रोज़' (पोलिएन्था)

ये बंधे हुए चमकदार गुलाबी एकल फूल अत्यंत मनोहारी प्रतीत होते हैं। इनके पौधे लंबे और घने होते हैं तथा इन पर बहार लंबे समय तक रहती है।

98. 'पॉल क्रैम्पल' (पोलिएन्था)

चटक नारंगी-सिन्दूरी रंग और 'ग्लोरिआ मंडी' पुष्प लुभावने रंगों के कारण ये अन्य गुलाब पुष्पों में भी अत्यंत आकर्षक प्रतीत होते हैं।

99. नई दिल्ली का एक टैरेस गार्डन

लेखक के टैरेस रोज़ गार्डन का लुभावना दृश्य। गमलों में लगे फ्लोरीबंडा व पोलिएन्था का गुलाब समूह।

अध्याय 21

गुलाब के अन्य उपयोग

गुलाब की मुरझाई पंखुड़ियों में इत्र निर्माताओं का दिल बसता है

—अबुल फजल, आइना-ए-अकबरी

यदि गुलाब के किसी एक गुण को चुनने के लिए कहा जाए तो अधिकांश लोग सहमत होंगे कि वह उसकी मनोहारी सुगंध है। सुगंध के महत्व पर पूर्व अध्यायों में प्रकाश डाला जा चुका है। यहां पर गुलाब जल, इत्र तथा आर्थिक महत्व के अन्य उत्पादों पर विचार करेंगे। सुगंध के लिए कुछ फूलों का प्रयोग सबसे पहले पर्शिया, मिस्र, भारत तथा चीन जैसे देशों में होना आरंभ हुआ। सूत्रों तथा वेदों में धार्मिक कृत्यों में सुगंध के उपयोग का उल्लेख हुआ है। इस बात के उल्लेख भी मिलते हैं कि भारतीय सुगंधियों का इस्तेमाल साम्राज्ञी एलिजाबेथ द्वारा किया जाता था। एक समय था जब भारत, सुगंधियों तथा अन्य संबंधित उत्पादों के निर्माण के लिए दुनिया भर में जाना जाता था और इनकी खपत देश-विदेश में होती थी।

गुलाब जल

शर्बत तथा विभिन्न औषधीय उपयोग के लिए गुलाब जल का प्रयोग हमारे यहां प्राचीन काल से होता आ रहा है। आज भी आंख की दवाओं में गुलाब जल का इस्तेमाल होता है। शादी-ब्याह तथा अन्य सामाजिक उत्सवों में मेहमानों पर गुलाब जल छिड़कने का रिवाज है।

भारत में गुलाब जल तैयार करने के लिए प्रचलित तरीका आसवन का है। आसवन के काम में तांबे के देग, कंडेंसर व रिसीवर प्रयोग होते हैं। एक निश्चित मात्रा में गुलाब के समूचे फूलों को इनमें भर दिया जाता है। फूलों के भार से दो गुना पानी देग में भर देते हैं। पांच घंटे में आसवन क्रिया पूरी हो जाती है। फूलों को उबलते पानी के सीधे संपर्क में आने से बचाया जाता है। आधुनिक संयंत्रों में आसवन का कार्य निम्न दाब वाली संतृप्त भाप से किया जाता है। बहुत अधिक मात्रा में फूल ग्रहण करने वाले आधुनिक संयंत्रों की भट्टी एक स्टीम जैकिट तथा बंद स्टील कायल से जुड़ी रहती हैं। फूलों का आसवन संतृप्त निम्न दाब और मुक्त वाष्प द्वारा होता है जिससे अतितप्तन बच जाता है। गुलाब जल की

कीमत आसवन में प्रयोग किए गए फूलों की मात्रा और प्राप्त गुलाब जल की मात्रा पर निर्भर करती है।

गुलाब जल का प्रयोग खुशबू के रूप में चाशनियों, मृदु पेयों, तम्बाकू तथा मिठाइयों को सुगंधित बनाने में किया जाता है। आंख की दवाइयों में भी इसका प्रयोग होता है। भारत में मंदिरों में तथा शुभ-अवसरों पर मेहमानों पर छिड़कने के लिए इसका इस्तेमाल होता है।

गुलाब इत्र

सुगंधियों के आधार गुलाब के इत्र-वाष्पशील तेल की खोज का श्रेय मुगल साम्राज्ञी नूरजहां को दिया जाता है जो अपने महल की समस्त नहरों को गुलाब की पंखुड़ियों से भरने के बाद अपने पति के साथ नौका विहार करती थी। सूर्य के ताप से पंखुड़ियों से निकलकर जल में तैरती 'तेल' की कुछ बूंदों को साम्राज्ञी की सतर्क निगाहों ने देखा और उसे *इत्र-ए-जहांगीरी* नाम दिया। जहांगीर ने अपने स्मृति लेख में इस खोज का श्रेय नूरजहां की मां सलिमा सुल्तान बेगम को दिया है।

इब्ने खल दून के अनुसार 800-900 ई. के दौरान पर्शिया में गुलाब जल उत्पादन का सुस्थापित उद्योग विद्यमान था तथा 1600 ई. में ईरान गुलाब जल उत्पादन का केंद्र था। भारत, ईरान, स्पेन, चीन तथा यूरोप के बीच व्यापार में गुलाब जल एक साझा वस्तु थी। यहां यह उल्लेख करना उचित ही होगा कि गुलाब का अतर या इत्र का आशय कभी-कभी गुलाब के तेल से ले लिया जाता है, जबकि वास्तव में ये गुलाब के फूलों के आसवन से प्राप्त खुशबूदार वाष्प को ग्राही पात्र में रखे चंदन के तेल में अवशोधित कराके बनाया उत्पाद है।

इत्र सीधे आसवित गुलाब जल से प्राप्त किया जा सकता है। एकत्रित गुलाब जल को मिट्टी या धातु के उथले बर्तन में भरकर, खुली हवा में रात भर ठंडा करने के लिए रख दिया जाता है। इसे धूल वगैरह से बचाने के लिए कपड़े से ढक दिया जाता है। सुबह गुलाब जल की सतह पर तैरता हुआ जो चिकना पदार्थ दिखाई देता है उसे सीप या पंख की सहायता से इकट्ठा करके कांच की शीशी में भर देते हैं। तापमान बढ़ने पर मक्खन जैसा यह पदार्थ पिघलता है और धीरे-धीरे शर्बती रंग के तरल में बदल जाता है। अच्छी किस्म का इत्र तथा अन्य उत्पाद तैयार करने के लिए फूलों को सुबह सूरज उगने से पूर्व ही तोड़ लेना चाहिए क्योंकि जैसे-जैसे दिन चढ़ता जाता है, वैसे-वैसे फूलों में वाष्पशील तेल की मात्रा घटती जाती है।

उत्तर प्रदेश के कन्नौज, जौनपुर, गाजीपुर आदि स्थान गुलाब जल या गुलाब का इत्र बनाने के लिए दुनिया भर में मशहूर थे। यहां बिशप हैबर की यह बात उद्घृत करना प्रासंगिक होगा कि गाजीपुर पूरे भारत में अपनी सुमधुर हवा तथा गुलाब उद्यानों के विस्तार एवं सौंदर्य के लिए जाना जाता है। पर आज वैज्ञानिक जानकारी के अभाव में हमारा इत्र उद्योग शोचनीय

स्थिति में आ गया है। सरकारी सहयोग और आधुनिक विधियों की तीव्र प्रगति के कारण भी दुनिया के कई देश, जैसे बल्गेरिया, फ्रांस आदि अब इस उद्योग में जग प्रसिद्ध हो गए हैं। वर्तमान में समूचे व्यापार में गुलाब के उत्पादों की नगण्य मात्रा और महत्व को देखते हुए भारत में वाष्पशील तेलों के आंकड़ों में इनका उल्लेख तक नहीं होता।

उपयुक्त किस्में

इत्र बनाने के लिए निम्न किस्में अधिक उपयोगी और महत्वपूर्ण पाई गयी हैं:

रोज़ा डेमेसीना (दमशक गुलाब): बड़े गुलाबी फूलों वाली किस्म जो भारत, फारस और बल्गेरिया में उगायी जाती है।

रोज़ा सेंटीफोलिया (कैबेज गुलाब): गुलाबी फूल वाली किस्म जो फ्रांस में ग्रासे में उगायी जाती है।

रोज़ा एल्बा: ज्यादा टिकाऊ, सफेद फूलों वाली शीतसह किस्म जो अन्य देशों के अलावा बल्गेरिया में भी उगायी जाती है।

इत्र बनाने के लिए भारत में अन्य महत्वपूर्ण किस्में हैं- 'बसौरा' (बरवाना) जो *रोजा डेमेसीना* की प्रजाति है तथा बारामासी या चीनिया गुलाब जो 'बोबोर्न हाइब्रिड' है इनका इत्र उच्च गुणशील होता है। बड़े पैमाने पर परीक्षणों के लिए 'ग्रस इन टेपलिज' किस्म भी उगायी जाती है।

कानपुर के हरकोर्ट बटलर प्रौद्योगिकी संस्थान में हुए परीक्षणों तथा अन्यत्र हुए मूल्यांकनों से पता चलता है कि 'बसराल' तथा 'रोज़ एडवर्ड' से प्राप्त वाष्पशील तेल गुणवत्ता में बल्गेरिया के 'रोज़ ऑटो' की बराबरी करते हैं।

आजकल इत्र के लिए गुलाब की खेती अलीगढ़ के आसपास बरमाना आदि गांवों, कन्नौज, गाजीपुर, कानपुर, सिकंदरपुर (बलिया जिला) तथा सहारनपुर में की जाती है। सबसे ज्यादा, यानी 400 हैक्टर क्षेत्रफल में अलीगढ़ में गुलाबों की खेती होती है। यहां पर 7400 क्विंटल तक सालाना उत्पादन हो जाता है। इसके बावजूद प्रति हैक्टर उपज पाश्चात्य देशों जैसे बल्गेरिया के सुप्रसिद्ध कजानलिक क्षेत्र की तुलना में बहुत कम है। फूलों की कीमत भी हर साल घटती-बढ़ती रहती है। सन् 1986 में बरवाना तथा आसपास के गांवों में फरवरी से अप्रैल (इससे पहले फूल उपलब्ध नहीं होते) के बीच *रोज़ा डेमेसीना* के फूलों की कीमत एक हजार से बारह सौ रुपये प्रति 40 किलोग्राम थी। उसी दौरान रोज़ एडवर्ड की कीमत 60 से 90 रु. प्रति 50 किलोग्राम के बीच रही। तथापि इस क्षेत्र में गुलाब की खेती अब उतार पर है, क्योंकि अनाजों की उच्च उत्पादक किस्में आ जाने से किसानों का रुझान उनकी ओर हो गया है।

भारत के कुछ अन्य भागों में भी गुलाब व्यावसायिक स्तर पर उगाए जाते हैं, जैसे अमृतसर में मुख्यतः गुलकन्द तथा कुछ अंश तक गुलाबजल बनाने हेतु। दक्षिण भारत के चिंगलपेट,

तंजावुर, तिरुचिरापल्ली, कुम्भाकुनम तथा मदुरै जिलों में पूजा अर्चना एवं व्यक्तिगत सज्जा हेतु 'रोज़ा एडवर्ड' मुख्य रूप से उगाया जाता है। कर्नाटक में बेंगलूर, महाराष्ट्र में पुणे और बिहार में देवगढ़ क्षेत्रों में गुलाब की खेती होती है।

गुलाब का तेल आग की तापित देसी भट्टियों में तीन-चार घंटे तक चलने वाली प्रक्रिया से बनाया जाता है, जबकि तांबे की वाष्पतापित भट्टियों में यह प्रक्रिया 2.5 घंटे में पूरी हो जाती है। इन दोनों विधियों से प्राप्त तेल की गंध में अन्तर होता है। देसी भट्टी के तेल में तांबा भट्टी की अपेक्षा कम खुशबू होती है, यद्यपि दोनों में ही तेल की प्राप्ति बहुत कम होती है। भारत में अभी घोलक विधि से गुलाब का तेल नहीं निकाला जाता।

हाल ही में लखनऊ स्थित केन्द्रीय औषधीय एवं सगंधीय पौध संस्थान में बल्गेरियाई तकनीक के समकक्ष एक विधि विकसित की गई है और आगरा विकास मण्डल निगम द्वारा अलीगढ़ जिले के हसायन ब्लॉक में एक अर्द्धव्यावसायिक संयंत्र लगाया गया है जो गुलाब का तेल बना रहा है। इसी संस्थान ने कश्मीर घाटी में बल्गेरियाई किस्म *रोज़ा डेमेसीना* लगाई है जो उत्तर प्रदेश तथा बल्गेरिया की अपेक्षा पांच-छः गुना अधिक उपज देने में सफल रही है। वहां आधुनिक तकनीक पर आधारित एक तेल निष्कासन संयंत्र भी लगाया जा रहा है।

भारत में गुलाब के अन्य उत्पाद

गुलकंदः गुलाब की पंखुड़ियों और मिश्री या चीनी को बराबर मात्रा में मिलाकर गुलकंद बनाया जाता है। इसके लिए ज्यादातर 'एडवर्ड' किस्म के फूल काम में आते हैं। गुलकंद को एक पौष्टिक चीज माना जाता है।

पंखुड़ीः ये गुलाब की सूखी पंखुड़ियां हैं। ठंडे पेय जैसे ठंडाई बनाने के लिए इन्हें काम में लाते हैं। ये 675 रुपये प्रति क्विंटल तक मूल्य में बाजार में बिकती है।

गुलरोगन केश तेलः घुले हुए तिलों और गुलाब के फूलों की परतें एक के ऊपर एक बिछाई जाती हैं, ताकि इनकी खुशबू को तिल पूरी तरह जज्ब कर लें। रोजाना मुरझाये हुए फूलों को बदल कर नए फूल तब तक डाले जाते हैं, जब तक कि तिलों में पूरी तरह गुलाब की खुशबू न भर जाए। इसके बाद इन तिलों को घानी में पेरा जाता है और खुशबूदार तेल तैयार हो जाता है।

अन्य देशों में गुलाब के उत्पाद

यूरोप में 16वीं व 17वीं शताब्दी में गुलाबों को सुगंध के लिए ही नहीं, बल्कि औषधीय गुणों के लिए भी इस्तेमाल में लाया जाता था। यहां गुलाब से दो व्यंजन बनाने की विधियां दी जा रही हैं (सौजन्यः जूलिया क्लीमेंट की पुस्तक 'माइ रोजेज़')

पंखुड़ियों का गुलकंद

सामग्रीः लाल रंग के गुलाब की पंखुड़ियां, चीनी व नारंगी के फूलों का जल।

विधिः लाल गुलाबों को मुरझाने से पहले चुन लेना चाहिए। पंखुड़ी के सफेद भाग को काट देना चाहिए, क्योंकि इनका स्वाद कड़वा होता है। फिर पंखुड़ियों को सुखा लेना चाहिए। 450 ग्राम सूखी पंखुड़ियों को मलमल की थैली में रखकर उसे उबलते पानी में डाल दें। पानी को निथार लें और उसमें 450 ग्राम चीनी मिलाएं। इसमें 2 चम्मच भर संतरे के फूलों का पानी भी मिला दें। अब इन पंखुड़ियों को डाल कर तब तक पानी में पकायें, जब तक कि गाढ़ा गुलकंद न बन जाए। पंखुड़ियों को चाशनी में निरन्तर दबाते रहना चाहिए। तैयार हो जाने पर छोटे जार में उड़ेल कर सुरक्षित रखना चाहिए। इस प्रकार तैयार गुलकंद अत्यंत स्वादिष्ट होता है तथा गुलाब में जितनी अधिक महक होगी, उत्पाद में उतना ही बढ़िया स्वाद आएगा। 'इटोइल द हॉलैण्ड', 'जनरल मैक आर्थर' तथा अन्य गहरे लाल रंग के सुगंधित गुलाब गुलकंद बनाने के लिए अच्छे माने जाते हैं।

पॉट-पूरी

अखबारों के पन्नों पर गुलाब की पंखुड़ियों को फैलायें। नमक छिड़कें और उन्हें सुखाएं। कुछ अन्य पौधों की पत्तियां मिलाने से भी उम्दा स्वाद बन जाता है, जैसे पोदीना, चमेली, रोज़मेरी, जिरेनीयम आदि। कई अन्य तरह के फूलों को भी सुखाकर इसमें मिलाया जा सकता है, जैसे गुलाबी लौंग, संतरा, चमेली आदि। इनमें 100 ग्राम ऑरिस की जड़ों के चूर्ण को अच्छी तरह मिलायें 30 मि.ली. इलायची, लौंग व जायफल डालें। दो नींबुओं की फांकें डालें और भी ज्यादा स्वादिष्ट बनाने के लिए इसमें 15 मि.ली. बर्गामट तेल या लेवेंडर स्प्रिट मिलायें।

अगर यह मिश्रण बहुत ही सूखा हो तो इसमें थोड़ा नमक मिला दें और अगर अधिक गीला हो तो इसमें ऑरिस की जड़ें मिला दें। इस मिश्रण को जाड़े में सूखने नहीं देना चाहिए तथा इत्र की कुछ बूंदें मिलाकर तरोताजा बनाए रखा जा सकता है।

आधुनिक उपयोग

पिछले विश्व युद्ध के दौरान विटामिन सी के एक महत्वपूर्ण स्रोत के रूप में कुछ जंगली तथा खेती योग्य गुलाब के हिपों (फलों) की काफी मांग थी। मैककांस और विडोसन (1960) के अनुसार हिप से बने 100 ग्राम शर्बत में 150 मि.ग्रा. एस्कार्बिक एसिड (विटामिन सी) होता है, जबकि इसकी तुलना में नारंगी में यह केवल 50 मिलीग्राम, कच्चे टमाटर में 20 मिलीग्राम और कच्चे सेब में 5 मिलीग्राम ही होता है। चैकोस्लोवाकिया (अब विभाजित) में चाय की तरह का एक गर्म पेय तथा एक लोकप्रिय वाइन वहां बहुतायत से उगने वाले जंगली गुलाब के फलों से तैयार किये जाते हैं। अमेरिका में इसका एक अन्य दिलचस्प उपयोग होता

है। वहां मुख्य मार्गों में उगाई *रोज़ा मल्टीफ्लोरा* गुलाब की झाड़ी को शाक एब्जार्बर या क्रैश बैरियर के रूप में इस्तेमाल किया जाता है।

मिलावट तथा मिलावटी पदार्थ

गुलाब के तेल की कीमत बहुत अधिक होने के कारण उसमें कुछ पदार्थों, जैसे उच्च गुणवत्ता वाले जिरेनियम ऑयल से प्राप्त एल-सिट्रोनैलाल या रोडीनाल, सिट्रोनेला एक्स्ट्रा, आसवित कोस्टस जड़ें तथा परिष्कृत गुइक वुड ऑयल आदि की मिलावट की जाती है। मिलावट की पहचान आपेक्षिक घनत्व, रोटेशन तथा कन्जीलिंग प्वाइंट निर्धारण द्वारा की जाती है। कुछ संश्लिष्ट पदार्थों, जैसे रोज़ ऑक्साइड, फिनाइल एथिल एल्कोहल तथा लाइनालोल की मिलावट भी की जा सकती है।

अध्याय 22

गुलाबों का निर्यात

यह सर्वविदित है कि विश्व में फूलों का व्यापार बहुत बड़े पैमाने पर होता है, जिसमें गुलाबों का स्थान सर्वोपरि है। अतः पिछले कुछ समय से भारत के गुलाब उत्पादकों द्वारा यह प्रश्न उठाना स्वाभाविक ही है कि भारत जैसे विशाल देश में मृदा और जलवायु संबंधित दशाओं की इतनी विविधता पाए जाने के बावजूद भी हम पुष्प उद्योग जैसे लाभकारी व्यवसाय का लाभ क्यों नहीं उठा पा रहे हैं जबकि एशिया में इज़राइल, अफ्रीका में मिस्र तथा कीनिया और लातिन अमरीकी देशों में कोलम्बिया तथा मैक्सिको जैसे देश भी इस दिशा में बहुत अच्छा कार्य कर रहे हैं। पिछले संस्करण में मैंने शासकीय संस्था—स्टेट ट्रेडिंग कारपोरेशन द्वारा यूरोपीय बाजारों में भारतीय गुलाब के कटे फूलों के निर्यात की एक परियोजना पर कार्य करने तथा नई दिल्ली के भारतीय कृषि अनुसंधान संस्थान द्वारा गुलाब की तीन किस्मों के उत्तम कोटि के फूल उगाने और उन्हें भेजने हेतु तैयार करने के बारे में आवश्यक प्रौद्योगिकी प्रदान करने का संदर्भ दिया था (तीन किस्में जो दिल्ली तथा आसपास के क्षेत्र में अच्छा प्रदर्शन दे रही थीं, वे थीं- 'हैप्पीनैस', 'क्वीन एलिजाबेथ' तथा 'सुपर स्टार')।

दिल्ली के निकटवर्ती छतरपुर क्षेत्र में 5-10 एकड़ के अनेक गुलाब फार्म विकसित हुए और स्टेट ट्रेडिंग कारपोरेशन ने वहां से फूलों को एकत्र करने, उपचारित करने तथा पैक करके हवाई जहाज से पश्चिमी यूरोप के कुछ महत्वपूर्ण केन्द्रों में पहुंचाने की व्यवस्था की। यह कार्यक्रम अंशतः सफल भी रहा और इससे यह पता चला कि अनुभव बढ़ने तथा बेहतर नियोजन द्वारा हम भविष्य में गुलाब निर्यात करने की दिशा में अच्छा कार्य कर सकते हैं। परन्तु अकस्मात ही कहीं इस योजना में लोगों की रुचि समाप्त हो गई और उसे एकाएक बन्द कर देना पड़ा। इन गुलाब फार्मों के मालिकों ने तब अपने फूलों को मुम्बई भेजना आरंभ किया जहां इनकी भारी मात्रा में खपत का पता चला। लेकिन इसके बावजूद उच्च गुणता वाले गुलाबों का दिल्ली में सीमित बाजार रहा।

इस बीच एक महत्वपूर्ण घटना यह हुई कि खाड़ी क्षेत्र को सजावटी पौधों और गुलाब सहित अन्य कटे फूलों के लिए एक महत्वपूर्ण बाजार के रूप में मान्यता मिली। इसके कारण मुम्बई शहर और खाड़ी देशों की मांग पूरी करने के लिए दक्षिणी पठार के पश्चिमी भाग में बड़े पैमाने पर गुलाब की खेती आरंभ हुई और 200 एकड़ या उससे बड़े गुलाब फार्म

विकसित हुए। वी.एस. पाध्ये के अनुसार पुणे तथा नासिक क्षेत्र (जो कि महाराष्ट्र) के प्रमुख गुलाब उत्पादक और व्यापारिक केन्द्र हैं, के अनेक किसानों ने संभावित लाभ को देखते हुए अपने अंगूर और गन्ने के खेतों को गुलाब बागानों में परिवर्तित कर दिया। यह कहा जा सकता है कि भारतीय गुलाब उत्पादकों के लिए मुम्बई और खाड़ी देशों के बाजार अधिक उपयुक्त हैं क्योंकि यूरोपीय बाजारों के विपरीत वे अधिक लम्बे तनों की मांग नहीं करते और साथ ही भारत में लोकप्रिय बड़े फूलों वाली किस्मों को भी स्वीकार कर लेते हैं।

जहां तक यूरोप को कटे हुए गुलाब भेजने की संभावना है, कुछ समय पूर्व सरकार की ओर से एक दल कुछ यूरोपीय देशों में बाजार सर्वेक्षण और भारतीय गुलाबों की निर्यात संभावनाओं का पता लगाने गया था। इनमें कुछ लोगों ने स्थिति का समीक्षात्मक आकलन भी किया। इससे यह पता चला कि जाड़े के महीनों में यूरोपीय बाजार में भारतीय गुलाब का प्रवेश हो सकता है, क्योंकि उस समय कांच घरों या पॉलीथीन घरों में उगाए महंगे फूल ही वहां उपलब्ध रहते हैं। परन्तु यह बात स्पष्ट समझ लेनी चाहिए कि यूरोपीय बाजारों में केवल प्रथम श्रेणी के ही फूल स्वीकार किए जाते हैं। भारत में इस प्रकार के फूल तभी उगाए जा सकते हैं, जबकि इसके लिए पुष्पन काल के दौरान कुछ विशेष सुरक्षात्मक उपाय अपनाए जाएं। यह बात दूसरी है कि ये उपाय कांचघर या पॉलीथीन घर बनाने जैसे महंगे उपाय नहीं हैं। इस दिशा में नई दिल्ली के भारतीय कृषि अनुसंधान संस्थान तथा लुधियाना स्थित पंजाब कृषि विश्वविद्यालय में कुछ परीक्षण किए जा रहे हैं। आवश्यकता इस बात की है कि कुछ नई किस्में विकसित करने के लिए सुनियोजित प्रजनन कार्यक्रम चलाए जाएं ताकि लम्बी अवधि तक वांछित गुणवत्ता, जैसे सुन्दर आकार, आकर्षक रंग, टिकाऊपन जैसे गुणों से युक्त किस्में विकसित की जा सकें। इन किस्मों में इस क्षेत्र में विद्यमान चरम तापमान को सहने की भी अच्छी क्षमता होनी चाहिए।

पुस्तक के वर्तमान संस्करण में किस्मों, खेतीबाड़ी की विधियों, रखरखाव तथा पैकिंग विधियों के बारे में जानकारी नहीं दी जा रही है क्योंकि इनमें इस क्षेत्र में व्यापक भिन्नता पाई जाती है। वर्तमान रुझान के अनुरूप निर्यात की दृष्टि से जो दो संभावित क्षेत्र आशाजनक पाए गए हैं, वे हैं- नई दिल्ली क्षेत्र तथा पुणे-नासिक क्षेत्र। नई दिल्ली क्षेत्र में शीतकालीन जलवायु उपयुक्त रहती है लेकिन यह केवल चार माह की होती है तथा नई दिल्ली के हवाई अड्डे से यूरोपीय फूल व्यापार देश सीधे जुड़े हुए हैं। पुणे-नासिक क्षेत्र जो मुम्बई के निकट है, में तो गुलाबों की खेती बड़े पैमाने पर आरंभ हो चुकी है। मिट्टी तथा जलवायु की दृष्टि से अत्यंत उपयुक्त एक अन्य क्षेत्र कश्मीर घाटी है परन्तु वहां पुष्पन काल यूरोप के समकक्ष है। इस समय यूरोप में फूल उपयुक्त कीमत पर उपलब्ध रहते हैं। साथ ही, कश्मीर घाटी से नजदीकी अन्तरराष्ट्रीय हवाई अड्डा दिल्ली का है जो काफी दूर स्थित है।

जो लोग विश्व में गुलाब के व्यापार की स्थिति के बारे में अधिक जानकारी चाहते हैं, उनके लिए डा. विष्णुस्वरूप द्वारा तैयार निम्नांकित विवरण प्रस्तुत किया जा रहा है।

गुलाब के फूलों का निर्यात

फारोह काल में मिस्र से गुलाब जहाजों पर रोम भेजा जाता था। यूनान ने गुलाब का इस्तेमाल मिस्रवासियों से सीखा। रोमन तथा यूनानी लोग गुलाब को प्रेम की देवी को समर्पित करते थे। तभी से समूचे विश्व में गुलाब को प्रेम के प्रतीक के रूप में माना जाता है।

कटे फूलों का विश्व व्यापार

विश्व में प्रति वर्ष लगभग 8750 मिलियन पौंड मूल्य के फूलों की खपत होती है। विभिन्न देशों में कटे फूलों की मांग को पूरा करने के लिए उनके निर्यात-आयात में निरन्तर वृद्धि हो रही है। सन् 1983 में विश्व में कटे फूलों का आयात 1221.11 मिलियन अमेरिकी डॉलर के बराबर हुआ, जबकि 1975 में यह 543.21 मिलियन डॉलर था जो लगभग 125 प्रतिशत की वृद्धि दर्शाता है। सन् 1983 में विकसित देशों द्वारा कुल आयात का 7.9 प्रतिशत तथा विकासशील देशों द्वारा 21 प्रतिशत भाग की आपूर्ति की गई। सर्वाधिक महत्वपूर्ण आयातक देश नीदरलैंड है जहां 58.10 प्रतिशत खपत है। विकासशील देशों में कोलम्बिया का अंश लगभग 14.73 प्रतिशत है। पश्चिमी यूरोपीय देशों में कटे फूलों की प्रति व्यक्ति खपत में निरन्तर वृद्धि हुई है जो इस समय लगभग 20 से 22 डॉलर है। जर्मनी में पिछले एक दशक में फूलों की खेती में प्रति वर्ष 10 प्रतिशत की दर से वृद्धि हुई है। वहां 1981 में कुल खपत 1500 मिलियन पौंड के करीब थी जो विश्व की कुल खपत का 17 प्रतिशत भाग था। प्रति व्यक्ति कटे फूलों की सर्वाधिक खपत स्वीटजरलैंड (54 डॉलर) में है जिसके बाद क्रमशः नीदरलैंड (44 डॉलर), नार्वे (40 डॉलर), जर्मनी (36 डॉलर), इटली (18 डॉलर), स्पेन, पुर्तगाल व ग्रीस (10 डॉलर) तथा इंग्लैंड (6 डॉलर) हैं।

गुलाब के फूलों का आयात-निर्यात

विश्व में आयात-निर्यात किये जाने वाले कटे फूलों में लोकप्रियता के आधार पर गुलाब का स्थान सर्वोपरि है जिसके बाद क्रमशः गुलदाऊदी तथा कार्नेशन हैं। यूरोपीय इकोनामिक कम्युनिटी के आकलन के अनुसार यूरोप में प्रति वर्ष लगभग 5 हजार मिलियन कटे फूल बेचे जाते हैं। सन् 1981 में हालैंड में फूलों की नीलामी में कटे गुलाबों की संख्या 1200 मिलियन को पार कर गई। गुलाब के फूलों का सबसे बड़ा उत्पादक और निर्यातक देश नीदरलैंड है जहां के गुलाब अनेक यूरोपीय देशों में भेजे जाते हैं, जिनमें यूरोप का सबसे ज्यादा पुष्प आयातक देश जर्मनी सम्मिलित है। आयात के इस आंकड़े में गुलाब का योगदान 20 प्रतिशत है। पश्चिम जर्मनी को गुलाब भेजने वाले अन्य देश इटली, फ्रांस, इजराइल और दक्षिण अफ्रीका हैं। कटे फूलों पर होने वाले कुल खर्च को देखें तो फ्रांस, जर्मनी तथा नीदरलैंड इसका क्रमशः 40, 16 और 15 प्रतिशत भाग गुलाबों पर व्यय करते हैं, जबकि इंग्लैंड 13

प्रतिशत (जिसमें गुलाब तथा कार्नेशन दोनों सम्मिलित हैं)। यद्यपि नीदरलैंड और जर्मनी जैसे कुछ महत्वपूर्ण यूरोपीय देशों में गुलाब के फूलों का उत्पादन पर्याप्त है, लेकिन इन्हें भी अपनी मांग पूरी करने के लिए आयात पर निर्भर रहना पड़ता है। जाड़ों, अर्थात्, नवम्बर से मार्च तक यूरोप में गुलाब के फूलों का अधिकतम आयात होता है और इस दौरान अधिकांश बाजारों में फूलों की कीमत 50 प्रतिशत ज्यादा रहती है।

विदेशों में गुलाब के फूलों की कीमत

बाजार में गुलाबों की कीमत मौसम, किस्म, गुणवत्ता और देश पर निर्भर करती है। हालैंड में बड़े फूलों वाली किस्मों के एक फूल की कीमत औसतन लगभग एक गिल्डर होती है जो जाड़ों में ढाई से तीन गिल्डर तक पहुंच जाती है। 'सोनिया' किस्म के एक फूल की कीमत साठ सेंट से 2 गिल्डर तक रहती है। गर्मियों में कीमत 20 से 22 सेंट तक हो जाती है और 30 सें.मी. टहनी वाले फूलों के लिए और कम अर्थात 9 सेंट तक हो जाती है। इज़राइल में गर्मियों के दौरान 'सोनिया' तथा 'मर्सीडीज' किस्मों के एक फूल की कीमत क्रमशः 38 तथा 36 सेंट रहती है। जर्मनी में 80 सें.मी. टहनीयुक्त गुलाब के एक फूल की कीमत जाड़ों में 1.80 से 2.5 डी.एम. तक मिल जाती है। सितम्बर में फूलों की कीमत 40 सें. मी. टहनी होने पर 0.80 पी.एफ.जी. तथा 60 सें.मी. टहनी होने पर 0.35 से 0.40 पी. एफ.जी. रहती है। डेनमार्क में मई माह में 40 सें.मी. टहनी वाले गुलाबों के लिए 1.35 डैनिश क्रोनर तथा 30 सें.मी. टहनी वाले फूलों के लिए 1.60 डैनिश क्रोनर तक कीमत प्राप्त हो जाती है। इसी प्रकार स्वीडन में गर्मियों के दौरान 50 सें.मी. टहनी वाले गुलाबों के लिए 2.50 स्वीडिश क्रोनर तथा 40 सें.मी. टहनी वाले फूलों के लिए 1.75 स्वीडिश क्रोनर कीमत रहती है।

भारत से गुलाबों और कटे फूलों का निर्यात

कटे फूलों में गुलाबों का स्थान न केवल भारत में बल्कि विदेशों में भी प्रथम रहा है। भारत में कटे फूलों का व्यापार हाल ही में आरंभ हुआ है। 1983 में नई दिल्ली में हुए एक सर्वेक्षण से पता चलता है कि कुछ प्रमुख फूल विक्रेता प्रति वर्ष 35 लाख रुपयों का व्यापार कर लेते हैं जो एक दशक पूर्व की अपेक्षा 10 गुना है। सर्दियों में यूरोपीय देशों को गुलाब के कटे फूल निर्यात करने की प्रबल संभावना को देखते हुए नई दिल्ली स्थित भारतीय कृषि अनुसंधान संस्थान के पुष्प विज्ञानियों ने स्टेट ट्रेडिंग कारपोरेशन के साथ मिलकर अंतर्राष्ट्रीय गुणवत्ता वाले गुलाबों को 1969 में पेरिस, राटरडम और फ्रेंकफर्ट के पुष्प विक्रेताओं को भेजने के सफल प्रयास किये। उनके प्रयासों से गुलाब तथा अन्य पुष्पों के कटे फूलों को विदेश भेजे जाने का मार्ग सशक्त हुआ।

इसके बाद से कुछ निजी उत्पादकों द्वारा छोटे पैमाने पर गुलाब के फूलों को निर्यात

करने के छुट-पुट प्रयास किये गये। हाल ही में पुणे से मध्य पूर्वी देशों में बहुत सीमित मात्रा में गुलाबों का निर्यात आरंभ हुआ है। 1981-82 में भारत से कुल 5.88 लाख रुपये मूल्य के कटे फूलों का निर्यात हुआ। गुलाब के फूलों के बारे में अलग से सूचना उपलब्ध नहीं है। दुर्भाग्यवश पिछले एक-डेढ़ दशक के दौरान गुलाबों के निर्यात में कोई उल्लेखनीय वृद्धि नहीं हुई है। लेकिन भारत सरकार और उसका वाणिज्य मंत्रालय, कृषि उत्पाद निर्यात विकास प्राधिकरण, स्टेट ट्रेडिंग कारपोरेशन ऑफ इंडिया तथा व्यापार विकास प्राधिकरण जैसी एजेंसियों ने हाल के वर्षों में पुष्प निर्यात को पर्याप्त बढ़ावा दिया है। प्रशोधित खाद्य निर्यात वर्धन समिति (वाणिज्य मंत्रालय) द्वारा आयोजित उत्पादक व्यापार तथा विपणन से संबंधित लोगों के प्रतिनिधि मण्डल ने 1981 में मास्को, एम्सटर्डम, हैम्बर्ग तथा फ्रेंकफर्ट जाकर गुलाब सहित अन्य कटे फूलों के उत्पादन और विपणन संबंधी पहलुओं तथा जीवित पौधों के निर्यात का अध्ययन किया। इस दल ने भारत सरकार को अपनी रिपोर्ट तथा संस्तुतियां प्रस्तुत की। यह बताया गया कि निर्यात हेतु गुलाब को सर्वोत्तम अन्तर्राष्ट्रीय गुणतायुक्त फूल प्राप्त करने के लिए ढकी हुई दशाओं अर्थात् कांच घरों में या पॉलिथीन घरों में उगाया जाना चाहिए। सर्दियों में यूरोप में गुलाबों की भारी मांग रहती है। अतः भारत से गुलाब के फूलों के निर्यात व्यापार पर ध्यान देना उपयुक्त रहेगा। इस नये धंधे को कुछ सुविधाएं दी गई हैं। कटे फूलों को अब उत्पादों की चुनिंदा सूची में सम्मिलित कर लिया गया है और कटे फूलों के निर्यातकों को अन्य उत्पाद निर्यातकों की भांति सुविधाएं दी जा रही हैं।

निर्यात के लिए उपयुक्त किस्में

गुलाब की असंख्य किस्मों में से केवल कुछ ही ऐसी हैं जिनकी विदेशी बाजारों में कटे फूलों के लिए मांग है। इसके अलावा एक दशक के भीतर नई विकसित किस्में पुरानी किस्मों को प्रतिस्थापित भी करती रहती हैं, जैसे कभी लोकप्रिय 'बक्कारा', 'क्वीन एलिजाबेथ', 'सुपरस्टार' आदि किस्में अब बाजार से बाहर हो गई हैं। कटे फूलों के लिए बड़े और छोटे फूल वाले गुलाब दोनों को ही प्रयुक्त किया जाता है। सन् 1981 में हालैंड में हुई कुछ नीलामियों में बड़े फूल वाली ऊपरी दस किस्मों के 44 करोड़ फूल तथा छोटे फूल वाले गुलाबों के 65.9 करोड़ फूल बिके। यद्यपि इस समय कटे फूलों के रूप में फ्लोरीबंडा गुलाब प्रचलित नहीं है, परन्तु हाल ही में नीदरलैंड में उन्हें कुछ महत्व मिला है, विशेषकर बुके तथा पुष्पविन्यास में। बड़े फूल वाली किस्मों में सबसे अधिक लोकप्रिय किस्म 'सोनिया मिलैंड' (गेरुआ गुलाबी रंग) है जिसे सामान्यतः 'सोनिया' के नाम से जाना जाता है। इसके बाद मीलैंड द्वारा 1972 में जारी 'वीसा' (टर्की लाल रंग) का स्थान है। सन् 1981 में नीदरलैंड की सबसे उत्तम बड़े फूलों वाली 10 किस्में निम्नवत् थीं: 'सोनिया' (गेरुआ गुलाबी, 22.5 करोड़ फूल), 'इलोना' (लाल, 8 करोड़ फूल), 'रैड सक्सैस' (लाल, 2.6 करोड़ फूल), 'बक्कारा' (सिन्दूरी लाल, 2.3 करोड़ फूल), 'लैमिनेट' (हल्की लाल किनारीयुक्त सफेद, 2.1 करोड़ फूल),

'एल्समीर गोल्ड' (सुनहरा पीला, 1.9 करोड़ फूल), 'कॉकटेल-80' (पीला, 1.5 करोड़ फूल), 'डायना' (पीला, 1.4 करोड़ फूल), 'प्राइव' (नारंगी-लाल, 1.2 करोड़ फूल) तथा 'कारलिटा' (गुलाबी, 50 लाख फूल)। अन्य सामान्य किस्में हैं' 'व्हाइट मास्टरपीस' (सफेद), 'पैसादीना' (नारंगी-लाल), 'कैरमबोल' (गहरा नारंगी), 'व्हाइट वीकएण्ड' (हरा-सफेद), 'सैण्डोकान' (गहरा गुलाबी किनारीयुक्त द्विरंगी), 'ब्राइडल पिंक' (हल्का गुलाबी), 'डॉ. ए जे वरहेज' (गहरा पीला), 'लारा' (हल्का गेरूआ), 'बिंगो' (नारंगी-लाल), 'मैरिना' (नारंगी), 'एल्ड्रा' (नारंगी), 'ईवा' (गेरूआ गुलाबी), पिंक सेंसेशन (गुलाबी), एलेग्रो (गहरा नारंगी), 'जोफिटाली' (गुलाबी), 'शॉकिंग ब्लू' (मेजेन्टा), 'वैरोनिका' (हल्का गुलाबी), 'एथीन' (नींबूई पीला), 'स्टर्लिंग सिल्वर' (हल्का बैंगनी) तथा 'मैनोला' (गुलाबी)।

इसी प्रकार 1981 में हॉलैंड की 10 सबसे लोकप्रिय छोटे फूलों वाले गुलाब निम्न थे: 'माट्रिया' (लाल, 26.2 करोड़ फूल), 'मर्सिडीज' (लाल, 12.4 करोड़ फूल), 'रैड गारनेट' (लाल, 5.6 करोड़ फूल), 'बेलिंडा' (तांबई सुनहरा नारंगी, 5.3 करोड़ फूल), 'कैरोल' (गहरा गुलाबी, 3.7 करोड़ फूल), 'जैक फ्रास्ट' (नींबूई पीला, 2.8 करोड़ फूल), 'कैरोना' (लाल, 1.7 करोड़ फूल), 'गोल्डन टाइम्स' (गहरा पीला, 2.7 करोड़ फूल), 'एवर गोल्ड' (पीला, 2.4 करोड़ फूल) तथा 'जगुआर' (लाल, 2.1 करोड़ फूल)।

कई अन्य छोटे फूल वाले गुलाब भी लोकप्रियता प्राप्त कर रहे हैं, जैसे 'कोरोनेट' (लाल), 'कैंडिया' (द्विरंगी-पीला तथा लाल), 'गैब्रिएले' (लाल), 'गर्डो' (गेरुआ), 'गैजा' (गेरुआ-गुलाबी), 'गोल्ड बेलिन्डा' (सुनहरा-पीला), 'सैब्रीना' (सुनहरा-पीला), 'मिस एलेन' (गुलाबी), 'रोमियो' (नारंगी-लाल), 'जूनियर मिस' (हल्का गुलाबी), 'रूबिनेट' (लाल), 'गोल्डी' (गहरा पीला), 'जैलपैरेको' (हल्का गुलाबी), 'शैम्पेन' (खुबानी पीला), 'ग्रैनेडा' (गहरा पीला) तथा 'क्रिस्टन' (नारंगी)। धीरे-धीरे फ्लोरीबन्डा भी लोकप्रिय हो रहे हैं जिनकी महत्वपूर्ण किस्में हैं- 'डोरिस रिजकर्स' (गुलाबी), 'ग्लोरिया मुन्डी' (नारंगी), 'पिंक शिफॉन' (बहुत हल्का गुलाबी), 'पिंक डिलाइट' (हल्का गुलाबी) तथा 'जेलडैनिरन' (गुलाबी)।

गुलाब पुष्पों का व्यापार

यूरोपीय देशों में गुलाब के फूल तीन मुख्य व्यापारिक मदों में बेचे जाते हैं जिन्हें फ्लोरिस्ट ट्रेड, मार्केट ट्रेड तथा स्ट्रीट ट्रेड कहा जाता है। फ्लोरिस्ट ट्रेड थोक व्यापार है जिनमें फूलों की अतिरिक्त देख-रेख की जरूरत नहीं पड़ती। इसके अन्तर्गत बड़े फूल वाले गुलाबों का वितरण किया जाता है जो अमूमन एकल आधार पर खरीदे व बेचे जाते हैं। लेकिन नीदरलैंड और अमेरिका में गुलाब दस या बारह टहनियों के गुच्छों में बेचे जाते हैं। गर्मियों में जबकि आपूर्ति अधिक और मूल्य कम रहते हैं तो बड़े फूल वाले गुलाब भी गुच्छों में बेचे जाते हैं जबकि छोटे फूल वाले गुलाब तो अनिवार्यतः गुच्छों में ही बेचे जाते हैं। छोटे फूलों की अपेक्षा बड़े फूल वाले गुलाब अधिक महंगे होने के कारण ग्राहकों द्वारा समुचित नियोजन

100. 'पेटाइट फौली' (मिनिएचर)

फूल सिन्दूरी रंग के। पार्श्व किरमिजी, छोटे आकार के दोहरे फूल आसानी से उगाये जा सकते हैं।

101. 'क्रीक्री' (मिनिएचर)

एक अत्यंत पुरानी बौनी किस्म, लेकिन आज भी उतनी ही मनमोहक और उगाने में आसान।

102. ग्रीन आइस' (मिनिएचर)

फूल सफेद से हरी झलक लिए, उगाने और संवर्धन में आसान। गमलों या क्यारियों में लगाने पर एक समान आकर्षक।

103. 'व्हाइट मैडोना' (मिनिएचर)

एक अत्यंत खूबसूरत बौनी किस्म। छोटे, सफेद, धुंधलाते गुलाबी रंग के फूल गुच्छों में खिलते हैं। चमकदार पत्तियां

104. 'कैंडी केन' (क्लाइंबर मिनिएचर)
कलात्मक आकार के सुन्दर फूल। थोड़ी सी ब्यार चलने पर ये गुच्छों में खिले गुलाबी से हल्के लाल धारीदार फूल, हवा में थिरकते प्रतीत होते हैं।

105. 'मैजिक कैरोसल' (मिनिएचर)
भारत में पाई जाने वाली यह गुलाब की एक श्रेष्ठ बौनी किस्म है। कल्पनातीत सुंदर फूल।

106. देहली पिंक पर्ल' (रैम्बलर)
सुप्रसिद्ध बौनी पोलिएन्था किस्म 'ईको' का एक प्राकृतिक रूप। बसन्त में इसकी लंबी, घनी लताएं सफेद और गुलाबी रंग के फूलों से लद जाती हैं।

107. शिमला में गुलाब की लताओं से सुशोभित एक बंगला।

108. 'मार्शल नील' (नोइसैट)

एक अत्यंत कलात्मक और बेहतरीन पीले गुलाब की यह नायाब किस्म 1864 में जारी की गई। यह किस्म 19वीं शताब्दी के अंतिम वर्षों में और बीसवीं शताब्दी के आरंभिक वर्षों में एक अत्यंत लोकप्रिय किस्म रही है। इसके फूल सुगठित, दोहरे, अत्यंत सुगन्धित और सुनहरे पीले रंग का मिश्रण लिए होते हैं।

109. 'मरमेड' (एच.बी.सी.)

1918 में जारी की गई एक प्रसिद्ध बेलदार किस्म जो आर. ब्रैक्टियाटा और दोहरे पीले टी रोज़ किस्म के संकरण से विकसित हुई है। इसके फूल एकल, बड़े (10-13 सें.मी.) क्रीमी पीले रंग के होते हैं और पर्वतीय क्षेत्रों के लिए एक बेहतरीन किस्म।

110. 'पिनाटा' (क्लाइंबर)

यह अर्द्धलतीय किस्म जापान में सुजुकी द्वारा विकसित की गई थी। संभवतः यह अब तक जारी की गयी सर्वाधिक चमकदार, आकर्षक किस्म है। फूल आरंभ में पीले होते हैं लेकिन जल्द ही नारंगी और सिन्दूरी रंगों में बदल जाते हैं।

111. 'कॉकटेल' (झाड़ी)
अत्यंत चमकदार, सुर्ख लाल रंग के फूलों के केन्द्र में पीला और किरमिजी रंग होता है। भारत में इन्हें लता और रैम्बलर वर्ग में रखा जाता है जबकि 'मॉर्डन रोज़ेज़' में इन्हें झाड़ीनुमा पौधों के रूप में वर्गीकृत किया गया है। बाड़ के रूप में भी उपयोगी।

के बाद ही खरीदे जाते हैं जबकि छोटे फूल वाले गुलाबों की खरीद मौके पर ही एकदम की जाती है। खरीद-फरोख्त की आदतों में विभिन्न देशों में भिन्नता पाई जाती है। इधर फ्लोरीबन्डा लोकप्रिय होने लगे हैं क्योंकि उनमें टिकाऊपन अधिक होता है और दाम मध्यम। परन्तु इनमें कमी यह है कि ये साल भर उपलब्ध नहीं होते। गर्मियों में उनका उत्पादन व बिक्री अधिकतम होती है। मार्च-अप्रैल में जिस समय फ्लोरीबन्डा में उच्च कोटि के पुष्प आते हैं, उन्हें यूरोपीय देशों को भेजना लाभकारी होता है। यही बात उत्तर भारत में नवम्बर-दिसम्बर माह में भी लागू होती है। अन्य मौसमों में फ्लोरीबन्डा, बेंगलूर, नासिक तथा पुणे में फूल देते हैं।

गुलाब पुष्पों का उत्पादन

जैसा कि पहले बताया जा चुका है, निर्यात हेतु गुलाबों को कांचघरों, फाइबर ग्लास घरों या प्लास्टिक के घरों में उगाना चाहिए ताकि पुष्पन विश्वसनीय हो और गुणवत्ता बनी रहे। आन्तरिक उपभोग के लिए तथा निकटवर्ती/विदेशी बाजारों जैसे मध्य पूर्वी देश के लिए गुलाबों को खुली क्यारियों में या सीमित पॉलीथीन छतों के नीचे उगाया जा सकता है। पंजाब कृषि विश्वविद्यालय, लुधियाना तथा भारतीय कृषि अनुसंधान संस्थान, नई दिल्ली में किए गए प्रयोगों से पता चला है कि झाड़ियों को ऊपर से पॉलीथीन चद्दर द्वारा ढकने से स्वच्छ तथा स्वस्थ फूल आते हैं।

गुलाब की खेती अन्तर्राष्ट्रीय हवाई अड्डे से जितना निकट संभव हो, करनी चाहिए क्योंकि कटे फूलों को भेजने के लिए न्यूनतम समय लगना चाहिए। फूलों में ताजगी और कलियों का सही अवस्था में रहना आवश्यक है। अतः यह महत्वपूर्ण है कि फूलों को काटने, पैक करने और विदेशी बाजार तक भेजने तथा वहां पहुंचने की संपूर्ण प्रक्रिया खेतों से काटे जाने के 24 घंटे के अन्दर अवश्य पूरी हो जाए। गुलाब का बाग इतना बड़ा होना चाहिए कि वहां से निर्यात मौसम के दौरान नियमित रूप से फूल भेजा जाना सुनिश्चित हो सके। विदेशी दुकानदार अनियमित रूप से भेजे जाने वाले छोटी खेपों में रुचि नहीं रखते। साधारणतया फूलों की निर्बाध आपूर्ति बनाए रखने के लिए कम-से-कम दो हैक्टर भूमि में गुलाब उगाए जाने चाहिए जहां 60 × 60 सें.मी. की दूरी पर लगभग 21 हजार झाड़ियां लगी हों, ताकि दिसम्बर से मार्च तक प्रति दिन निर्यात गुणवत्ता वाले 1500 से 2000 फूलों की औसत आपूर्ति बनाई रखी जा सके। इस अवधि के दौरान एक लाख अस्सी हजार से दो लाख चालीस हजार तक कटे फूल निर्यात हेतु प्राप्त किए जा सकते हैं। फूलों की निरन्तरता बनाए रखने के लिए झाड़ियों की एक-एक सप्ताह के अन्तर से तीन-चार बार कटाई-छंटाई आवश्यक होती है। सामान्यतया फूल कटाई-छंटाई के 45 दिन बाद आते हैं। उपयुक्त आकार वाले खेत के मालिक के लिए यह वांछनीय हैं कि वह कटे फूलों का अपना व्यापार स्टेट ट्रेडिंग कार्पोरेशन ऑफ इंडिया जैसी संस्थाओं के माध्यम से करें। जो इससे अधिक क्षेत्रफल में गुलाब लगा

सकते हैं, वे स्वयं अपना उत्पादन और विपणन देख सकते हैं। परन्तु यह याद रखना चाहिए कि बाजार का अध्ययन जरूरी होता है और मांग का आकलन व्यवसाय आरंभ करने से पूर्व ही किया जाना चाहिए।

कांच घरों में उत्पादन

कांच घरों (कांच या पॉली शीट) में गुलाब के फूलों की उत्पादन तकनीक के बारे में अधिक जानकारी नहीं है। नीदरलैंड तथा कुछ अन्य देशों में यह तकनीक काफी विकसित तथा मशीनीकृत हो चुकी है जिसका संचालन कम्प्यूटरों द्वारा किया जाता है। कांच घरों में गुलाब के फूलों का उत्पादन खुले खेतों की अपेक्षा 10 गुना अधिक होता है। साथ ही, इसमें बेहतर गुणवत्ता वाले फूलों का उत्पादन भी सुनिश्चित होता है। नीदरलैंड में 12000 वर्ग मीटर स्थान (कांच घर) से औसतन 8000 फूल प्रति दिन या 15 लाख फूल प्रति वर्ष प्राप्त किए जा सकते हैं। इस आकार के कांच घर की कीमत लगभग 36 लाख रुपये है। नीदरलैंड में तापन व्यवस्था सहित कांच घर की कीमत लगभग 70 डच गिल्डर प्रति वर्ग मीटर आती है। कांच घर में पौधों की दूरी बहुत कम अर्थात् पंक्तियों के बीच 35 सें.मी. तथा पौधों के बीच 25 सें.मी. रखी जाती है। ऐसे पौधे ऊंचे उगते हैं, उनमें शाखन अधिक नहीं होता तथा फूल लम्बी टहनियों पर आते हैं।

पूर्व-शीतलन तथा पैकेजिंग

गुलाब के फूल कली अवस्था में उस समय काटे जाते हैं जबकि बाह्यदल पीछे की तरफ मुड़ जाए और पंखुड़ियों का रंग पूरा दिखाई देने लगे। छोटी किस्मों तथा फ्लोरीबन्डा के फूल उस समय काटे जाते हैं जबकि वे गुच्छों में खिलना आरंभ कर देते हैं। फूलों को यथासंभव लम्बी टहनी सहित शाम के समय काटना चाहिए। अपरिपक्व या बहुत कसी हुई कलियों को काटने से उनके न खुलने का अंदेशा रहता है, जबकि सही अवस्था से ज्यादा देरी करने पर उनके मार्ग में खिलने का भय बना रहता है।

फूलों को काटकर तुरंत पानी से भरी हुई बाल्टियों में रखा जाता है। इस बात का ध्यान रखना चाहिए कि एक बाल्टी में बहुत अधिक फूल न रखे जाएं अन्यथा पत्तियों के मुड़ने और कांटों से कटने-फटने का भय रहता है। तनों को गर्दन तक पानी में डूबा रहना चाहिए और बाद में उसके अन्दर ही लगभग 5 सें.मी. और ऊपर से पुनः तिरछा काटना चाहिए। इसके बाद बाल्टी सहित फूलों को 5° से. तापमान पर 6-12 घंटे के लिए रखना चाहिए ताकि कलियां कड़ी हो जाएं और उनका टिकाऊपन बढ़ जाए। यदि उन्हें अधिक लम्बे समय तक रखना हो तो शीत भण्डारण का तापमान 2-4° से. होना चाहिए। 'रोज़ ऑयल' जैसे रसायनों के उपचार से पानी अधिक समय तक साफ रहता है और जीवाणुओं का प्रकोप नहीं होता जिससे टहनियों में जल-अवशोषण रुकता नहीं।

पैकिंग के समय श्रेणीकरण में आसानी के लिए काटते समय ऐसे सभी फूलों को इकट्ठा रखना चाहिए जिनमें रंग, टहनी की लम्बाई तथा विकास की अवस्था एक समान हो। विदेशी बाजारों में बड़े फूल वाली किस्मों के लिए टहनी की लम्बाई 60-90 सें.मी. तथा छोटे फूल वाली किस्मों के लिए 40-50 सें.मी. होनी चाहिए। बड़े फूल वाली किस्मों की कलियां 3-3.5 सें.मी. तथा छोटे फूलों के लिए 2-2.5 सें.मी. होनी चाहिए। सामान्यतः कोई किस्म तब व्यापारिक दृष्टि से लाभकारी रहती है जब उसमें निम्न गुण हों: चूर्णिल फफूंदी, काला धब्बा या रतुआ जैसी बीमारियों से मुक्त बढ़िया तथा स्वच्छ बढ़वार होना; लम्बी, सीधी, नुकीली तथा सुगठित आकार वाली कलियां (पुष्पों को बहुत अधिक पंखुड़ियों वाला नहीं होना चाहिए); परिवहन को सहन कर सकने वाला मजबूत गठन; मजबूत तने; सुमधुर गंध जिसमें अधिक भिन्नता न पाई जाती हो; पुष्पन की निरन्तरता; अच्छा टिकाऊपन; तथा यदि संभव हो तो सुगंध। प्रायः लाल, गुलाबी और नारंगी रंग अधिक पसंद किए जाते हैं तथा पीले और सफेद गुलाबों की मांग कम होती है। बाजार में दो-रंगी गुलाब भी पसंद नहीं किए जाते।

फूलों को अंतिम रूप से श्रेणीकृत टहनी की लम्बाई के अनुसार किया जाता है और फिर उन्हें चार प्लाई की कोरोगेटेड शीट से बने टेलीस्कोपिक प्रकार के ढक्कनयुक्त गत्ते के डिब्बों में पैक किया जाता है। कटी टहनियों को गोल बंडलों के रूप में एकत्र करके तने [illegible]ले हिस्से को गीले अखबारों से लपेटा जाता है। तनों को टूटने तथा बंडलों को ढीला होने से [illegible]गने के लिए पुष्प कलियों के नीचे और तने के निचले भाग में दो जगह रबड़ बैंड लपेटा जाता है। बिक्री की दृष्टि से अधिक आकर्षक बनाने और रगड़ खाने से बचाने के लिए पूरे बंडल को नरम सफेद बटर पेपर में लपेटा जाता है जो कलियों के शीर्ष से 5 सें. मी. अधिक ऊंचा रखा जाता है और ऐसा करते समय चिकने भाग को भीतर की ओर तथा धारीदार भाग को बाहर की ओर रखा जाता है ताकि पैकिंग और परिवहन के दौरान संभावित दबाव से फूलों की रक्षा की जा सके। इसे भी कलियों के शीर्ष से 5 सें.मी. अधिक रखा जाता है। फूलों को पैक करने के लिए 120 सें.मी. लम्बे, 45 सें.मी. चौड़े तथा 32 सें.मी. गहरे डिब्बों का इस्तेमाल किया जाता है जिसमें 4 या 5 बंडल (80-100 फूल) पैक किए जा सकते हैं। डिब्बे के तले और किनारों पर एक पतली पॉलीथीन शीट बिछाई जाती है तथा उसके दोनों छोरों पर महीन, गीले टिशु पेपर के पैड रखे जाते हैं। फूलों के बंड़ों को डिब्बों में लम्बाई में रखा जाता है और फूल वाले सिरों को दोनों छोरों में बराबर-बराबर बांटकर बंडलों को व्यवस्थित किया जाता है। प्रत्येक बंडल के बीच टिशू पेपर की मोटी परतें बिछाई जाती हैं और गत्ते के दोनों छोरों की ओर थोड़ी जगह खाली रखी जाती है ताकि फूलों को नुकसान न पहुंचे। गत्ते के भीतर बंडलों को अपने स्थान पर स्थिर रखने के लिए प्रत्येक सिरे से 24 सें.मी. की दूरी पर लकड़ी की दो डंडियां लगाई जाती हैं और इन्हें अपने स्थान पर रोकने के लिए गत्ते के बाहर से कीलें लगा दी जाती हैं। प्रत्येक छड़ी के नीचे नायलॉन फोम की गद्दी रखी जाती है ताकि फूल रगड़ न खाएं। गत्ते के समस्त ऊपरी भाग में

पतले-सफेद टिशु पेपर की परत बिछाई जाती है और इसके बाद उसे बन्द करके पतली मजबूत डोरी से कस कर बांध दिया जाता है। गत्तों पर आकर्षक लेबल लगाए जाते हैं।

परिवहन

फूल के पैकेटों को भेजे जाते समय शीतलन आवश्यक है। अतः यह सलाह दी जाती है कि हवाई अड्डे तक फूलों के डिब्बों को ले जाने के लिए पूर्व शीतित ट्रकों का इस्तेमाल किया जाए। इन डिब्बों को हवाई जहाज में चढ़ाने, पादप कोरेन्टाइम निरीक्षण तथा कस्टम आदि की कार्यवाही पूरी करने में न्यूनतम समय लगाया जाना चाहिए। हवाई यात्रा सीधे गंतव्य स्थल तक की होनी चाहिए ताकि बीच में स्थानान्तरित न करना पड़े। चूंकि फूलों की बिक्री तथा नीलामी प्रायः सवेरे के समय होती है, अतः इन बंडलों को पुष्प बाजारों में निर्धारित समय से पूर्व पहुंच जाना चाहिए।

भंडारण

प्रायः थोक व्यापारी बंडलों को खोले बिना 10 डिग्री सें.ग्रे. से कम तापमान वाले शीत भंडारों में इन्हें रख देते हैं। यदि गुलाबों को अधिक लम्बे समय तक रखना हो तो उन्हें शीत भण्डार में दो से चार डिग्री सें.ग्रे. तापमान पर पानी में रखना चाहिए। पानी तथा बाल्टी, दोनों ही स्वच्छ होने चाहिए। अधिक समय तक साफ बनाए रखने के लिए पानी को पहले से किसी रसायन से उपचारित कर लेना चाहिए।

खुदरा व्यापारी फूलों की खेप प्राप्त होते ही उन्हें खोल लेते हैं और तने से कुछ पत्तियां हटाकर टहनियों को साफ पानी में डाल देते हैं। फूलों को पानी में डालने से पहले उनकी टहनी को आधार से 2 सें.मी. ऊपर से तिरछा काट लेना चाहिए। फूलों से भरी बाल्टी को शीत भंडार में रखना चाहिए। प्रायः पानी में कटे फूलों के लिए आहार मिला लेना चाहिए जिसमें जीवाणु तथा कवकरोधी पदार्थ मिले रहते हैं। इसके प्रयोग से पानी अधिक समय तक साफ बना रहता है, टिकाऊपन बढ़ जाता है, तनों का विगलन रुक जाता है और फूलों के खिलने की प्रक्रिया को बढ़ावा मिलता है। घरों में गुलदस्तों के लिए भी इस आहार के इस्तेमाल की सलाह दी जाती है। प्रत्येक बार बदले जाने पर तने के आधार को 2 सें.मी. ऊपर से तिरछा काट लेना चाहिए तथा पात्र में पानी में डूबने वाली पत्तियों को हटा लेना चाहिए।

अध्याय 23

गुलाब की भारतीय किस्में

भारत में गुलाब की किस्में विकसित करने हेतु प्रजनन का काम अन्य देशों की तुलना में देर से आरम्भ हुआ। इस सम्बन्ध में पहला संदर्भ कदाचित 'डा. एस.डी. मुखर्जी' नामक भारतीय किस्म का है जिसे सन् 1935 में बी.के. राय चौधरी ने जारी किया था। भारत के गुलाब प्रजनकों में देवगढ़ की सुविख्यात गुलाब नर्सरी के प्रमुख बी.एस. भट्टाचार्जी का योगदान सर्वोपरि है जिन्होंने अपने दो पुत्रों के सहयोग से 1941 से 1968 के बीच अनेक किस्में विकसित की। इनकी पहली विकसित किस्म 'रामकृष्ण देव' 1941 में जारी की गई थी। इनके द्वारा विकसित कुछ उत्कृष्ट हाइब्रिड टी जैसे 'हार्ट थ्रोब' (बड़े आकार के गहरे लाल सुगंधित फूल), 'राजा राम मोहन राय' (तांबई एप्रीकाट) तथा 'पंडित नेहरू' (नारंगी-लाल) नामक फ्लोरीबंडा गुलाब आज भी भारत में कुछ स्थानों पर उगाए जाते हैं। उनके द्वारा विकसित किस्मों से सम्बंधित प्रतिशत और प्रजनन विधि के बारे में कोई सूचना सुलभ नहीं है। कुछ अन्य आरंभिक गुलाब प्रजनकों, जैसे बी.के. राय चौधरी तथा ए.के. राय चौधरी द्वारा विकसित किस्मों के बारे में भी अधिक सूचना उपलब्ध नहीं है। एस.पी. बनर्जी नामक गुलाब प्रजनक ने भी पचास और साठ के दशक में कुछ किस्में विकसित कीं और उनका नामकरण भी किया, परन्तु यह सूचना उपलब्ध नहीं है कि उन्हें जारी भी किया गया अथवा नहीं।

भारत में पौधों का पेटेंट कराने का प्रचलन नहीं है, इसके बावजूद गुलाब प्रजनन की एक लहर बी.एस. भट्टाचार्जी के पास उत्पन्न हुई जिसमें नर्सरी मालिकों, अनुसंधान संस्थानों तथा शौकिया गुलाब उगाने वालों ने भाग लिया। बेंगलूर की प्रसिद्ध के.एस.जी. सन नर्सरी ने अपने अध्यक्ष जी. कस्तूरी रंगन के नेतृत्व में गुलाब प्रजनन संबंधी महत्वपूर्ण कार्य किया और उनके द्वारा विकसित अनेक किस्मों में 'श्रीनिवास' (लाल-सफेद दोरंगी) तथा 'सिटी ऑफ पंजिम' (चमकीला गुलाबी तथा गदला सफेद, दोरंगी) जैसे हाइब्रिड टी, 'भरानी' (मैजेन्टा जामनी) जैसे पोलिएन्था तथा 'चन्द्रिका' (हरे सफेद से शुद्ध सफेद) जैसे मिनिएचर गुलाब सम्मिलित हैं। अन्य प्रमुख गुलाब प्रजनक नर्सरियों में जयपुर की आनन्द रोज़ नर्सरी (जहां से श्रीमती पी.एल. ऐरन द्वारा 'गोल्डन रेज़' किस्म जारी की गई) तथा लखनऊ की फ्रैन्डस रोजरी (जहां से जी.पी. अग्रवाल द्वारा सुन्दर नील-लोहित लेवेन्डर गुलाब 'कस्तूरी रंगन' जारी किया गया) सम्मिलित हैं। मेरठ की लवीना रोजेज़, देहरादून की दून वैली रोजेज़, जमशेदपुर की टिस्को

नर्सरी में आर.आर. करनाड तथा साथियों द्वारा किए कार्य और आर.पी. ठाकुर द्वारा प्रजनित 'अजन्ता' नामक हाइब्रिड टी गुलाब भी उल्लेखनीय है।

कनाडा तथा अमेरिका जैसे कुछ देशों के कृषि विभाग की कुछ अनुसंधान प्रयोगशालाओं में अनेक वर्षों से लम्बी अवधि की समस्याओं, जैसे गहन शीतकालीन ठण्ड तथा गंभीर रोगों के लिए प्रतिरोधी किस्मों के विकास का कार्य चल रहा है। भारत में भी गुलाब प्रजनन के कार्य में अनुसंधान संस्थानों का प्रवेश दीर्घगामी महत्व की वर्तमान समस्याओं के समाधान में महत्वपूर्ण भूमिका निभा सकता है। विश्वविख्यात भारतीय कृषि अनुसंधान संस्थान में उद्यान गुलाबों के प्रजनन का कार्य साठ के दशक से किया जा रहा है और इसमें सामान्य प्रजनन विधियां तथा उत्परिवर्तन प्रजनन विधियां, दोनों का प्रयोग किया जाता है। अब यह संस्थान भारत का प्रमुख गुलाब प्रजनक केन्द्र बन चुका है। यहां की प्रमुख हाइब्रिड टी किस्मों में 'मृणालिनी' (गुलाबी), 'जवाहर' (सफेद) तथा 'अभिसारिका' सम्मिलित हैं। यहां की नवीनतम किस्म 'प्रियदर्शिनी' (गुलाबी तथा सफेद) ने काफी लोकप्रियता प्राप्त की है। यहां से जारी महत्वपूर्ण फ्लोरीबंडा किस्मों में 'प्रेमा' (गुलाबी तथा सफेद), 'नीलाम्बरी' (गहरा लैवेन्डर नील-लोहित), 'शबनम' (सफेद), 'सूर्योदय', 'शृंगार' तथा 'सिंदूर' (सभी नारंगी लाल), 'मोहिनी' (जाड़ों में गहरा भूरा) सम्मिलित हैं। संस्थान द्वारा अब लम्बी अवधि के कार्यक्रमों, जैसे उष्ण दशाओं के लिए अनुकूलित एवं प्रमुख किस्मों को रोगरोधी कराने के कार्यक्रम सम्मिलित हैं।

बेंगलूर स्थित भारतीय उद्यान अनुसंधान संस्थान, जहां की जलवायु दिल्ली से बिल्कुल भिन्न है, में भी गुलाब प्रजनन का कार्य अनुसंधान कार्यक्रमों के अन्तर्गत किया जा रहा है। उद्यान गुलाबों पर उत्परिवर्तन विषयक अध्ययन का कार्य उपर्युक्त दो संस्थाओं के अतिरिक्त, लखनऊ स्थित राष्ट्रीय वानस्पतिक संस्थान, ट्राम्बे स्थित भाभा एटोमिक रिसर्च सेन्टर तथा कुछ विश्वविद्यालयों में भी प्रगति पर है।

शौकिया गुलाब प्रजनकों के वर्ग में अनेक ऐसे लोग भी सम्मिलित हैं जिनमें नई किस्में विकसित करने की असीम चाहत तो थी, परंतु उन्होंने आनुवंशिकी या पादप प्रजनन जैसे विषयों में वैज्ञानिक शिक्षा प्राप्त नहीं की थी। इनमें से कुछ ने तो एक लक्ष्य विशेष को ध्यान में रखकर दाता जनक पौधों का सावधानीपूर्वक चुनाव किया और फिर उनमें संकरण कराकर प्राप्त संतति में से चयन करके नई किस्में जारी की। कुछ ने तो प्राकृतिक रूप से हुए कायिक उत्परिवर्तन के फलस्वरूप उत्पन्न भिन्न प्रकार के रूप को नई किस्म के रूप में जारी कर दिया।

इस पुस्तक का लेखक स्वयं को भी आरंभिक शौकिया गुलाब प्रजनकों में शामिल करता है। यद्यपि कृषि वैज्ञानिक के रूप में मेरा प्रमुख कार्य गेहूं के रोगरोधी विभेदों का प्रजनन था, लेकिन कालांतर में जब मैं प्रशासनिक उत्तरदायित्व वाले वरिष्ठ पद पर नियुक्त हुआ तो मुझे फसल प्रजनन का कार्य छोड़ देना पड़ा। उस समय मुझे एक ऐसे शौकिया काम की तलाश महसूस हुई जिसमें पौधों और फूलों के प्रति मेरे प्रेम और फसल सुधार के क्षेत्र

में मेरे अनुभव को मिश्रित किया जा सके। मुझे गुलाब प्रजनन ही सर्वश्रेष्ठ कार्य प्रतीत हुआ। बाद में तो मेरा यह शौक मेरे पूर्व शौक—रविवारीय चित्रकारी पर भी हावी हो गया। अपने समय और साधनों की सीमा को समझते हुए मैंने गुलाबों के लिए कोई लम्बा-चौड़ा कार्यक्रम नहीं बनाया। अपने कार्य का आरंभ मैंने लैम्बर्ट द्वारा 1897 में जारी अत्यधिक सुगंधयुक्त क्रिमसन रंग के फूलों वाली 'ग्रस एण्ड टैपलिज' नामक किस्म के मुक्त परागित बीजों से किया। परन्तु शीघ्र ही मैंने संकरण का कार्य भी हाथ में लिया। यद्यपि मुक्त परागित बीज पर कार्य मैंने जारी रखा क्योंकि हमारे देश में मधुमक्खियों की सक्रियता के कारण ऐसे बीजों से उगाए पौधों में अत्यधिक आनुवंशिक भिन्नता के पाए जाने की प्रबल संभावना विद्यमान है। सेवानिवृत्ति के बाद भी मैंने गुलाब प्रजनन का कार्य जारी रखा, क्योंकि मुझे भारतीय कृषि अनुसंधान संस्थान द्वारा अत्यंत उदारतापूर्वक इसके लिए सुविधाएं प्रदान की जाती रहीं। कुछ प्रमुख किस्में जिनके विकास में मेरा योगदान रहा, वे हैं— हाइब्रिड टी वर्ग में शुद्ध सफेद 'डा. होमी भाभा', हल्की पीली लम्बी कलियों वाली 'पूर्णिमा' सुगंधित/टी प्रकार में बड़ी नारंगी गेरुआ रंग वाली 'राजा ऑफ नालागढ़', नारंगी एप्रिकॉट रंग वाली आकर्षक 'कनकांगी', गहरी मखमली लालिमायुक्त लाल 'मैकाक'; नवीनतम किस्मों में 'राजहंस' (सफेद), 'अप्सरा' (पारदर्शी गुलाबी) तथा 'जवानी' (नारंगी लाल); फ्लोरीबन्डा में चमकीले गुलाबी रंग की 'देहली प्रिंसेज़', सुनहरे लाल रंग वाली 'बंजारन', हल्की गुलाबी 'लोरी', चमकीली नारंगी लाल 'कुमकुम'; नवीनतम हाइब्रिड टी प्रकार के फ्लारीबन्डा में हल्के पीले तथा गुलाबी फूलों वाली 'मधुरा', नारंगी लाल से नारंगी गेरुआ रंग वाली 'सूर्य किरण', तथा गहरी गुलाबी किनारीयुक्त सफेद 'सरोजा' शामिल हैं।

आधुनिक भारत में गुलाब के इतिहास का वर्णन नालागढ़ के राजा सुरेन्द्र सिंह के उल्लेख के बिना अधूरा है जो रोज़ सोसायटी ऑफ इंडिया के अध्यक्ष भी रहे। अपनी असामयिक मृत्यु से पूर्व उन्होंने बहुत कम समय में 13 किस्में विकसित कीं जिसमें मखमली गुलाबी 'नज़र-ए-नज़र' तथा नील लोहित बैंगनी 'यामिनी कृष्णमूर्ति' सम्मिलित हैं। राजा सुरेन्द्र सिंह के ही समकालीन एम.एन. हार्डिकर तथा एम.एस. वीर राघवन का नाम भी गुलाब प्रजनन के क्षेत्र में लिया जाता है। हार्डिकर ने अन्य किस्मों और रंगों के अतिरिक्त बेहतरीन क्रिमसन गुलाबों के विकास पर मुख्य ध्यान दिया। वीर राघवन ने 1966 में मुख्यतया भारत में तीव्र धूप का सामना कर सकने वाली अधिक टिकाऊ पंखुड़ियों वाले गुलाबों के विकास पर ध्यान केन्द्रित किया। जहां उसने 'सिसिल ब्रूनर' नामक पुराने पोलिएन्था और सुगंधित बोरबॉन संकर 'रोज़ एडवर्ड' पर काम किया, वहीं हाल ही में बंगाल के मैदानी इलाकों में पाए जाने वाले जंगली गुलाब *रोजा क्लिनोफिला* से संकरण का कार्य भी हाथ में लिया। वीर राघवन का एक अन्य उद्देश्य हस्तचित्रित शृंखला वाले बेहतर हाइब्रिड टी गुलाब का विकास भी रहा है। 'कांची' (मखमली मैजेन्टा जामनी), 'वनमाली' (ऑरकिड लेवेन्डर) तथा 'नेफरटिटी' (गोल्डन अम्बर) जैसे हाइब्रिड टी किस्में, 'प्रियतमा', 'प्रियम्वदा' तथा 'अभय 87' जैसे 'हस्तचित्रित'

'गुलाब' और महादेव (नारंगी लाल) तथा 'भागमती' (लाल तथा सफेद) जैसे फ्लोरीबन्डा वीर राघवन द्वारा विकसित कुछ उल्लेखनीय किस्में हैं। सत्तर के दशक के प्रमुख गुलाब प्रजनकों में वाई.के. हाण्डे (प्रमुख किस्में 'अजंता केव्स', 'इंडियन पर्ल' तथा 'लोकमान्य' जिनमें रंग और सुन्दर स्वरूप का अनूठा मिश्रण है) तथा ब्रह्मदत्त (प्रमुख किस्म- 'के.के. ठाकुर', 'डॉन नीलसन' तथा 'प्राइड ऑफ नागपुर') का नाम लिया जाता है। अनेक अन्य व्यक्तियों का भी इस क्षेत्र में योगदान रहा है, परन्तु उन सबका नाम यहां पर दिया जाना संभव नहीं है।

यहां एक स्वाभाविक प्रश्न उठता है कि इतनी किस्मों के विकास के बावजूद हम इन भारतीय किस्मों को निजी और सार्वजनिक उद्यानों तथा गुलाब प्रदर्शनियों में क्यों नहीं देखते। इसका प्रमुख कारण तो यह है कि वास्तव में भारत में विकसित कोई भी किस्म सार्वभौमिक नहीं हैं। भारत में बहुत अधिक मृदा-जलवायवीय अन्तर पाया जाता है और विभिन्न क्षेत्रों में इन किस्मों के प्रदर्शनों के आंकड़े सुलभ नहीं होते। तीसरा, भारतीय किस्मों के बारे में जानकारी के अभाव के कारण इनकी मांग कम है, जिससे नर्सरी वाले उनका प्रचार-प्रसार नहीं कर पाते हैं। यह बात भारत में ही नहीं, आस्ट्रेलिया जैसे अन्य देशों में भी लागू होती है। भारत में लोग गुलाबों के बारे में अपनी राय प्रायः गुलाब प्रदर्शनियों में ही बनाते हैं क्योंकि इन प्रदर्शनियों में सजावटी गुलाबों का कोई वर्ग नहीं होता अतः दर्शक प्रायः किस्मों की गुणवत्ता के बारे में सही राय कायम नहीं कर पाते। प्रदर्शनियों में पौधों के फूलने, उन पर आई बहार की अवधि, एक पुष्पन के बाद दूसरे पुष्पन की निरन्तरता, फूलों की अधिक संख्या, सुगंध जैसे गुणों पर ध्यान नहीं दिया जाता।

रोज़ सोसायटी इस बात का प्रचार करके कि इस सुन्दर पुष्प की असंख्य किस्में अनेक उद्यानों को अद्भुत सौन्दर्य और आकर्षण प्रदान कर रही है और वे किस्में उन मुट्ठी भर किस्मों की अपेक्षा कहीं अधिक हैं, जिन्हें हम तथाकथित प्रदर्शनियों में देख पाते हैं, गुलाब प्रेमियों की सच्ची सेवा करेंगी।

भारतीय किस्मों का श्रेष्ठ प्रदर्शन मध्य दिसम्बर में आयोजित *विन्टर रोज़ शो* तथा मार्च अन्त में आयोजित *स्प्रिंग रोज़ शो* में देखा जा सकता है क्योंकि ये दोनों आयोजन दिल्ली में होते हैं जहां देश का प्रमुख गुलाब प्रजनन केन्द्र भारतीय कृषि अनुसंधान संस्थान में स्थित है। साथ ही, दिल्ली में रोज़ सोसायटी ऑफ इंडिया द्वारा स्थापित नेशनल रोज़ गार्डन भी है जहां विदेशी किस्मों के साथ-साथ भारतीय किस्में भी देखी जा सकती हैं। मुझे विश्वास है कि भारत में प्रजनित गुलाबों का भविष्य काफी उज्जवल होगा यदि हमारी प्रमुख नर्सरियां सर्वश्रेष्ठ भारतीय किस्मों को खुले दिल से स्वीकार करके उनके प्रसार को बढ़ावा दें। कदाचित ऐसा भारत में गुलाबों के पेटेंट की स्वीकृति के साथ ही संभव हो सकेगा।

आगे दी जा रही सारणी में ऐसी नई किस्मों की संक्षिप्त सूची प्रस्तुत की जा रही है जिन्हें इस पुस्तक के पिछले संस्करण के बाद से भारत में विकसित किया गया है। इस जानकारी का प्रमुख स्रोत प्रायः छपे हुए कैटलॉग ही हैं, क्योंकि विभिन्न प्रजनकों से निजी

112. 'अकिटो' (फ्लोरीबंडा)

मध्यम आकार के पूर्ण हाइब्रिड टी आकृति के फूल बहुतायत में झाड़ीनुमा पौधे पर लगते हैं। उत्कृष्ट सफेद फ्लोरीबंडा किस्म।

113. 'वेलेन्टाइन (फ्लोरीबंडा)

चटक लाल, अर्द्ध दोहरे फूल, बड़े-बड़े गुच्छों में पाये जाते हैं। चित्र में दिल्ली में राष्ट्रपति भवन के मुगल गार्डन में उगाया गया एक पौधा।

114. 'आइसबर्ग' (श्निविशन) (फ्लोरीबंडा)

जर्मनी के कार्डेस नामक स्थान की यह प्रसिद्ध फ्लोरीबंडा किस्म विश्व के कई भागों में आज भी लोकप्रिय है। तस्वीर में दिल्ली के मुगल गार्डन में लगायी गई एक किस्म दिखाई गयी है।

115. राष्ट्रीय गुलाब उद्यान, नई दिल्ली

चाणक्यपुरी के डिप्लोमैटिक एन्क्लेव में रोज़ सोसायटी ऑफ इंडिया द्वारा स्थापित उद्यान। यह तस्वीर उद्यान की स्थापना के आरंभिक वर्षों में ली गयी थी। यह उद्यान आम जनता के लिए भी खोला जाता है और इसमें मौसम के दौरान गुलाब प्रेमियों का मेला सा देखा जा सकता है।

सम्पर्क स्थापित करना संभव नहीं है। यद्यपि भारतीय गुलाबों की सूची बहुत लम्बी है परन्तु उनमें से अनेक विभिन्न कारणों से इंटरनेशनल रोज़ रजिस्ट्रेशन अथारिटी में पंजीकृत नहीं कराए गए हैं और मॉडर्न रोज़ेज़ 8 व 9 में सम्मिलित नहीं किए गए हैं।

नाम	वर्ग	जारी होने का वर्ष	संक्षिप्त विवरण
जे.पी. अग्रवाल द्वारा			
'आशा'	हाइब्रिड टी	1968	गेरुआ-पीला तथा गुलाबी मिश्रित रंग के, बड़े, उच्च केन्द्र युक्त तीव्र सुगंधित फूल; 'वेन्डी कसन' किस्म से उत्परिवर्तित
'भारती'	हाइब्रिड टी	1984	गहरे गुलाबी, बहुत बड़े फूल; उत्परिवर्तित
'कस्तूरी रंगन'	हाइब्रिड टी	1983	पीले आधारयुक्त बैंगनी रंग के सुगंधित, सुगठित, उच्च केन्द्र युक्त फूल; 'मदहोश' किस्म से उत्परिवर्तित
'मनु मुखर्जी'	हाइब्रिड टी	1974	गहरे पीले फूल; 'फ्रैग्रेन्ट क्लाउड' किस्म से उत्परिवर्तित
'प्रतिमा'	हाइब्रिड टी	1975	नारंगी गुलाबी, बड़े, उच्च केन्द्र युक्त फूल, 'एलिडा' किस्म से उत्परिवर्तित
'रोज़ बंसल'	हाइब्रिड टी	1974	पीला तथा ताम्बई मिश्रित रंग, 'एनविल स्पार्क' किस्म से उत्परिवर्तित
'शान्ति'	हाइब्रिड टी	1980	गहरे-पीले नारंगी किनारों वाले फूल; 'पीस' किस्म से उत्परिवर्तित
पी.एल. ऐरन द्वारा			
'गोल्डन रेज़'	फ्लोरीबन्डा	1976	सुनहरे-पीले रंग के सुगठित हाइब्रिड टी किस्म के पुष्प, एकल या छोटे गुच्छों में, मुक्त पुष्पन
'महक'	फ्लोरीबन्डा	1982	बड़े, आड़ू गुलाबी रंग के पुष्प जो अंततः सुनहरे मूंगा-खुबानी रंग में बदल जाते हैं, अत्यधिक सुगंधित
ओ.पी. बंसल द्वारा			
'क्लाइम्बिंग रम्भा'	क्लाइम्बर	1972	सुविख्यात 'रम्भा' किस्म का आरोही प्ररुप,

नाम	वर्ग	जारी होने का वर्ष	संक्षिप्त विवरण
			अत्यधिक मुक्त पुष्पन
'सौभाग्य'	फ्लोरीबन्डा	1971	चमकीला नारंगी, जो पुराना पड़ने पर सिन्दूरी हो जाता है, मध्यम आकार के गुच्छे
ब्रह्मदत्त द्वारा			
'डॉन नीलसन'	फ्लोरीबन्डा	1983	गुलाबी तथा क्रीमी दोरंगी, सुगठित बड़े सुगंधित पुष्प
'गौन्ड ब्यूटी'	हाइब्रिड टी	1983	दोरंगे चमकीली लाल पंखुड़ियां जिनके पृष्ठ भाग सुनहरे सफेद होते हैं।
'के.के. ठाकुर'	हाइब्रिड टी	1980	दोहरी छटा वाले खुबानी रंग के, सुगठित बड़े फूल, मुक्त पुष्पन
'प्राइड ऑफ नागपुर'	हाइब्रिड टी	1983	गहरे लाल, बड़ी कलियां व पुष्प, सुगंधित
'सॉफ्ट टच'	हाइब्रिड टी	1983	सिन्दूरी रंग के सुगठित पुष्प
सी.आर. चिपलूंकर द्वारा			
'क्लाइंबिंग मतांगी'	क्लाइंबर	1985	हैंड पेन्टेड वर्ग के सुविख्यात फ्लोरीबन्डा 'मतांगी' से उत्परिवर्तित आरोही किस्म, अत्यधिक मुक्त पुष्पन
'डेक्कन डिलाइट'	फ्लोरीबन्डा	1985	नारंगी तथा सफेद मिश्रित बड़े फूल; 'फर्स्ट एडिशन' किस्म से उत्परिवर्तित
एस.सी. डे द्वारा			
'क्रिश्चिएन इरा'	हाइब्रिड टी	1983	फ्लाक्स सदृश गुलाबी, सुगठित, अधिक टिकाऊ सुगंधित फूल
'क्लाइंबिंग इटोइल द फ्रान्स'	कलांइबर	–	लाल, सुगंधित, इसी नाम की सुप्रसिद्ध पुरानी किस्म से उत्परिवर्तित आरोही
'मार्टिन लूथर किंग'	हाइब्रिड टी	1981	गहरे कालिमायुक्त लाल, सुगठित, तीव्र सुगंधित पुष्प
'ऑरेंज स्टार'	हाइब्रिड टी	1986	नारंगी, बड़े, सुगठित पुष्प
'रैड वैटरटैग'	पॉलिएन्था	1983	'वैटरटैग' का गहरा लाल, उत्परिवर्ती स्वरूप
'सन गॉड'	हाइब्रिड टी	1978	खुबानी पीले छटायुक्त खुबानी रंग के,

गुलाब की भारतीय किस्में

नाम	वर्ग	जारी होने का वर्ष	संक्षिप्त विवरण
			बड़े, दोहरे पुष्प
पी.एन. धर द्वारा			
'बलजीत'	हाइब्रिड टी	1979	लाल, बड़े दोहरे पुष्प, मुक्त पुष्पन
शरदगटने द्वारा			
'पुरोसो-25'	हाइब्रिड टी	1987	गुलाबी, सुगठित, दोहरे, टिकाऊ फूल; मुक्त पुष्पन
गायत्री तथा लक्ष्मीनारायण द्वारा			
'अग्नि'	हाइब्रिड टी	1985	गहरा नारंगी तथा लाल कालिमायुक्त, उच्च केन्द्रयुक्त, अधिक टिकाऊ फूल
'ब्लैक डिलाइट'	हाइब्रिड टी	1985	कालिमायुक्त लाल, सुगठित, मध्यम आकार के फूल; मुक्त पुष्पन
'काइना'	हाइब्रिड टी	1985	सफेद किनारे वाले गुलाबी फूल जिनकी पंखुड़ियां पीछे से सफेद होती हैं, सुगठित
टी.आर. गोविन्दाचारी द्वारा			
'राजमणि'	फ्लोरीबन्डा	1972	हल्के पीले, मध्य में गहरे पीले भरे हुए, मध्यम आकार के, सुगंधित दोहरे फूल
के.डी. गुप्ता द्वारा			
'दुर्गापुर डिलाइट'	हाइब्रिड टी	1980	हल्का पारदर्शी गुलाबी, 'मोंटेजुमा' से उत्परिवर्तित
एम.एन. गुप्ता द्वारा			
'अंगारा'	हाइब्रिड टी	1977	हल्का लाल, 'मोंटेजुमा' से उत्परिवर्तित
वाई.के. हाडे द्वारा			
'अजन्ता केव्स'	हाइब्रिड टी	1983	हाथी दांत सा सफेद, लाल छटायुक्त, किनारे तथा पृष्ठ भाग, उच्च केन्द्रयुक्त, सुगठित
'ब्लू ओशन'	हाइब्रिड टी	1983	हल्के बैंगनी, कलश सदृश कलियां, बहुत बड़े दोहरे फूल
'एलोरा केव्स'	हाइब्रिड टी	1986	हल्के गुलाबी, प्रदर्शनी योग्य, ऊंचे पुष्प
'गौरी'	हाइब्रिड टी	1985	श्यामल लाल, टिकाऊ, सुगठित, मध्यम

नाम	वर्ग	जारी होने का वर्ष	संक्षिप्त विवरण
			आकार वाले फूल
'गुड मार्निंग'	हाइब्रिड टी	1983	क्रीमी खुबानी मिश्रित गुलाबी
'इंडियन पर्ल'	हाइब्रिड टी	1983	चमकीले मोतिया गुलाबी, अण्डाकार कलियां मजबूत टहनी पर बड़े, दोहरे, टिकाऊ फूल, ग्रीष्म सहिष्णु
'इनसैट'	हाइब्रिड टी	1985	सफेद छींटे तथा धब्बेयुक्त गहरे गुलाबी, 'गौरी' से उत्परिवर्तित
'जोतिबा'	हाइब्रिड टी	1986	सफेद, सुगठित, दोहरे, सुगंधित पुष्प
'लोकमान्य'	हाइब्रिड टी	1987	हल्के ताम्बई, नारंगी पंखुड़ियां, पृष्ठ भाग गहरा, बहुत बड़े और सुगठित पुष्प
'परफ्यूमर'	हाइब्रिड टी	1983	गहरे गुलाबी, बड़े, पूर्णतः दोहरे पुष्प, तीव्र टी सुगंध
'पिंक वेव'	हाइब्रिड टी	1985	हल्के गुलाबी, सुगठित, दोहरे पुष्प, लहरदार पंखुड़ियां
'विवेकानन्द'	हाइब्रिड टी	1986	गहरे लाल, मखमली, सुगठित, टिकाऊ, ऊंचे फूल
एम.एम. हार्डिकर द्वारा			
'ब्राइट ग्राब्स'	फ्लोरीबन्डा	1977	नारंगी मिश्रित, अत्याधिक और लगातार पुष्पन
'साइनोश्योर	हाइब्रिड टी	1973	गुलाबी धारियांयुक्त लाल, बड़े दोहरे, खुले हुए फूल, अत्यधिक सुगंधित
'एनेमी ऑफ वार'	हाइब्रिड टी	1986	गुलाबी मिश्रित अण्डाकार कलियां, दोहरे खुले फूल
'फर्स्ट रोज़ कन्वेंशन'	हाइब्रिड टी	1978	गहरे लाल, बड़े, दोहरे फूल
'फ्लाइंग टाटा'	हाइब्रिड टी	1982	गहरे लाल, सुगठित, उच्च केन्द्रयुक्त, अधिक टिकाऊ, सुगंधित पुष्प
'फ्रेन्ड ऑफ हार्ट'	हाइब्रिड टी	1985	गुलाबी मिश्रित, बड़े, उच्च केन्द्र युक्त फूल
'फ्रेन्ड ऑफ पीस'	हाइब्रिड टी	1986	पीले मिश्रित, लम्बी कलियां और गोलाकार पुष्प

गुलाब की भारतीय किस्में

नाम	वर्ग	जारी होने का वर्ष	संक्षिप्त विवरण
'गुलाब-ए-पाल'	हाइब्रिड टी	1985	बैंगनी मिश्रित, लम्बी, नुकीली कलियां, बड़े दोहरे फूल
'सदारंग'	हाइब्रिड टी	1977	गुलाबी, बड़े, गोलाकार पुष्प
'श्री दयानंद'	हाइब्रिड टी	1979	गुलाबी मिश्रित, पूर्णतया दोहरे पुष्प
'सुनील गावस्कर'	फ्लोरीबन्डा	1985	बैंगनी, गोलाकार कलियांयुक्त, दोहरे, खुले पुष्प
'स्वामी'	हाइब्रिड टी	1973	हल्के गुलाबी, बड़े उच्च केन्द्रयुक्त पुष्प
यू.एस. केकड़ तथा विष्णु स्वरूप द्वारा			
'अभिसारिका'	हाइब्रिड टी	1977	खुबानी तथा गुलाबी पर गहरी गुलाबी तथा नीली लाल धारियांयुक्त 'किस ऑफ फायर' से उत्परिवर्तित
'मदहोश'	हाइब्रिड टी	1975	गहरा मेजेन्टा लाल, बैंगनी रंग की चौड़ी धारियों से युक्त, 'गुलजार' से उत्परिवर्तित
'पूसा क्रिस्टीना'	हाइब्रिड टी	1975	पीले आधार वाली पंखुड़ियों सहित 'क्रिश्चियन डॉयर' का गुलाबी उत्परिवर्त
आर.एस. मलिक तथा ए.पी. सिंह द्वारा			
'अनुराग'	हाइब्रिड टी	1980	टीरियन गुलाब, सुगठित तथा उच्च केन्द्रयुक्त सुगंधित फूल
'अर्जुन'	हाइब्रिड टी	1980	पोसीलिन गुलाब, बड़े, सुगठित फूल अत्यधिक लम्बी, ऊंची व समान रूप से मोटी शाखाएं
'चन्द्रमा'	फ्लोरीबन्डा	1980	सफेद गुलाबी कलियां, टिकाऊ, छोटे से बड़े तक पुष्पगुच्छ
'डा. बी.पी. पाल'	हाइब्रिड टी	1980	गुलाबी, बड़े, सुगठित उच्च केन्द्र युक्त टिकाऊ फूल, अत्यधिक पुष्पन
'जवाहर'	हाइब्रिड टी	1980	क्रीमिया- सफेद, बड़े, उच्च केन्द्रयुक्त, सुगठित पुष्प, चमकीली पत्तियां
'नव सदाबहार'	फ्लोरीबन्डा	1980	गुलाबी रंग में सफेद धारियां, सदाबहार से उत्परिवर्तित

नाम	वर्ग	जारी होने का वर्ष	संक्षिप्त विवरण
'नूरजहां'	हाइब्रिड टी	1980	गुलाबी, बहुत बड़े, उच्च केन्द्र युक्त, सुगठित, अत्यधिक सुगंधित फूल
'पिंक मोंटेजुमा'	हाइब्रिड टी	1980	स्पाइनल गुलाबी, 'मोंटेजुमा' से उत्परिवर्तित
'सिन्दूर'	फ्लोरीबन्डा	1980	जिरेनियम लेक रंग के सुगठित, एच.टी. प्रकार के फूल, एकल या गुच्छों में
'सोमा'	हाइब्रिड टी	1980	गुलाबी, बड़े, सुगठित, दोहरे पुष्प
'वसन्त'	हाइब्रिड टी	1980	पीला मिश्रित, मध्यम आकार के सुगठित पुष्प, बहुत अधिक तथा लगातार पुष्पन
आर.एस. मलिक, ए.पी. सिंह तथा एन.के. ददलानी द्वारा			
'प्रियदर्शिनी'	हाइब्रिड टी	1986	रोडामाइन गुलाबी रंग के सुगठित फूल, पंखुड़ियों के किनारे गहरे गुलाबी, अत्यधिक पुष्पन
वी. स्वरूप, आर.एस. मलिक तथा ए.पी. सिंह द्वारा			
'अरुणिमा'	फ्लोरीबन्डा	1975	गहरा गुलाबी, अत्यधिक टिकाऊ, सघन, पुष्प, लम्बी शाखाएं
'चारुगन्धा'	हाइब्रिड टी	1972	क्रिमसन लाल, बहुत बड़े, दोहरे, सुगठित, अत्यधिक सुगंधित फूल
'चित्रलेखा'	हाइब्रिड टी	1972	रूबी लाल से धुंधले, बड़े अच्छे स्वरूप वाले पुष्प
'दीपिका'	फ्लोरीबन्डा	1975	मेंडेरियन लाल, पृष्ठ भाग हल्का तथा आधार पीला, छोटी नुकीली कलियां, आकर्षक रंग, छोटी शाखाएं
'दीपशिखा'	फ्लोरीबन्डा	1975	डच सिन्दूरी दोहरे खुले फूल, बड़े गुच्छे
'कविता'	फ्लोरीबन्डा	1972	ओरिएन्ट गुलाबी, अत्यधिक पुष्पन, बड़ी शाखाएं, ओजपूर्ण बढ़वार
'मृदुला'	हाइब्रिड टी	1975	क्रीमी- सफेद से गुलाबी सफेद कलियां, सुगठित, सुगंधित पुष्प
'मृणालिनी'	हाइब्रिड टी	1972	फ्लाक्स गुलाबी, बहुत बड़े, उच्च केन्द्र युक्त टिकाऊ फूल

गुलाब की भारतीय किस्में

नाम	वर्ग	जारी होने का वर्ष	संक्षिप्त विवरण
'नीलांबरी'	फ्लोरीबन्डा	1975	मेजेन्टा गुलाब, एच.टी. प्रकार के फूल, एकल या बड़े गुच्छों में
'राजकुमारी'	हाइब्रिड टी	1975	गहरे गुलाबी, बड़े, सुगठित, दोहरे फूल
'रक्तगंधा'	हाइब्रिड टी	1975	चमकीले लाल, बड़े, उच्च केन्द्र युक्त फूल, समान रूप से मोटे तने
'शबनम'	फ्लोरीबन्डा	1975	सफेद, बहुत बड़े गुच्छे, ऊपर उठे, ओजपूर्ण
'श्रृंगार'	फ्लोरीबन्डा	1972	गुलाबी मिश्रित, अर्द्ध दोहरे, अत्यधिक टिकाऊ, बड़े गुच्छे
'सुचित्रा'	फ्लोरीबन्डा	1972	गुलाबी, पृष्ठ भाग सफेद, सुगठित, एच.टी. प्रकार वाले पुष्प, बड़ी शाखाएं
'सुरभि'	हाइब्रिड टी	1975	फ्लाक्स गुलाबी, लम्बी नुकीली होती कलियां, सुगठित, अत्यधिक सुगंधित फूल
'ऊषा'	फ्लोरीबन्डा	1975	गहरे कैमेलिया गुलाब, पृष्ठ हल्का, छोटे टिकाऊ फूल
रामाराव एस. जगताप द्वारा			
'चन्द्रलेखा'	हाइब्रिड टी	–	गहरा मूंगा गुलाबी, गेरुई छटायुक्त, अच्छे स्वरूप वाले पुष्प
सुनील जौली द्वारा			
'कनक'	फ्लोरीबन्डा	1985	'करिश्मा' का पीला उत्परिवर्त रूप
लवीना रोजेज़ द्वारा			
'चुनमुन'	मिनिएचर	1983	गेरुई छटायुक्त मूंगा, बहुत अधिक मात्रा में छोटे फूल
'महाराज'	श्रब गुलाब	1974	गुलाबी, बड़े, दोहरे फूल, ऊंचा और फैलावदार
'प्रभा'	हाइब्रिड टी	1983	गहरा मेजेन्टा-बैंगनी, सुगठित सुगंधित फूल
'क्लाइंबिंग लेंडोरा'	क्लाइंबर	–	'लेंडोरा' का उत्परिवर्त, माडर्न रोजेज-8 में 'सनब्लेस्ट' के नाम से पंजीकृत
वी.एस. पाध्येय द्वारा			
'कुसुम'	फ्लोरीबन्डा	1978	हल्के गुलाबी, टिकाऊ, फूलों से भरा,

नाम	वर्ग	जारी होने का वर्ष	संक्षिप्त विवरण
			'फ्यूजीलियर' का उत्परिवर्त
बी.पी. पाल द्वारा			
'आकाश नर्तकी'	फ्लोरीबन्डा	1983	रुपहला नील-लोहित, अर्द्ध दोहरे से दोहरे, लहरदार पंखुड़ियां, सुगंधित
'आकाश सुंदरी'	हाइब्रिड टी	1982	दोहरी छटा वाले नील-लोहित गुलाबी, बहुत बड़े सुगठित फूल
'अप्सरा'	हाइब्रिड टी	1982	चमकीले पोसीलेन गुलाबी, मध्यम आकार के, दोहरे, टिकाऊ, सुगंधित फूल, तने लम्बे तथा सीधे
'आशीर्वाद'	हाइब्रिड टी	1984	लाल, बड़े, दोहरे, बहुत अधिक फूल
'चम्बे दी कली'	हाइब्रिड टी	1983	गुलाबी, बड़े, उच्च केन्द्र युक्त, सुगठित, चमकीली पत्तियां
'चिंगारी'	फ्लोरीबन्डा	1976	पीला तथा लाल मिश्रित फूल, अत्यधिक पुष्पन
'चितचोर'	फ्लोरीबन्डा	1972	सफेद गुलाबी मिश्रित बड़े गुच्छे, अत्यधिक पुष्पन
'क्लाइंबिंग डा. होमी भाभा'	क्लाइंबर	1975	'होमी भाभा' का आरोही उत्परिवर्त
'दीपक'	फ्लोरीबन्डा	1977	नारंगी तथा लाल, बड़े गुच्छों में छोटे फूल
'दिल की रानी'	हाइब्रिड टी	1985	चमकीले गुलाबी, बड़े, उच्च केन्द्र युक्त, सुगठित, लम्बी कलियां
'दिलरुबा'	हाइब्रिड टी	1984	कालिमायुक्त क्रिमसन, मखमली, उच्च केन्द्र युक्त, बड़े, तीव्र सुगंधयुक्त फूल
'दिवास्वप्न'	हाइब्रिड टी	1981	गुलाबी तथा सफेद, सुगठित, मुड़ी हुई पंखुड़ी युक्त, तीव्र सुगंधित
'डा. आर.आर. पाल'	हाइब्रिड टी	1983	बहुत गहरे लाल मिश्रित, बड़े, दोहरे फूल
'दुल्हन'	हाइब्रिड टी	1983	हल्के लाल, सुगठित, पूर्णतः दोहरे सुगंधित फूल, शंक्वाकार कलियां
'ईस्टर्न प्रिंसेस	हाइब्रिड टी	1984	नारंगी मूंगा, पीले आधारयुक्त, उच्च

गुलाब की भारतीय किस्में

नाम	वर्ग	जारी होने का वर्ष	संक्षिप्त विवरण
			केन्द्रयुक्त, मुड़ी पंखुड़ियों वाले, तीव्र सुगंधित पुष्प
'गोल्डन आफ्टरनून'	हाइब्रिड टी	1984	सुनहरा खुबानी-नारंगी, पृष्ठ भाग गहरा, मधुर मसालेनुमा सुगंध, चमकीली पत्तियां
'गुलबदन'	हाइब्रिड टी	1976	गुलाबी छटायुक्त सफेद, बड़े, सुगठित, सुगंधित फूल
'हसीना'	हाइब्रिड टी	1979	हल्के गुलाबी, सुगठित, टिकाऊ, सुगंधित फूल
'होमेज़'	हाइब्रिड टी	1986	गुलाबी मिश्रित, उच्च केन्द्र युक्त, सुगठित, दोहरे, टिकाऊ फूल, मुक्त पुष्पन, ओजपूर्ण
'इंडियन प्रिंसेस'	हाइब्रिड टी	1980	हल्के लाल, सुगठित कलियां, बड़े, दोहरे, सुगंधित फूल, ओजपूर्ण
'जंतर-मंतर'	फ्लोरीबन्डा	1980	सिंदूरी लाल, टिकाऊ, एच.टी. प्रकार के फूल, लम्बे तनों पर चार-छः फूलों के अनेक गुच्छे, अत्यधिक ओजपूर्ण
'जवानी'	हाइब्रिड टी	1985	चमकीले नारंगी लाल, बड़े, दोहरे, टिकाऊ फूल, अत्यधिक पुष्पन, ऊंचे, ओजपूर्ण
'कुल्लू बैले'	हाइब्रिड टी	1972	गुलाबी, लम्बी नुकीली कलियां, बड़े, सुगठित पुष्प
'लालिमा'	हाइब्रिड टी	1978	सिंदूरी लाल, बड़े, सुगठित
'लाल मखमल'	हाइब्रिड टी	1983	गहरा, मखमली लाल, बड़े सन्तुलित पुष्प, ओजपूर्ण
'मधुमती'	हाइब्रिड टी	1973	गुलाबी, सुस्पष्ट, तीव्र सुगंध
'मधुर'	फ्लोरीबन्डा	1979	पीले तथा गुलाबी मिश्रित, एच.टी. प्रकार के फूल, शहद सी सुगंध, चमकीली पत्तियां, ओजपूर्ण
'मधुशाला'	हाइब्रिड टी	1973	बैंगनी, बड़े, दोहरे फूल, झाड़ीदार
'महारानी'	हाइब्रिड टी	1986	दोहरी छटा वाले गुलाबी, बड़े दोहरे फूल, बड़ी व बहुत लम्बी कलियां
'मैकाक'	हाइब्रिड टी	1979	बहुत सारे कालिमायुक्त लाल, लम्बे, उच्च

नाम	वर्ग	जारी होने का वर्ष	संक्षिप्त विवरण
			केन्द्र युक्त, टिकाऊ फूल
'मेघदूत'	हाइब्रिड टी	1972	रेशमी सफेद, बहुत ऊंची, लम्बी, नुकीली कलियां
'नन्दिनी'	हाइब्रिड टी	1983	दोरंगी, गुलाबी, हल्का पीला पृष्ठ भाग, सुगंधित
'नायिका'	हाइब्रिड टी	1975	मूंगा- नारंगी, उच्च केन्द्र युक्त, टिकाऊ फूल
'निषाद'	हाइब्रिड टी	1983	नारंगी छटायुक्त, गुलाबी, बहुत लम्बे, सुगठित व तीव्र सुगंध वाले फूल, लम्बी कलियां
'पहाड़ी धुन'	हाइब्रिड टी	1981	बैंगनी मिश्रित, सुगठित, उच्च केन्द्र युक्त, मुड़ी पंखुड़ियों वाले फूल
'परवाना'	फ्लोरीबन्डा	1974	बहुत चमकीला, पीला तथा लाल मिश्रित, टिकाऊ, सघन फूल
'पटरानी'	हाइब्रिड टी	1981	दोहरी छटा वाले गुलाबी, सुगठित फूल, मुड़ी हुई पंखुड़ियां
'रात की रानी'	हाइब्रिड टी	1975	मखमली सिंदूरी लाल, बड़ी, नुकीली कलियों वाले
'रागिनी'	फ्लोरीबन्डा	1972	गुलाबी, भली-भांति वितरित, बड़े गुच्छे
'राजा सुरेंद्र सिंह ऑफ नालागढ़'	हाइब्रिड टी	1977	नारंगी, गेरुआ गुलाबी, लम्बी-नुकीली कलियां, बड़े, उच्च केन्द्र युक्त, दोहरे टिकाऊ फूल
'राजबाला'	फ्लोरीबन्डा	1975	गुलाबी, बड़े फूल, सुगठित गुच्छे, अत्यधिक ओजपूर्ण
'राजहंस'	हाइब्रिड टी	1983	सफेद, बहुत बड़े, उच्च केन्द्र, सुगठित, मधुर सुगंधयुक्त फूल
'रम्पा पाल'	हाइब्रिड टी	1975	गुलाबी मिश्रित, बड़े, सुगठित, पूर्णतः दोहरे फूल, नई पत्तियां ताम्बई
'रंजना'	हाइब्रिड टी	1975	जिरैनियम लेक रंग के बड़े, सुगठित, सुगंधित फूल और कलियां, ओजपूर्ण

गुलाब की भारतीय किस्में

नाम	वर्ग	जारी होने का वर्ष	संक्षिप्त विवरण
'रत्नार'	हाइब्रिड टी	1985	गुलाबी, बहुत बड़ी, लम्बी, नुकीली कलियां तथा बड़े, दोहरे, सुगठित फूल
'रोजी इवनिंग'	हाइब्रिड टी	1985	गुलाबी मिश्रित, सुगठित, अत्यधिक सुगंधित, बड़े, पूर्ण पुष्प
'शैलज मुखर्जी'	फ्लोरीबन्डा	1974	कैडमियम नारंगी, हाइब्रिड टी प्रकार के, टिकाऊ फूल, बड़े गुच्छे
'संदीपिनी'	हाइब्रिड टी	1983	गहरे गुलाबी, बड़े, सुगठित व अत्याधिक सुगंधित फूल
'सरोजा'	फ्लोरीबन्डा	1984	गहरे चेरी गुलाबी, फूल, आधार तथा पृष्ठ भाग रुपहला, टिकाऊ फूलों के छोटे गुच्छे
'शर्मीली'	हाइब्रिड टी	1986	सफेद, छटायुक्त गुलाबी टिकाऊ फूल
'सुहासिनी'	फ्लोरीबन्डा	1972	मूंगा गुलाबी, सम्पूर्ण, बड़े तथा सुगठित फूल
'सुर्खाब'	हाइब्रिड टी	1976	दोरंगे, लाल तथा पृष्ठ भाग सफेद, बड़े, अच्छे स्वरूप वाले, दोहरे, सुगंधित फूल
'सूर्य किरण'	फ्लोरीबन्डा	1979	नारंगी, एच.टी. प्ररूपी, सुगठित, बड़े फूल, बहुत बड़े गुच्छे, अत्यंत मुक्त पुष्पन, ओजपूर्ण
'स्वीट इनोसेन्स'	हाइब्रिड टी	1980	सफेद, सुगठित, अत्यधिक मधुर सुगंधयुक्त, बड़े पुष्प
राजाराम पाठक द्वारा			
'विंध्याचल'	हाइब्रिड टी	1984	सिन्दूरी चमक, पृष्ठ भाग हल्का, लम्बे, नुकीली सुगठित कलियां तथा फूल, ओजपूर्ण
बी.के. पाटिल द्वारा			
'क्ला. पुस्ता' ('न्यू डेली मेल')	क्लाइम्बर	1987	गहरे लाल फ्लोरीबन्डा 'पुस्ता' का आरोही उत्परिवर्त
'क्ला. ईको'	फ्लोरीबन्डा	1985	हल्का बैंगनी, बड़े गुच्छे, गहरे जामुनी का उत्परिवर्त
'ईको ब्यूटी'	हाइब्रिड टी	1985	'रैड प्लैनेट' का गुलाबी उत्परिवर्त, सुगठित कलियां, उच्च केन्द्र युक्त

नाम	वर्ग	जारी होने का वर्ष	संक्षिप्त विवरण
'मलकारसिद्ध'	हाइब्रिड टी	1987	पार्सीलेन गुलाबी, बहुत बड़े, सुमधुर सुगंधित फूल, 'सेन्चुरी-टू' का उत्परिवर्त
'स्वागतम'	हाइब्रिड टी	1987	हल्का गुलाबी, पंखुड़ी के भीतरी पृष्ठ पर हस्तचित्रित धब्बे, पृष्ठ भाग खुबानी छटायुक्त, सफेद 'सुर्खाब' का उत्परिवर्त
'यशवन्त'	हाइब्रिड टी	1985	सफेद धारियों और धब्बों युक्त पीला, भीतरी शिरा और हल्के लाल पृष्ठ भाग वाली पंखुड़ियां, 'सस्पेंस' का उत्परिवर्त
जी.के. फडलोरे द्वारा			
'बलवन्त'	हाइब्रिड टी	–	खुबानी, बड़े, सुगठित पुष्प, 'क्रिश्चियन डॉयर' का उत्परिवर्त
एस.के. प्रधान, ए. रॉफ, ए. मुरमू तथा पी. घोष द्वारा			
'टाटा सेंटेनरी'	हाइब्रिड टी	1974	जामुनी-बैंगनी, पीली धारियों युक्त, पृष्ठ भाग पूर्णतः पीला, 'पिगैले' का उत्परिवर्त
भरत राम द्वारा			
'क्लाइंबिंग मि. लिंकन'	क्लाइंबर	1974	'मि. लिंकन' का आरोही उत्परिवर्त
'डा. भरत राम'	फ्लोरीबन्डा	1983	'सी पर्ल' का क्रीमी सफेद उत्परिवर्त
जी. कस्तूरी रंगन द्वारा			
'एडोरा'	हाइब्रिड टी	1986	मूंगा-नारंगी से सिन्दूरी, सुगठित फूल
'अग्निहोत्री'	हाइब्रिड टी	1981	लाल मिश्रित, बड़े, उच्च केन्द्रयुक्त फूल
'अम्बिका'	हाइब्रिड टी	1976	सिन्दूरी-नारंगी, मध्यम, सुगठित फूल
'आरती'	हाइब्रिड टी	1975	दोहरी छटा वाले गुलाबी, उच्च केन्द्रयुक्त फूल, लम्बी, नुकीली कलियां
'अर्चना'	हाइब्रिड टी	1977	दोरंगे गुलाबी, सुगठित, बड़े, दोहरे फूल
'अर्कावती'	फ्लोरीबन्डा	1971	हल्के लाल, बड़े गुच्छे, मुक्त पुष्पन, सघन झाड़ी
'अश्वनी'	हाइब्रिड टी	1971	रूबी लाल, सुगठित, दोहरे फूल
'भैरवी'	हाइब्रिड टी	1977	गहरे कालिमायुक्त मखमली लाल, बड़े,

गुलाब की भारतीय किस्में

नाम	वर्ग	जारी होने का वर्ष	संक्षिप्त विवरण
			सुगठित पुष्प, पंखुड़ियां भीतर की ओर मुड़ी हुईं, सुगंधित
'भरानी'	पोलिएन्था	1973	मेजेन्टा बैंगनी, सफेद केन्द्र, अनेक गुच्छे, विशिष्ट रंग
'भवानी'	हाइब्रिड टी	1986	गेरुआ नारंगी से सिन्दूरी, सुगठित, बहुत बड़े फूल
'ब्लू डिलाइट'	हाइब्रिड टी	1980	बैंगनी, बड़े, सुगठित व तीव्र सुगंध वाले फूल
'कावेरी'	हाइब्रिड टी	1973	कालिमायुक्त सिंदूरी लाल, मुक्त पुष्पन
'चैत्र'	हाइब्रिड टी	1972	सिन्दूरी लाल, टिकाऊ, सुगठित फूल
'चन्द्रिका'	मिनिएचर	1978	हरे सफेद से शुद्ध सफेद कलियां और पुष्प, लगातार मुक्त पुष्पन
'चित्रांगिनी'	हाइब्रिड टी	1971	बहुरंगी, हल्के पीले गुलाबी जो बाद में नारंगी तथा लाल हो जाते हैं।
'चित्ररंगिनी'	हाइब्रिड टी	1985	बहुरंगी—हाथी दांत से सफेद तथा गुलाबी और लाल मिश्रित, सुगठित, दोहरे पुष्प, अत्यधिक ओजपूर्ण
'सिटी ऑफ पंजिम'	हाइब्रिड टी	1972	बड़े, गुलाबी तथा सफेद दोरंगी फूल, सुगंधित
'क्ला. गिटार'	क्लाइंबर	1974	फ्लोरीबन्डा 'गिटार' का आरोही स्वरूप
'क्ला. क्रोनेनवर्ग'	क्लाइंबर	1973	'क्रोनेनवर्ग' का आरोही स्वरूप
'डैजलर'	मिनिएचर	—	गहरा गुलाबी, पांच पंखुड़ीयुक्त पुष्प, बड़े गुच्छे
'डैजेलिंग फ्लेम'	मिनिएचर	1976	ज्वाला सदृश लाल रंग, 'डार्लिंग फ्लेम' का उत्परिवर्त
'गायत्री'	हाइब्रिड टी	1973	लाल मिश्रित, सुगठित उच्च केन्द्रयुक्त फूल
'गोदावरी'	हाइब्रिड टी	1987	सिन्दूरी, सुगठित बड़े, दोहरे फूल
'गोमती'	हाइब्रिड टी	1987	गुलाबी रंग के सुन्दर, सुगठित फूल, पंखुड़ियों के किनारे गहरे
'हरांगी'	हाइब्रिड टी	1976	लाल मिश्रित, पृष्ठ भाग पीले, सुगठित कलियां

नाम	वर्ग	जारी होने का वर्ष	संक्षिप्त विवरण
'हेमवती'	फ्लोरीबन्डा	1975	गेरुआ नारंगी जो बाद में गहरा हो जाता है, बड़े गुच्छे, सुवितरित
'जाम्बुन'	फ्लोरीबन्डा	1978	सिंदूरी छटायुक्त, प्लम जामुनी लाल, एच. टी. प्ररूपी पुष्प, मुक्त पुष्पन
'जानकी'	फ्लोरीबन्डा	1978	सिन्दूरी लाल, गेरुई छटा सहित, सदाबहार
'ज्वाला'	फ्लोरीबन्डा	1973	सिन्दूरी लाल, पूर्ण, दोहरे, सुगठित
'काबिनी'	हाइब्रिड टी	1978	गहरी छटायुक्त लाल, सुगठित कलियां उच्च केन्द्र युक्त, टिकाऊ फूल
'कल्पना'	हाइब्रिड टी	1978	मिश्रित लाल, बड़े, दोहरे टिकाऊ फूल
'कनवा'	हाइब्रिड टी	1974	गेरुए गुलाबी, बड़े फूल, सुगठित कलियां
'कृतिका'	हाइब्रिड टी	1975	हल्के गुलाबी, हल्के पीले छटा सहित, सुगठित बड़े, दोहरे, फूल
'कुमारी'	फ्लोरीबन्डा	1982	गुलाबी, सुगठित के एच.टी. प्ररूपी, टिकाऊ फूल
'कुशल'	फ्लोरीबन्डा	1974	सिन्दूरी, अत्यंत पूर्ण पुष्प, सुवितरित, छोटे गुच्छों में, मुक्त पुष्पन
'लावण्य'	हाइब्रिड टी	1976	गहरे गुलाबी व गुलाबी लाल, मध्यम, उच्च केन्द्र युक्त, सुगठित पुष्प
'लैमन टाइम'	हाइब्रिड टी	1985	नींबुई पीले, बड़े, उच्च केन्द्र युक्त, दोहरे फूल
'नर्मदा'	फ्लोरीबन्डा	1977	गुलाबी, गहरे किनारेयुक्त, अर्द्ध दोहरे, टिकाऊ फूल
'नर्तकी'	पोलिएन्था	1974	गहरा नीला लेवेन्डर रंग, पराग कोष पीले
'नेत्रवती'	फ्लोरीबन्डा	1975	गुलाबी, सघन गुच्छे युक्त पुष्पन
'पैस्टल डिलाइट'	हाइब्रिड टी	1984	स्वच्छ, पैस्टल गुलाबी, सुगठित, टिकाऊ फूल
'पिंक स्प्रे'	पोलिएन्था	1986	गुलाबी, बड़े गुच्छे, मुक्त पुष्पन
'पुष्कला'	मिनिएचर	1973	शुद्ध सफेद, छोटे फूलों के बड़े गुच्छे, मुक्त पुष्पन

गुलाब की भारतीय किस्में

नाम	वर्ग	जारी होने का वर्ष	संक्षिप्त विवरण
'रेयर एडिशन'	फ्लोरीबन्डा	1982	सफेद छटा और धारियोंयुक्त लाल फूल, सुवितरित गुच्छे
'रश्मि'	पोलिएन्था	1977	गहरे कालिमायुक्त सिंदूरी गोलाकार फूल, मुक्त पुष्पन
'रैड रैकर'	हाइब्रिड टी	1986	हल्का न पड़ने वाला गहरा सिंदूरी, सुगठित कलियां, उच्च केन्द्र युक्त, टिकाऊ फूल, लम्बे, सीधे तने
'शरवती'	फ्लोरीबन्डा	1977	सिन्दूरी नारंगी, हर गुच्छे में चार-पांच टिकाऊ फूल
'शिमशा'	हाइब्रिड टी	1976	दोहरी छटा वाले गुलाबी, सुगठित बड़े फूल
'श्यामला'	हाइब्रिड टी	1972	हल्की गुलाबी, सुगठित लम्बी कलियां व फूल
'सिद्धार्थ'	हाइब्रिड टी	1973	लाल पर सफेद और हरी धारियां और छींटे, क्रिश्चियन डॉयर' का उत्परिवर्त
'सुकन्या'	हाइब्रिड टी	1979	दोहरी छटा वाला गुलाबी, लम्बी, पतली कलियां, उच्च केन्द्र युक्त, बड़े फूल, अत्यधिक सुगंधित
'सुषमा'	फ्लोरीबन्डा	1975	लेवेन्डर गुलाबी, पूर्णतया दोहरे, बड़े गुच्छे
'ताप्ति'	हाइब्रिड टी	1978	पैस्टल गुलाबी, उच्च केन्द्र युक्त, कप के आकार के फूल, मसाले सुगंधयुक्त
'तुंगभद्रा'	हाइब्रिड टी	1985	ताम्बई नारंगी तथा किरमजी लाल, पीला आधार, सुगठित फूल
'वैष्णवी'	हाइब्रिड टी	1975	हल्के लाल, बड़े, सुगठित, दोहरे पुष्प
'वासवी'	हाइब्रिड टी	1976	फीका न पड़ने वाला कालिमायुक्त लाल, दोहरे, उच्च केन्द्रयुक्त
'वीणा'	फ्लोरीबन्डा	1972	मूंगा गुलाबी, दोहरे फूल एकल या गुच्छों में
पी. सक्सेना द्वारा			
'बनारस डॉन'	हाइब्रिड टी	1977	खुबानी आधार पर सुनहरा पीला, सुगठित, सुगंधित, दोहरे फूल

नाम	वर्ग	जारी होने का वर्ष	संक्षिप्त विवरण
एन.सी. सेन द्वारा			
'सुप्रिया'	हाइब्रिड टी	1982	गुलाबी फूलों पर क्रीम तथा सफेद धारियां व छींटे, 'प्रिंसेस मार्गरेट ऑफ इंग्लैंड' का उत्परिवर्त
एस. कश्मीर सिंह द्वारा			
'दलजीत'	हाइब्रिड टी	1983	हल्का खुबानी, प्रदर्शनी योग्य फूल, सुगंधित
सुखदेव सिंह द्वारा			
'क्ला. मिस हार्प'	क्लाइंबर	1979	'मिस हार्प' का आरोही उत्परिवर्त
स्वदेश कुमार द्वारा			
'क्ला. ए वन'	क्लाइंबर	1975	'ए वन' का आरोही उत्परिवर्त
तेज गंगा रोजेज द्वारा			
'किरंग'	हाइब्रिड टी	1984	क्रिमिया से पीला रंग, गुलाबी किनारी, 'टाटा सेन्टेनरी' का उत्परिवर्त
'सॉफ्ट कॉर्नर'	हाइब्रिड टी	1985	हल्का लैवेन्डर, सुगठित, पैराडाईज' - जिसका यह उत्परिवर्त है - से अन्य गुणों में समान।
आर.पी. ठाकुर			
'अजन्ता'	हाइब्रिड टी	1978	हल्का लैवेन्डर, पंखुड़ियों के आधार पर हल्की हरी शिरायें, बड़े, उच्च केन्द्र युक्त फूल
'लैन्डोर'	क्लाइंबर	1978	बिगोनिया गुलाबी किनारी तथा क्रीमी आधार वाली बादामी पंखुड़ियां, बहुत बड़े सुगंधित फूल
'रंगोली'	फ्लोरीबन्डा	1978	दो रंगी क्रीमी पृष्ठ वाली गहरी मूंगा गुलाबी पंखुड़ियां, एच.टी. सदृश फूल
'सहस्त्रधारा'	हाइब्रिड टी	1981	सफेद धारियों और छींटे युक्त गहरे गुलाबी, बहुत बड़े सुगन्धित फूल, 'सेन्चुरी टू' का उत्परिवर्त
टिस्को नर्सरी द्वारा			
'आनन्द करना~'	हाइब्रिड टी	1971	मिश्रित गुलाबी बड़े कप के आकार के

गुलाब की भारतीय किस्में

नाम	वर्ग	जारी होने का वर्ष	संक्षिप्त विवरण
			फूल, अत्यधिक पुष्पन, 'मान्टेजुमा' का उत्परिवर्त
'ब्लशिंग बैले'	फ्लोरीबन्डा	1981	गुलाबी, पृष्ठ भाग गहरा, सुवितरित गुच्छे मुक्त पुष्पन, बौने पौधे
'होप'	फ्लोरीबन्डा	1981	गुलाबी, एक गुच्छे में 6-8 फूल, घना पुष्पन
'जमशेदजी टाटा'	हाइब्रिड टी	1981	नीला-लाल, हल्की गुलाबी धारियों युक्त बड़े उच्च केन्द्र युक्त फूल, 'क्लोस स्टोर्टबेकर' का उत्परिवर्त
'पॉयनियरिंग पायलट	हाइब्रिड टी	1982	नीला लाल, बड़े, उच्च केन्द्र युक्त, तीव्र सुगन्धित फूल
'सुवर्ण रेखा'	हाइब्रिड टी	1981	गहरा सिन्दूरी, नारंगी, सुनहरे पीली धारियों 'सोराया' का उत्परिवर्त
'स्कोप'	हाइब्रिड टी	1981	गेरुआ नारंगी पर सफेद धारियां, 'मोन्टेजुमा' का उत्परिवर्त
'मा रंकिनी'	हाइब्रिड टी	1982	सुगठित, मखमली लाल
स्वामी विनयानन्द द्वारा			
'स्वामी शिवानन्द'	हाइब्रिड टी	1974	सफेद बड़े फूल
एम.एस. वीरराघवन द्वारा			
'अभय'	हाइब्रिड टी	1984	गेरुआ से क्रीमी सिन्दूरी, पृष्ठ भाग सफेद, दोहरे सुगठित फूल
'अभय-87'	हाइब्रिड टी	1987	बड़ी अंडाकार कलियां, सुगठित गहरे गुलाबी फूल, पंखुड़ियों के किनारे गहरे लाल और पृष्ठ भाग सफेद।
'अजन्ता'	फ्लोरीबंडा	1987	एच-टी सदृश, कलियां गहरी कलिमायुक्त लाल फूल मखमली किरमजी लाल, एकल या गुच्छों में
'आम्रपाली'	फ्लोरीबंडा	1979	गेरुआ गुलाबी, अम्बर और नील-लोहित छटायुक्त अंडाकार कलियां, छोटे गुच्छे
'भागमती'	फ्लोरीबंडा	1977	दो रंगी, एन्थोरियम-लाल, पृष्ठ भाग सफेद,

नाम	वर्ग	जारी होने का वर्ष	संक्षिप्त विवरण
			अत्यधिक टिकाऊ
'चित्र रेखा'	हाइब्रिड टी	1982	हल्के गुलाबी पर गहरी लाल धारियां, प्रदर्शनी योग्य फूल, 'चित्र लेखा' का उत्परिवर्त
'धर्मपुरी'	हाइब्रिड टी	1978	गहरी लाल, गुलाबी लाल छटा युक्त, सुगठित कलियां, अत्यधिक पुष्पन
'फर्स्ट ऑफरिंग'	फ्लोरीबंडा	1973	सिन्दूरी लाल, नारंगी छटा युक्त, सघन, बहुत बड़े गुच्छे
'कादम्बरी'	फ्लोरीबंडा	1976	लाल किनारी सहित नारंगी, मध्य तथा पृष्ठ भाग सफेद, मध्यम दोहरे फूल
'कांची'	हाइब्रिड टी	1976	मेजन्टा और जामुनी, पृष्ठ भाग हल्का सुगठित, बड़े, दोहरे फूल
'कन्याकुमारी'	क्लाइम्बर	1979	गेरुआ-नारंगी, मूंगा छटायुक्त, सुगठित, टिकाऊ फूल, तीन के गुच्छों में
'कोवालम'	फ्लोरीबन्डा	1976	क्रिमिया सफेद, गोलाकार अम्बर-भूरी कलियां सुगन्धित।
'महादेव'	फ्लोरीबन्डा	1975	सिन्दूरी नारंगी, सुगठित कलियां तथा फूल
'नयनतारा'	फ्लोरीबन्डा	1982	गुलाबी, हस्तचित्रित छटा युक्त, अंडाकार कलियां उच्च केन्द्र युक्त फूल
'नेफर्टिटी	हाइब्रिड टी	1985	सुनहरी नारंगी छटायुक्त, लम्बी नुकीली कलियां सुगठित, उच्च केन्द्र युक्त फूल
'प्रियम्वदा'	हाइब्रिड टी	1985	हस्तचित्रित, दूधिया सफेद, लाल मिश्रित सुगठित उच्च केन्द्रयुक्त फूल
'प्रियतमा'	हाइब्रिड टी	1981	हस्तचित्रित, गुलाबी सफेद, लाल मिश्रित, सुगठित, उच्च केन्द्रयुक्त फूल
'रजनी'	हाइब्रिड टी	1984	नील लोहित छटायुक्त, गुलाबी, बहुत बड़े सुगन्धित फूल
'सोमशिला'	हाइब्रिड टी	1987	तामड़ा छटायुक्त, हल्की गुलाबी, सुगठित कलियां, बड़े फूल, तीव्र सुगन्ध
'सोनमर्ग'	फ्लोरीबन्डा	1983	सुनहरे पीले, सुगन्धित फूल, गहरी हरी

गुलाब की भारतीय किस्में

नाम	वर्ग	जारी होने का वर्ष	संक्षिप्त विवरण
			पत्तियां
'वनमाली'	हाईब्रिड टी	1979	लेवेन्डर, बड़े उच्च केन्द्रयुक्त फूल, गहरी बैंगनी कलियां, टी सुगंध युक्त

गुलाब की चुनिंदा किस्में

हाइब्रिड टी

'अभय 87' (वीर राघवन, 1987)

बड़े आकार की अण्डाकार कलियां, खिलने के बाद गहरे गुलाबी सुगठित फूलों में परिवर्तित हो जाती हैं। इनकी पंखुड़ियों पर लाल रंग की धारियां होती हैं और इनका पृष्ठ भाग सफेद होता है।

'अभिसारिका' (आई.ए.आर.आई., 1977)

'किस ऑफ फायर' का एक उत्परिवर्त जिसके पीले फूलों पर लाल धारियां देखी जा सकती हैं। फूलों का आकर्षक आकार और अत्यधिक पुष्पन।

'एस आफ हार्ट्स' (कोर्डेस, 1981)

एक उत्कृष्ट, लाल, किरमजी, मखमली, आभा युक्त गुलाब, नुकीली कलियां जो धीरे-धीरे बड़े पूर्ण उच्च केन्द्र युक्त, आदर्श फूलों में खिलती हैं, अत्यधिक पुष्पन।

'इकेबाना' (कवायी, 1964)

अत्यन्त सुन्दर जापानी गुलाब, ऊंचे, नुकीले एवं सुगठित हल्के पीले फूल, किरमजी लाल किनारे तथा छटायुक्त।

'एलैक्स रैड' (कॉकर, 1970)

गहरे किरमजी, बड़े सुगठित आकार वाले सुगन्धित पुष्प, चमकीली पत्तियां, झाड़ीदार पौधे।

'अमेरिकन हैरिटेज' (लैमर्ट्स, 1965)

आकर्षक आकार के उच्च केन्द्र युक्त बड़े गुलाबी या सिंदूरी आभा युक्त, किरमिजी पीले फूल। ओजपूर्ण सीधी बढ़वार और सुन्दर पर्ण समूह।

गुलाब की चुनिंदा विदेशी किस्में

'एमिस्टेड सिन्सेरा' (कैम्परूपी, 1965)

'सिन्सेरा' के नाम से लोकप्रिय अंडाकार कलियां, बड़े दोहरे उच्च केन्द्रयुक्त या प्यालेनुमा सफेद फूल।

'एन्जेलीक' (कोर्डेस, 1981)

लाल-नारंगी, सुगन्धित फूल। लम्बी एवं बड़ी सुगठित कलियां जो लम्बे तनों पर लगती हैं और पूर्ण फूलों में बदलती हैं।

'एन्टीगोन' (गॉजार्ड, 1969)

नुकीली कलियां, जो बड़े पीले-नारंगी लाल छटायुक्त फूलों में बदल जाती हैं। खिलने के बाद भी सुन्दर दिखती हैं क्योंकि पीला रंग नारंगी-गुलाबी छटा में परिवर्तित होता है।

'एनविल स्पार्क्स' या 'एम्बोसफकंन' (मेयर, 1961)

असामान्य रंग, मुंगिया-लाल पंखुड़ियों पर पीली धारियां और धब्बे। सुगठित सुगन्धित फूल, परन्तु जल्दी खुल जाते हैं।

'अपोलो' (आर्मस्ट्रांग, 1972)

पतली, लम्बी, नुकीली कलियां जो लम्बे कांटे रहित तने पर लगती हैं। बड़े सुगन्धित सूर्योदय की पहली अलसाती किरण के माफिक़ पीला रंग लिए फूल। स्वस्थ सुशाखित, गहरी हरी पत्तियों वाले पौधे।

'एक्वेरियस' (आर्मस्ट्रांग, 1971)

गहरी गुलाबी कलियां, हल्के गुलाबी फूल पंखुड़ियों के किनारे गहरे गुलाबी। लम्बे पुष्पवृन्त।

'ऐरीएना' (मीलैण्ड, 1968)

उच्च केन्द्र वाले गहरे मूंगिया फूल, बाहरी पंखुड़ियों पर गुलाबी लाल छींटे, तीव्र टी सुगन्ध।

'एवन' (मोरे, 1961)

आकर्षक दोरंगे गुलाब, पंखुड़ियों का भीतरी भाग गहरा लाल और पृष्ठ भाग धूसर सफेद, ढीली संरचना वाले अत्यधिक बड़े फूल। मुक्त पुष्पन, ऊंचे ओजपूर्ण पौधे।

'बेल एन्जे' (लैन्स, 1962)

सुगठित नुकीली, तांबई गुलाबी कलियां, जिनका मध्य भाग हल्के रंग का होता है और जो टिकाऊ अच्छे स्वरूप वाले फूलों में खिलती हैं।

'बैले ऑफ पंजाब' (पॉल, 1965)

सुन्दर कलियां, मध्य आकार के फूल, मध्यम आकार के छोटे गुच्छों में लगने वाले गहरे गुलाबी फूल।

'भीम' (आई.ए.आर.आई., 1970)

बहुत बड़े, अनेक पंखुड़ियों वाले, सुगंधित, गहरे लाल फूल। पौधे शीतसह तथा ओजपूर्ण।

'ब्लू मून' (टैनटाऊ, 1964)

इसे मेजर फार्स्टनेच' अथवा 'सीसी' भी कहा जाता है। बर्फ सा या कबूतर सा नीला। यह नील-लोहित रंग के गुलाबों में एक सर्वश्रेष्ठ किस्म है जिसकी कलियां लम्बी और पतली होती हैं। फूल सुमधुर गंधयुक्त।

'बोने नट' (कोम्बे, 1956)

यह सर्वाधिक गहरे गुलाबों में से एक है। इसके पूर्ण, सुगठित, सुगंधित पुष्प अत्यंत गहरे मखमली कालिमायुक्त लाल रंग के होते हैं जो फीके नहीं पड़ते।

'ब्रान्डी' (क्रिस्टेन्सन तथा स्वीम, 1982)

भूरी, नारंगी कलियां जो धीरे-धीरे गहरे सुनहरे खुबानी रंग के फूलों में खिलती हैं। सुगंधित, अत्यधिक ओजपूर्ण

'कैरा मिया' (डियरेस्ट वन) (मैक्डेनियल्स मिनिएचर रोज, 1969)

फूल बड़े, दोहरे तथा गहरे लाल। इसकी सुगंध को वाइल्ड ब्रायर नाम भी दिया जाता है। क्यारी में लगाने, गुलदस्तों तथा प्रदर्शनी हेतु उपयुक्त।

'केयरलैस लव' (कांकलीन, 1955)

अत्यंत आकर्षक, कैमेलिया सदृश, गहरी गुलाब सफेद धारियों से युक्त पुष्प। मजबूत तथा ओजपूर्ण झाड़ी। कुछ शाखाओं पर धारी विहीन गुलाबी अथवा सफेद फूल भी आते हैं जिन्हें हटा देना चाहिए।

'कैरीना' (मीलैण्ड, 1963)

बड़े, उच्च केन्द्रयुक्त, सुगंधित, रोडामाइन-गुलाबी फूल, मुक्त पुष्पन, सीधी टहनियों वाली झाड़ी, बगीचे में लगाने तथा सजावटी फूलों के व्यापार की दृष्टि से उपयुक्त।

'कैथेराइन डेन्यूव' (मीलैंड, 1981)

अत्यंत आकर्षक तथा सजावटी कलियां जो अत्यंत सुन्दर, पूर्ण, सुगठित, गेरुए रंग के मिश्रित छटा वाले फूलों में खिलती हैं।

'सेन्चुरी-2' (आर्मस्ट्रांग, 1971)

अत्यंत टिकाऊ, सुगठित फूल जिनकी पंखुड़ियां चौड़ी ओर बाहर से गहरी गुलाबी होती हैं। सुमधुर सुगंध, एकल या गुच्छों में, अत्यधिक पुष्पन, ओजपूर्ण।

चैंटर (कोर्डेस, 1958)

चीनी नारंगी कहा जाने वाला रंग। अत्यंत आकर्षक, फॉन तथा नारंगी रंगों का मिश्रण, अत्यंत बड़ी तथा उच्च केन्द्र युक्त कलियां, प्रदर्शनी की दृष्टि से उपयुक्त।

'चार्ल्स मैलेरिन' (मीलैंड, 1947)

मुड़ी हुई पंखुड़ियों वाले, बड़े, कालिमायुक्त, मखमली लाल फूल। सुगंधित, सबसे मनोहारी गुलाबों में से एक।

'चैरी ब्रांडी' (टैन टाऊ, 1965)

बड़े, सुगंधित, जल्दी खिलने वाले, हल्के, सिन्दूरी फूल। पंखुड़ियों का आधार पीला, अत्यधिक आकर्षक, कलियां जल्दी खिल जाती हैं।

'शिकागो पीस' (जॉन्स्टन, 1962)

रंग की दृष्टि से 'पीस' किस्म के गुलाब का वास्तविक उत्परिवर्त रूप, चमकीले गुलाबी रंग की पंखुड़ियों में तांबई पीले रंग की छटा।

'क्रिश्चियन डॉयर' (मीलैंड, 1958)

अत्यंत बड़े, मखमली लाल, धीमी गति से खिलने वाले, सुन्दर पर सुगंधरहित फूल। मृदुआसिता रोग के लिए रोधी न होने के अतिरिक्त अन्य सभी गुणों की दृष्टि से उत्कृष्ट।

'क्लोवली' (हिक्स, 1924)

अत्यंत सुन्दर, लम्बी कलियां, किरमिजी गुलाबी आभायुक्त सिन्दूरी रंग के फूल। लम्बी टहनियां, गुलदस्तों के लिए अत्यंत उपयुक्त।

'कमाण्ड परफॉरमेंस' (लिण्डक्रिस्ट, 1970)

चमकीला, आकर्षक, नारंगी-लाल गुलाब, सुगंधित, तने लम्बे तथा ऊंचे, प्रदर्शनी हेतु उपयुक्त।

'कोन्डेसा डी सास्टेगो' (डॉट, 1930)

अन्दर की पंखुड़ियां गुलाबी तथा बाहर की पीली, कसाव रहित बड़ी पंखुड़ियां वाले पुष्प, पुरानी किस्म होने पर भी भारत में लोकप्रिय, क्यारियों तथा कटे फूलों के लिए उपयुक्त।

'कॉंफिडेन्स' (मीलैंड, 1951)

अत्यंत बड़े, सुगठित, सुगंधित, हल्के गुलाबी फूल। अत्यधिक पुष्पन। हल्के गर्म मौसम के लिए सर्वोत्तम, सुगंध 'ला फ्रांस' के समान विशिष्ट, क्यारियों, प्रदर्शनी तथा कटे फूलों के लिए उपयुक्त।

'सिंथिया' (वेरीनर, 1975)

सुन्दर, गुलाबी-रुबी लाल कलियां जो गहरे गुलाबी रंग के सुन्दर और सुगंधित, बड़े फूलों में खिलती हैं।

'डाइ वैल्ट' (कोर्डेस, 1976)

इसे 'वर्ल्ड रोज़' भी कहते हैं। आकर्षक, मिश्रित नारंगी रंग के बड़े, उच्च केन्द्रयुक्त फूल। पत्तियां चमकीली, तने सीधे, पौधे ओजपूर्ण।

'डिस्को' (वीड्स, 1980)

दोरंगी गुलाबों में श्रेष्ठ आभा, कलियां लम्बी, नुकीली, फूल संपूर्ण, उच्च केन्द्र युक्त, बड़े, भीतर से लाल बाहर से क्रिमिया सफेद, मुड़ी हुई पंखुड़ियां।

'दिवा स्वप्न' (पॉल, 1981)

गुलाबी और सफेद रंगों की छटा लिए सुंदर कलियां जो खिलने के बाद बड़े आकार के सुगंध युक्त फूलों में बदल जाते हैं।

गुलाब की चुनिंदा विदेशी किस्में

'डॉ. वैलोस' (मैलरीन, 1950)

दोरंगे प्रभाव वाली क्यारियों के लिए अत्यंत लोकप्रिय किस्म। गहरे-लाल रंग के सिन्दूरी छटायुक्त बड़े फूल, अत्यधिक पुष्पन, पंखुड़ियों का पृष्ठ भाग पीला, आकर्षक सुगंध, चमकीली पत्तियां, आकर्षक चमकीले गुलाबों में से एक।

'डोरिस टिस्टरमैन' (विसबैक, 1975)

उत्कृष्ट, सुगठित, आकर्षक, नारंगी फूल, पंखुड़ियों के किनारे गहरे रंग वाले, तने सीधे, पौधे ओजपूर्ण।

'डबल डिलाइट' (स्विम तथा ऐलिस, 1977)

उत्कृष्ट गुलाब अत्यंत आकर्षक कलियां जो गहरे पीले रंग की भीतरी पंखुड़ियों और आकर्षक चेरी लाल रंग की बाहरी पंखुड़ियों की दोहरी पंक्ति युक्त फूलों में पल्लवित होती हैं। भीतरी पंखुड़ियां के बाहरी किनारे बाद में हल्के पड़कर क्रीमी सफेद हो जाते हैं। तीव्र सुगंध।

'डा. बी.पी. पॉल' (आई.ए.आर.आई., 1980)

आकर्षक चमकदार नील लोहित गुलाबी रंग की सुगठित कलियां जो पल्लवित होने के बाद उच्च केन्द्रित सम्पूर्ण फूलों में बदल जाती हैं। घने, लम्बे और स्वस्थ झाड़ीनुमा पौधे।

'डुयेट' (स्विम, 1960)

मनमोहक किस्म जिसमें दोहरे रंग का प्रभाव पाया जाता है। मध्यम आकार का पुष्प, पंखुड़ियां गेरुआ गुलाबी रंग की जिनके पृष्ठ भाग गहरे गुलाबी होते हैं। पुष्प गुच्छों में, झाड़ी ओजपूर्ण, मुक्त पुष्पन।

'डच गोल्ड' (विस्बेक, 1977)

गहरे पीले सुगन्धित फूल, ओजपूर्ण झाड़ी पर मुक्त पुष्पन।

'ऐफिल टावर' (आर्मस्ट्रांग तथा स्विम, 1963)

बहुत लम्बी गुलाबी कलियां जो अत्यंत लम्बी टहनियों पर लगती हैं और अत्यधिक सुगन्धित होती हैं। पौधे ऊंचे।

'इको' (सुजुकी, 1978)

जापानी किस्म, पीले रंग के बहुत अधिक लाल धब्बों युक्त उच्च केन्द्रयुक्त फूल, अत्यधिक पुष्पन।

'एना हार्कनेस' (नॉर्मन, 1946)

गहरे, हल्के न पड़ने वाले मखमली बनावट के क्रिमसन रंग के फूल जो जाड़ों में अत्यधिक सुन्दर होते हैं। बड़े पुष्प तथा विशिष्ट कलियां एवं मुक्त पुष्पन। एक उत्तम किस्म परन्तु गर्म मौसम के लिए उपयुक्त नहीं, सुगन्ध परिवर्तनीय।

'इरोटिका' (टेन्टाऊ, 1968)

इसे 'इरोइका' भी कहते हैं। बड़े उच्च केन्द्रयुक्त पंखुड़ियों वाले अत्यंत सुगन्धित गहरे किरमजी फूल।

'एस्मेराल्डा' (कोर्डेस, 1980)

इसे 'कीपसैक' भी कहते हैं। लम्बी टहनियों पर बड़ी कलियां जो धीरे-धीरे बड़े, गहरे गुलाबी रंग के पुष्पों में खिलती हैं। पंखुड़ियों का पृष्ठ भाग हल्का, पौधे ओजपूर्ण तथा सीधे।

'इटरना' (डेलबार्ड, 1978)

सुन्दर आकर्षक, हल्के गुलाबी रंग के सुगठित गुलाब। फूल बड़े टिकाऊ, मधुर सुगन्ध, गुलदस्तों के लिए एक अत्यधिक टिकाऊ उत्तम किस्म।

'इटोयल डे होलैण्ड' (वर्सचुरेन, 1919)

आकर्षक कलियां, बड़ी पंखुड़ियों वाले सुन्दर, गहरे मखमली किरमजी रंग के फूल, लम्बी कलियां।

'ईवनिंग स्टार' (वेरिनर, 1974)

लम्बी नुकीली, हरी सफेद कलियां, फूल पूर्ण, सुगन्धित तथा शुद्ध सफेद। मॉर्डन रौजेज-8 में फ्लोरीबन्डा में सम्मिलित।

'फर्स्ट लव' (स्विम, 1951)

इसे 'प्रीमियर आमर' भी कहते हैं। लम्बी नुकीली कलियां, मध्यम आकार के हल्के सुगन्धित, गुलाबी फूल। अत्यधिक पुष्पन।

'फर्स्ट प्राइज़' (बोएरनर, 1970)

अत्यंत आकर्षक, बड़े आकार वाली कलियां, अत्यंत बड़े, अधिक टिकाऊ, हल्के लाल और गहरे गुलाबी रंग की मिश्रित आभायुक्त आकर्षक फूल। दिल्ली में आयोजित गुलाब प्रदर्शनियों में प्रायः पुरस्कार विजेता।

गुलाब की चुनिंदा विदेशी किस्में

'फोकलौर' (कोर्डेस, 1977)

लम्बी नुकीली, चमकीली, गहरे गेरुआ रंग की कलियां ज्वाला सदृश्य, नारंगी रंग के पुष्प, पंखुड़ियों का पृष्ठभाग पीला। अत्यधिक पुष्पन। झाड़ी छोटे बगीचों की दृष्टि से अत्यधिक बढ़वार वाली।

'फाउन्टेनब्लू' (डेल्बार्ड-चैबट, 1967)

ऊंचे पौधों पर लम्बी टहनियों पर बहुत बड़े गहरे मेजैन्टा गुलाबी रंग के फूल अत्यंत आकर्षक।

'फ्रैगरेन्ट क्लाउड' (टैन्टाऊ, 1963)

इसे 'डफ्टवोक' या 'नाज परफ्यूम' भी कहते हैं। बड़े आकार व सुगठित, अत्यंत सुगन्धित गहरे मूंगिया लाल फूल।

'फ्राऊ कार्ल डुश्की' (लैम्बर्ट, 1901)

इसे 'स्नो क्वीन', 'रेन डेस नीजेस' और 'व्हाइट अमेरिकन ब्यूटी' भी कहते हैं। शुद्ध सफेद, अत्यंत बड़े फूल, कलियों की बाहरी पंखुड़ियों पर हल्की गुलाबी छटा। पौधे बहुत ऊंचे तथा अत्यंत ओजपूर्ण, जिन्हें अच्छी कटाई-छंटाई की आवश्यकता पड़ती है।

'फ्यूचुरा' (वारिनर 1975)

हल्के न पड़ने वाले चमकीले नारंगी रंग के फूल आयु के साथ गहरा होता हुआ, अच्छे स्वरूप वाले सुगन्धित नुकीले संपूर्ण फूल, ओजपूर्ण।

'गार्डन पार्टी' (स्विम, 1959)

उच्च केन्द्रयुक्त, बड़े फूल, सफेद पंखुड़ियों पर हल्की गुलाबी छटा। सुगठित, मुक्त पुष्पन।

'गोल्ड मैडल' (क्रिस्टेनसैन, 1983)

लम्बी, नुकीली, गहरी पीली, नारंगी-लाल छटायुक्त कलियां जो धीरे-धीरे सुनहरे पीले बड़े सुगठित फूलों में खिलती हैं। पंखुड़ियां चौड़ी और कड़ी, अत्यधिक पुष्पन।

'गोल्डन जाइण्ट' (कोर्डेस, 1960)

इसे 'गोल्डरॉश' या 'फिवर डिओर' भी कहते हैं। बहुत बड़े सुनहरे पीले रंग के पुष्प जो ऊंचे और ओजपूर्ण पौधों पर लगते हैं। रंग की गहनता परिवर्तनीय, पत्तियां बड़ी व हल्की हरी, क्यारियों एवं प्रदर्शनी के लिए उपयुक्त।

'गोल्डन स्प्लैन्डर' (जोन्स, 1960)

बड़ी, उच्च केन्द्र युक्त, सुगठित कलिया, खिले फूलों में मध्यम संख्या में पंखुड़ियां, गहरे क्रीमी-पीले से लेकर गहरी छटाओं वाले फूल, कभी-कभी खुबानी रंग के आभायुक्त फूल।

'ग्रेनेडा' (लिन्डक्विन्ट, 1963)

इसे 'डोनाटैला' भी कहते हैं। लम्बी कलियां। सिन्दूरी-लाल-पीले रंग की मिश्रित छटा वाले फूल। तेज सुगंध। अच्छी पत्तियों वाला उत्तम गुलाब।

'हैप्पीनैस' (मीलैण्ड, 1949)

इसे 'रोज़ मिलैण्ड' भी कहते हैं। गहरे किरमिजी लाल बड़े पूर्ण सुगठित पुष्प, पंखुड़ियां मुड़ी हुई। मुक्त पुष्पन, ओजपूर्ण लम्बे तने।

'हार्मनी' (कोर्डेस, 1981)

बहुत बड़ी लम्बी नुकीली कलियां जो चक्रीय क्रम में खुलते हुए उच्च केन्द्र वाले गहरे गुलाबी रंग के गेरुआ छटा युक्त तीव्र सुगन्धित फूलों में पल्लवित होती है। अत्यधिक पुष्पन।

'हसीना' (पॉल, 1979)

सुगठित एवं लम्बे आकार की कलियां पुष्पन के बाद बड़े आकार के कोमल गुलाबी पंखुड़ियों वाले फूलों का रूप ले लेती हैं। ये टिकाऊ एवं सुगंधित हैं।

'हवाई' (बोएर्नर, 1960)

लम्बी, सुगठित कलियां, बड़े, पूर्ण, सुगंधित, गहरे नारंगी-मूंगिया रंग के फूल। अत्यधिक पुष्पन।

'हेल्मिट श्मिट' (कोर्डेस, 1979)

इसे 'सिम्बा' भी कहते हैं। सुगठित, उच्च केन्द्रित, चमकीले, गहरे नींबूई पीले फूल, स्वस्थ गहरी हरी पत्तियां मध्यम सुगन्ध, श्रेष्ठ नए गुलाबों में से एक।

'हेबिल रॉयल' (कोर्डेस, 1964)

सुर्ख लाल, बड़े सुगठित, सुगन्धित फूल, लम्बी कलियां, प्रदर्शनी के लिए उपयुक्त।

'ऑनर' (वेरिनर, 1980)

नुकीली कलियां जो धीरे-धीरे बड़े सफेद मलमली सुन्दर सुगठित एवं सुगन्धित फूलों में पल्लवित होती हैं।

'हॉट प्यूटर' (हार्कनैस, 1980)

लाल-सिन्दूरी रंग के अनेक पंखुड़ियों वाले सुगठित फूल, मुक्त पुष्पन, प्रदर्शनी एवं सजावट के लिए उपयुक्त।

'इन्जे हॉर्स्टमैन' (टेनटाऊ, 1964)

अत्यंत सुन्दर, दुरंगे, चेरी लाल और हाथी दांत से सफेद, सुगन्धित फूल, लम्बी, उच्च केन्द्रित कलियां।

'इन्का' (टेनटाऊ, 1978)

एक परिष्कृत मोहक, पारदर्शी, हल्के गेरुए रंग का गुलाब, बड़ी कलियां जो मजबूत तनों पर आकर्षक फूलों में खिलती हैं।

'इन्वीटेशन' (स्विम तथा विक्स, 1961)

लम्बी नुकीली कलियां, बड़े दोहरे, उच्च केन्द्र युक्त फूल, गहरी गेरुआ गुलाबी, पंखुड़ियां जो आधार पर पीली होती हैं, तीव्र सुगन्ध, मुक्त पुष्पन, ओजपूर्ण।

'जैडिस' (वारिनर, 1974)

अत्यंत प्यारा, गुलाबी, गुलाब जिस पर लेवेन्डर बैंगनी रंग की छटा पाई जाती है। पतली कलियां तथा अत्यंत आकर्षक प्रदर्शनी योग्य फूल, सुगन्ध मुक्त पुष्पन।

'जैनिना' (टेनटाऊ, 1974)

लम्बी, आकर्षक कलियां, सुगठित, सुगन्धित पीली छटा युक्त तांबई रंग के फूलों में खिलती हैं।

'जैक्वीना मुनोज' (डाट, 1977)

गुलाबी लाल छटा युक्त, गहरे लाल किरमिजी रंग के भव्य फूल, बड़े टिकाऊ तथा हल्के न पड़ने वाले।

'जॉन एफ कैनिडी' (बोयेरनर, 1965)

बड़ी लम्बी, नुकीली, अंडाकार कलियां जो सफेद रंग के हरिमा युक्त फूलों में खिलती हैं। फूल उच्च केन्द्रयुक्त, दोहरे टिकाऊ मजबूत तनों पर और प्रदर्शनी के लिए उपयुक्त।

'जून ब्राइड' (शेफर्ड, 1957)

फूल गठे हुए। बड़े आकार के, किरमिजी सफेद, एकल या गुच्छों में, गर्मियों में फूल सेमी डबल हो जाते हैं। अत्यधिक ओजपूर्ण मुक्त पुष्पन, अमेरिका में ग्रैन्डीफ्लोरा की भांति वर्गीकृत।

'जस्ट जॉए' (कान्डस, 1974)

तांबई नारंगी रंग के बड़े, सुगन्धित, सुगठित फूल पंखुड़ियों के किनारे लहरदार। विशिष्ट रंग के कारण लोकप्रिय।

'किंग्स रैन्सम' (मोरे, 1961)

पूर्ण आकार वाले, विशुद्ध बसंती-पीले फूल। कलियां लम्बी और पतली। आकर्षक पत्तियां।

'किस ऑफ फायर' (गोजार्ड, 1960)

एक अत्यंत आकर्षक, बहुरंगी, सुगठित, मध्यम आकार का गुलाब। फूलों की पंखुड़ियां क्रीमी रंग की होती हैं जिनके किनारे हल्के गुलाबी और आधार पीले होते हैं। मधुर सुगंध।

'कोपीज' (पैरी, 1981)

उच्च केन्द्र युक्त, हल्की गुलाबी, छटा युक्त, क्रीम रंग के फूल सजावट के लिए उपयुक्त, पौधे ओजपूर्ण परन्तु ऊंचे नहीं।

'कौरिन्टेल' (कोर्डिस, 1979)

इसे 'टैरिन्टेला' भी कहते हैं। फूल बड़े पूर्ण सुनहरे पीले चमकीले, फूलों की किनारी नारंगी गुलाबी।

'लाजोला' (स्विम, 1954)

क्रीमी तथा सुनहरा छटा युक्त गुलाबी पंखुड़ियां, कलियां आकर्षक लम्बी नुकीली अत्यंत सुगन्धित, झाड़ी ओजपूर्ण पत्तियां चमकीली हरी।

'लेडी ग्रेड' (ग्रेगरी, 1982)

सुगठित कलियां जो सुन्दर आकार वाली पूर्ण बड़े नारंगी सिन्दूरी फूलों में खिलती हैं। मुक्त पुष्पन फूल, प्रदर्शनी, सजावट तथा बागों के लिए उपयुक्त।

लेडीरोज़ (कौर्डेस, 1979)

हल्की न पड़ने वाले, चमकीले सिन्दूरी गेरुआ रंग के पीले आधार युक्त सुगंधित फूल,

सुन्दर स्वरूप वाली कलियां पुष्प उच्च केन्द्र युक्त लम्बे तनों पर लगातार पुष्पन।

'लेडी एक्स' (मिलैण्ड, 1966)

लम्बी पतली सुन्दर कलियां धीरे-धीरे दोहरे उच्च केन्द्र युक्त रूपहले लेवेण्डर-गुलाबी फूल में खिलती हैं। हल्की सुगन्धयुक्त प्रदर्शनी के लिए अच्छी किस्म।

'लाऊसिएना' (विक्स, 1969)

सुन्दर, क्रीमी-सफेद रंग के बेहतरीन, प्रदर्शनी योग्य पुष्प। स्वस्थ गहरी हरी पत्तियां, अत्यधिक पुष्पन, ओजपूर्ण, सीधी उठी झाड़ियां।

'लव' (वेरिनर, 1980)

लोकप्रिय दो रंगे गुलाब, पूर्णतया दोहरे फूल, पंखुड़ियां गहरी लाल तथा उनका पृष्ठ भाग रूपहला सफेद। तीव्र सुगन्ध, लम्बे तने।

'लवर्स मीटिंग' (गैन्डी, 1980)

सुन्दर नुकीले प्रदर्शनी योग्य फूल, चमकीला नारंगी रंग, लम्बे तने, मुक्त पुष्पन, मध्यम आकार की सीधे बढ़ने वाली झाड़ियां।

'मारिया कैलस' (मीलैण्ड, 1965)

इसे 'मिस आल अमेरिकन ब्यूटी' भी कहते हैं। बहुत बड़े आकार के सुगठित गहरे गुलाबी फूल, मुक्त पुष्पन, अत्यंत सुगंधित ओजपूर्ण पौधा।

'मस्कॉट' (मीलैण्ड, 1977)

एक अत्यंत आकर्षक दो रंगी गुलाब किस्म, लाल पंखुड़ियों का पृष्ठ भाग और फूल का केन्द्र पीला 40 पंखुड़ियां, सघन झाड़ी, चमकीली पत्तियां, बागों व प्रदर्शनी दोनों के लिए उपयुक्त।

'मैटरहार्न' (आर्मस्ट्रांग तथा स्विम, 1965)

लम्बी बड़े आकार की सुगठित कलियां जो सीधे लम्बे तनों पर लगती हैं। पत्तियां अत्यधिक बड़ी सफेद रंग की जिस पर सुनहरी आभा होती है।

'मैक्ग्रेडिज सन सैट' (मैकग्रेडी, 1936)

नारंगी और सिन्दूरी छटा वाले मध्यम आकार के गहरे पीले फूल, मध्य भारत में 12-16 सें.मी. आकार गर्म मौसम में रंग हल्का पीला, पंखुड़ियां गिरने के बाद भी सुन्दर बनी रहती हैं। मध्यम आकार का ओजपूर्ण पौधा। अत्यंत आकर्षक पत्तियां, क्यारियों के लिए एक उत्तम

सज्जाकारी पौधा। रातें ठंडी होने पर भी रंग चमकीला बना रहता है।

'मिडेलियन' (वेरिनर, 1973)

बड़े दोहरे फूल, हल्का खुबानी रंग से खुबानी गुलाबी रंग में परिवर्तित होने वाली पंखुड़ियां, अत्यंत टिकाऊ तथा फलों की सी सुगन्ध।

'मिशेल मीलैण्ड' (मीलैण्ड, 1945)

नाजुक, गुलाबी रंग की पूर्ण कलियां पोर्सलीन की सी आभा वाली। ठंडे मौसम में अत्यंत सुन्दर पुष्प। गर्मियों में कभी-कभी अम्बर या हल्का खुबानी रंग, मधुर सुगन्ध, क्यारियों तथा प्रदर्शनी के लिए उपयुक्त। उत्तरी भारत के मैदानी भागों में फूल पर्याप्त बड़े आकार के।

'मिरैटो' (टैन्टाऊ, 1974)

सुगठित बड़े गुलाबी छटा युक्त गेरुआ रंग के फूल, सुन्दर पत्तियां, प्रदर्शनी के लिए अच्छे।

'मिस्टर लिंकन' (स्विम तथा विक्स, 1964)

अत्यंत बड़े, पूर्ण स्वरूप वाले, स्पष्ट सुगंध युक्त, मखमली लाल रंग के फूल। 'चार्ल्स मैलरिन' तथा 'क्राइसलर इम्पीरियल' का संकरण।

'मोंटेजुमा' (स्विम, 1955)

बड़े, आकर्षक, बड़ी और मोटी पंखुड़ियों वाले, धीमी गति से खुलने वाले, हल्की सुगंधयुक्त, गहरे मूंगिया रंग के फूल।

'माउन्ट शास्ता' (स्विम तथा वीक्स, 1962)

अच्छे स्वरूप, लम्बी नुकीली कलियों वाला, सफेद-गुलाबी गुलाब।

'नोरमा' (गोजार्ड, 1974)

सुन्दर आकर्षक कलियां जो धीमे-धीमे सुगठित गहरे लाल-किरमजी रंग के फूलों में खिलती हैं।

'ओकलाहेमा' (स्विम तथा वीक्स, 1964)

मखमली कालिमा युक्त गेरुआ लाल रंग के तीव्र सुगन्ध युक्त सुगठित फूल, अत्यधिक ठंडा मौसम उपयुक्त नहीं। लाल रंग के बड़े गुलाबों में एक उत्तम किस्म।

'ओनली यू' (मीलैण्ड, 1975)

गुलाब की चुनिंदा विदेशी किस्में

मनभावन गुलाबी रंग, आकर्षक कलियां, सुगठित फूल

'ओरिएण्ट एक्सप्रेस' (वीटक्रॉफ्ट, 1978)
अत्यंत आकर्षक गुलाब, चमकीली नारंगी पंखुड़ियां जिनका पृष्ठ भाग पीला, कलियां सुन्दर फूल गहरे रंग वाले, सुगठित बड़े पूर्ण और अत्यधिक सुगन्धित।

'पापा मीलैण्ड' (मीलैण्ड, 1963)
सुगठित, प्रदर्शनी योग्य, तीव्र सुगन्धित गहरे लाल रंग के फूल, अत्यधिक पुष्पन।

'पैराडाइज़' (वीक्स, 1978)
पारदर्शी, लेवेन्डर, किनारी युक्त गहरे लाल रंग के अत्यंत आकर्षक फूल, कलियां लम्बी व नुकीली, पुष्प परिपूर्ण सुगन्धित एवं टिकाऊ।

'पार्थेनन' (डेल्बार्ड चैबर्ट, 1967)
अत्यंत मनोहारी गुलाबों में से एक, गुलाबी तथा क्रीमी सफेद रंग, मुक्त पुष्पन।

'पासादेना' (कोर्डेस, 1980)
उच्च केन्द्र युक्त, पूर्ण, चमकीले नारंगी रंग के फूल, अत्यधिक टिकाऊ, मुक्त पुष्पन, सजावट के लिए उपयुक्त।

'पैसकैली' (लिंस, 1963)
सुन्दर, सुगठित, दोहरे सफेद फूल, मुक्त पुष्पन, ओजपूर्ण झाड़ी।

'पीच ब्यूटी' (बोएरनर, 1970)
आकर्षक, पीच गुलाबी रंग की कलियां, जो बड़े दोहरे फूलों में खिलती हैं। ओजपूर्ण, मध्यम आकार की झाड़ी, मुक्त पुष्पन, सजावट के लिए उत्कृष्ट, प्रदर्शनी योग्य।

'पीटर फ्रेंकनफेल्ड' (कोर्डिस, 1966)
सुगठित, गहरे गुलाबी रंग के पुष्प, गुलदस्तों में अधिक टिकाऊ, प्रदर्शनी के लिए उत्तम।

'पोलर स्टार या पोलर स्टर्न' (टेन्टाऊ, 1982)
सुगठित नुकीली हरी-सफेद कलियां, पूर्ण, बड़े सुगन्धित पुष्प, मजबूत तने व झाड़ी।

'पोलिनीसियन सनसेट' (बोएरनर, 1965)

सुन्दर, गहरे मूंगिया रंग की कलियां, बड़े मूंगिया-नारंगी फूल।

'प्रीशियस प्लेटिनम' (डिक्सन, 1974)

आकर्षक कलियां, अत्यंत सुंदर, पूर्ण, उच्च केन्द्र युक्त, नुकीले गहरे मखमली किरमजी रंग के फूल।

'प्रीन्सैस डि मुनाको' (मिलैण्ड, 1968)

गहरे, चमकदार गुलाबी रंग के अत्यंत आकर्षक गुलाब, अत्यधिक मुक्त पुष्पन।

'प्रिस्टाइन' (वारिनर, 1978)

लम्बी, हाथी दांत की सी सफेद, गुलाबी छटा युक्त कलियां, बड़े सुन्दर स्वरूप वाले, गुलाबी किनारी युक्त, सुन्दर सफेद रंग के फूल, प्रदर्शनी योग्य, यद्यपि पुष्पन अपेक्षाकृत कम।

'रीना हरहोल्ड' (हरहोल्ड, 1959)

सुन्दर, सुगठित व मध्यम आकार के दोरंगी फूल, मुक्त पुष्पन, मजबूत तना, पंखुड़ियां सफेद, पीले आधार युक्त, गहरे गुलाबी किनारे।

'रॉकलिया' (टैनटाऊ, 1980)

अत्यधिक लम्बी, सुन्दर कलियां, गेरुए लाल रंग के सुन्दर फूल, आकार में हाइब्रिड टी की दृष्टि से कुछ छोटे, टिकाऊ, गुलदस्तों के लिए आदर्श।

'रोज़ गोजार्ड' (गोजार्ड, 1957)

बड़े, दोहरे, उच्च केन्द्र वाले फूल, चेरी लाल रंग, पंखुड़ियों का पृष्ठ भाग हल्का गुलाबी तथा हाथीदांत सदृश सफेद, पत्तियां कड़ी व चमकीली, तना मजबूत।

'रॉयल हाइनैस' (स्विम तथा वीक्स, 1962)

इसे 'कोनीलिके होहीट' भी कहते हैं। सुगठित आकार, उच्च केन्द्र युक्त, टिकाऊ, गुलाबी छटा वाले फूल, मुक्त पुष्पन, घनी चमकीली पत्तियां, मधुर सुगंध। अत्यंत पूर्ण गुलाब।

'रॉयल रोमांस' (फ्रायर, 1981)

विशिष्ट स्वरूप वाले मनोहारी फूल, गेरुआ से गहरे खुबानी रंग की छटा वाले। मुक्त पुष्पन।

गुलाब की चुनिंदा विदेशी किस्में

'सेबाइन' (टैनटाऊ, 1962)

इसे 'सेबाइन सिनजेन' भी कहते हैं। अत्यंत सुन्दर गहरे चेरी गुलाबी रंग के फूल, पतली लम्बी कलियां, बड़ा सुगठित आकार, पूर्णतः दोहरे फूल, अत्यंत सुगंधित, सजावट तथा प्रदर्शनी के लिए उपयुक्त।

'सेमोराई' (मीलैंड, 1966)

इसे 'स्कारलैट नाइट' भी कहते हैं। बड़े, कालिमायुक्त लाल रंग के मखमली फूल, मुक्त पुष्पन, लम्बे पौधे, मौसम की चरम अवस्थाओं में भी अच्छा चलने वाले, क्यारियों के लिए आदर्श।

'सोनिया मीलैंड' (मीलैंड, 1970)

शुद्ध गेरुआ गुलाबी रंग के बड़े फूल, आकर्षक स्वरूप, पूर्ण, गुलदस्तों के लिए अत्यधिक मांग।

'स्पैक्स येलो' (वर्चुरिन-पेचटोल्ड, 1947)

इसे 'गोल्डन सैप्टर' भी कहते हैं। यह पीले रंग के सबसे चमकीले गुलाबों में एक है। नुकीली कलियां, बड़े, दोहरे, उच्च केन्द्र युक्त, सुगंधित फूल, मुक्त पुष्पन, मध्यम बढ़वार की झाड़ी, कड़ी चमकदार पत्तियां।

'समर हॉली डे' (ग्रेगरी, 1967)

बड़े सुगठित, आकर्षक, सिन्दूरी रंग के फूल, ऊंचे ओजपूर्ण पौधे, गहरी हरी पत्तियां, मुक्त पुष्पन, गर्म मौसम में अच्छा प्रदर्शन।

'समर सनशाइन' (स्वीम, 1962)

इसे 'सोलेल डी आईट' भी कहते हैं। मनभावन पीले रंग के लम्बे तने पर लगे बड़े, पूर्ण फूल, मुक्त पुष्पन, मध्यम आकार की झाड़ी। अन्य पीले गुलाबों की अपेक्षा फूलों का रंग अधिक टिकाऊ।

'सन ब्लैस्ट' (टैनटाऊ, 1970)

इसे 'लैंडोरा' भी कहते हैं। चमकीला, मन्द न पड़ने वाला पीला रंग, आकर्षक, पूर्णतः दोहरे, उच्च केन्द्रयुक्त फूल, मुक्त पुष्पन।

'सुपर स्टार' (टैनटाऊ, 1960)

इसे 'ट्रोपिकाना' भी कहते हैं। रंग में विशुद्ध नारंगी, मूंगिया-नारंगी, हल्का-सिन्दूरी आदि

की विविधता, मध्यम आकार के फूल, सुगठित, ओजपूर्ण झाड़ी, अनेक अंतर्राष्ट्रीय पुरस्कारों का विजेता।

'स्वार्थमोर' (मीलैंड, 1963)

बड़े, त्रुटिहीन आकार के, उत्कृष्ट किस्म के गुलाबी-लाल फूल जो गरम मौसम में गहरे गुलाबी हो सकते हैं। ठण्डे मौसम में बाहरी पंखुड़ियां कालिमायुक्त।

'स्वीट ऑफ्टन' (आर्मस्ट्रांग तथा स्विम, 1964)

सुन्दर लम्बी कलियां, बड़े, उच्च केन्द्र युक्त फूल, गुलाबी पृष्ठभाग वाली लगभग सफेद पंखुड़ियां, अत्यधिक पुष्पन, ऊंचे फैलावदार पेड़, मधुर सुगंध।

'सिल्विया' (कोर्डेस, 1978)

इसे 'कांग्रेचुलेशन्स' भी कहते हैं। सुडौल लम्बी कलियां, जो चक्रिल क्रम में खुलती हैं। सुगठित गहरे गेरुआ गुलाबी फूल जो लम्बे तने पर एकल खिलते हैं। हल्की सुगन्ध, मुक्त पुष्पन।

'थाइस' (मीलैंड, 1954)

इसे अमेरिका में 'लेडी एल्गिन' कहते हैं। सुन्दर अण्डाकार लाल खुबानी रंग की कलियां, बड़े, दोहरे, सुगठित, सुगंधित नारंगी तथा खुबानी छटा वाले फूल जो लम्बे तने पर लगते हैं। ओजपूर्ण, सीधी झाड़ी, गहरी कड़ी पत्तियां।

'टोरो' (वायन्ट, 1972)

लम्बी नुकीली कलियां जो धीमी गति से बड़े सुगठित तीव्र, मधुर सुगन्धयुक्त, गहरे लाल रंग के टिकाऊ फूलों में खिलती हैं। दिल्ली के समान ठण्डी जलवायु वाले स्थानों पर कलियां पूरी तरह नहीं खिल पातीं। प्रदर्शनी योग्य किस्म।

'वैलेन्सिया' (कोर्डेस, 1967)

तांबई आभायुक्त, गहरे खुबानी नारंगी रंग के, बड़े फूल जो बाग को अप्रतिम आभा प्रदान करते हैं, सुगंधित, कलियां अत्यंत आकर्षक।

'वायोलेन' (गोजार्ड, 1968)

अत्यंत प्यारे, बैंगनी गुलाबी रंग के फूल, जो हाइब्रिड टी में एक नया रंग है। अत्यंत सुगंधित, मुक्त पुष्पन, भारत की जलवायु में जल्दी खिलने वाले।

गुलाब की चुनिंदा विदेशी किस्में

'वर्गो' (मैलेरिन, 1947)

इसे 'वर्गो लिब्रेटियोनेम' भी कहते हैं। शुद्ध सफेद, अत्यंत विशिष्ट आकार वाली कलियां, बड़े फूल, भारत के सर्वोत्तम सफेद गुलाबों में से एक।

'व्हिस्की मैक' (टैनटाऊ, 1967)

असामान्य, सुनहरे तांबई रंग के फूल जो तुरंत आकर्षित करते हैं। सुगठित फूल, परन्तु जल्दी खिलते हैं। तांबई रंग की अत्यंत आकर्षक नई पत्तियां, तीव्र आकर्षक सुगंध।

'व्हाइट मास्टर पीस' (बोएरनर, 1969)

अत्यंत बड़े, उच्च केन्द्र युक्त, साटन की सी पंखुड़ियों वाले, सफेद फूल, दिल्ली की आबोहवा में सभी मौसमों में अच्छा पुष्पन।

'विंड साउण्ड्स' (स्कागिंस, 1976)

'फर्स्ट प्राइज' किस्म का हल्का गुलाबी उत्परिवर्तन जिसमें जनक किस्म का आकार और दर्शनीय स्वरूप विद्यमान है।

'यार्कशायर बैंक' (फ्रायर्स, 1979)

हर मौसम में खिलने वाला, सुगंधित, सफेद फूल, सुन्दर व आकर्षक स्वरूप, एकल या गुच्छों में, मुक्त पुष्पन, सीधी अच्छी बढ़वार, स्वस्थ हरी पत्तियां।

फ्लोरीबन्डा

'अकीटो' (टैनटाऊ, 1971)

दागरहित, आकर्षक, सुगठित, दोहरे, सफेद फूल। मध्यम आकार की झाड़ी, पुष्पन की पुनरावृत्ति।

'अमेरिकाज जूनियर मिस' (बोएरनर, 1964)

अण्डाकार कलियां, मध्यम आकार के, सुगंधित, दोहरे, हल्के मूंगिया गुलाबी फूल जो बड़े गुच्छों में मिलते हैं।

'एंजिल फेस' (स्विस तथा वीक्स, 1968)

रूबी लाल रंग की कलियां जो गहरे चमकीले गुलाबी लेवेन्डर फूलों में खिलती हैं। पंखुड़ियों के किनारे लहरदार और रॉयल रूबी रंग युक्त बड़े फूल, विशिष्ट सुगंध, एकल या गुच्छों में।

'अनीता' (कोर्डेस, 1971)

सुगठित, सुनहरे पीले आधार और पृष्ठ भाग युक्त गुलाबी पंखुड़ियों वाले फूल, गुच्छों में, बौनी झाड़ी।

'अन्ना फोर्ड' (हार्कनेस, 1980)

मिनिएचर प्रकार का फ्लोरीबन्डा, जंग से नारंगी तथा पीले फूल जो समूह में बहुत अधिक संख्या में लगते हैं।

'अन्ना व्हीटक्रॉफ्ट' (टैनटाऊ, 1957)

हल्की सिन्दूरी रंग की कलियां, विशिष्ट एकल गहरे गुलाबी गेरुआ रंग के फूल, जिनके पुंकेसर सुनहरे पीले रंग के होते हैं। फूलों के गुच्छे अत्यंत आकर्षक लगते हैं।

'एन हार्कनेस' (हार्कनेस, 1979)

सुगठित, समान दूरी पर, टिकाऊ, केसरिया नारंगी-पीले रंग के फूल, ओजपूर्ण पौधे, मुक्त पुष्पन।

'एप्रिकॉट नैक्टर' (बोएरनर, 1965)

फ्लोरीबन्डा की दृष्टि से बहुत बड़े फूल जो हल्के खुबानी रंग के होते हैं और छोटे गुच्छों में लगते हैं।

'आर्थर बैल' (मैक ग्रेडी, 1965)

बड़े, हाइब्रिड टी सदृश फूल, चित्ताकर्षक, गहरे पीले रंग के जो शीघ्र ही हल्के पड़ने लगते हैं। मनोहारी सुगंध, आकर्षक पत्तियां, ऊंचे पौधे।

'बैलिंडा' (टैनटाऊ, 1972)

अत्यंत सुगंधित, अच्छे स्वरूप वाले, तांबई पीले नारंगी फूल जिनका रंग मन्द नहीं पड़ता। बगीचों तथा सजावट के लिए अच्छे।

बैलोना (कोर्डेस, 1975)

लम्बी, अच्छे स्वरूप वाली सुनहरी-पीली कलियां, टिकाऊ, तीव्र सुगंधित, हाइब्रिड टी प्रकार के फूल।

गुलाब की चुनिंदा विदेशी किस्में

'ब्राउन वैलवैट (मैक ग्रेडी, 1983)

टिकाऊ, असामान्य, भूरे रंग के, लाल छटायुक्त फूल। एकल या गुच्छों में, लम्बे तथा मजबूत पौधे।

'करिश्मा' (जेली, 1977)

बड़े गुच्छे, अत्यंत टिकाऊ, आकर्षक, ज्वाला सदृश लाल तथा सुनहरे पीले रंग के फूल, पुष्पन की पुनरावृत्ति।

'चार्ल्सटन' (मीलैंड, 1963)

अत्यंत मनोहारी गुलाब जिसके फूलों का रंग पीले से नारंगी और गुलाबी होते हुए अन्ततः मखमली गहरे किरमिजी रंग में बदल जाता है। ओजपूर्ण पौधे पर बड़े गुच्छे।

'सिटी ऑफ बेलफास्ट' (मैक ग्रेडी, 1967)

मध्यम आकार के गुच्छे, गहरे लाल रंग के फूल, क्यारियों के लिए उपयुक्त।

'सिटी ऑफ लीड्स' (मैक ग्रेडी, 1966)

फूल हाइब्रिड टी प्रकार के आकर्षक, गहरे गेरुए रंग के, सुवितरित गुच्छे।

'डीप परपल' (कोर्डेस, 1979)

फूल गहरे लेवेन्डर जामुनी रंग के, बड़े, डबल तथा हाइब्रिड टी प्रकार के। एकल या गुच्छों में। ओजपूर्ण पौधे।

'एलिजाबेथ ऑफ ग्लेमिस' (मैक ग्रेडी, 1964)

इसे 'आयरिश ब्यूटी' भी कहते हैं। अत्यंत सुगंधित, गहरे नारंगी गेरुए रंग के फूल। सीधा तथा ओजपूर्ण पौधा।

'एल्स पोल्सेन' (पोलसेन, 1924)

इसे 'जोन एण्डरसन' भी कहते हैं। फूल अर्द्ध दोहरे, चमकीले गुलाबी रंग के। बड़े गुच्छे। सजावट के लिए उपयुक्त। नई पत्तियां तांबई।

'एसकेपेड' (हार्कनैस, 1967)

सफेद केन्द्रयुक्त हल्के गुलाबी-मेजेन्टा रंग के, अर्द्ध दोहरे फूल, बड़े गुच्छे।

'यूरोपियाना' (डी राइटर, 1963)

सुगठित गहरे लाल रंग के फूल। बड़े गुच्छे, नई पत्तियां भूरी-लाल और अत्यंत आकर्षक।

'एल्विन फिसन' (मैक ग्रेडी, 1962)

इसे 'आयरिश वन्डर' भी कहते हैं। पूर्णतः दोहरे, मन्द न पड़ने वाले चमकीले लाल रंग के फूल, बड़े सुवितरित गुच्छे, मजबूत और ओजपूर्ण झाड़ी, गहरी हरी पत्तियां।

'फैन्सी टॉक' (स्विम तथा वीक्स, 1965)

स्वच्छ चमकीले गुलाबी रंग के, दोहरे फूल, सघन झाड़ी, अत्यधिक पुष्पन।

'फर्स्ट एडीशन' (डेलबार्ड, 1976)

चमकीली मूंगिया नारंगी रंग की नुकीली कलियां, सुगठित आकर्षक फूल, बड़े गुच्छे। उत्कृष्ट फ्लोरीबन्डा।

'फ्लेमेनको' (मैक ग्रेडी, 1960)

मनमोहक, गहरे गेरुए रंग के फूल जो कभी मन्द नहीं पड़ते। बाग और गमलों के लिए अच्छा गुलाब, विशेषकर गर्म मौसम में।

'फ्रेंच लेस' (वारिनर, 1982)

बड़े, हाइब्रिड टी प्रकार के सफेद फूल, आकर्षक कलियां, तीव्र सुगंध।

'जीन बोएरनर' (बोएरनर, 1968)

दोहरे, हाइब्रिड टी प्रकार के, स्वच्छ गहरे गुलाबी फूल, गुच्छों में मुक्त पुष्पन।

'गोल्डेन रेज़' (ऐरन, 1976)

सुगठित हाइब्रिड टी प्रकार के चमकीले सुनहरे पीले फूल, बाहरी पंखुड़ियां लालिमायुक्त, छोटे गुच्छे, मधुर सुगंध।

'गोल्डन टाइम्स' (कोर्डेस, 1976)

चमकीले पीले रंग के फूल, एकल या गुच्छों में, मुक्त पुष्पन, टिकाऊ।

'हैप्पी वान्डरर' (मैक ग्रेडी, 1972)

मखमली लाल-किरमजी रंग के सुगठित फूल, अत्यधिक पुष्पन।

'आइसबर्ग' (कोर्डेस, 1958)

इसे 'श्नीविचेन' या 'फी डेस नेल्जेस' भी कहते हैं। नुकीली कलियां, बड़े, दोहरे, खुले हुए अत्यंत सुगंधित, शुद्ध सफेद फूल। बड़े गुच्छे। ओजपूर्ण झाड़ियां, अत्यधिक स्वस्थ पत्तियां। हॉफ स्टैण्डर्ड या स्टैण्डर्ड बनाने की दृष्टि से उत्तम। सर्वोत्तम फ्लोरीबन्डा में एक।

'जूडी गारलैंड' (हार्कनैस, 1978)

अत्यंत आकर्षक, गहरे पीले रंग के नारंगी लाल किनारीयुक्त, हाइब्रिड टी प्रकार के बड़े फूल, छोटे गुच्छे, अत्यंत आकर्षक फ्लोरीबन्डा गुलाब।

'लेमिनेटे' (लेमर्ट्स, 1969)

इसे 'माइन्यूट' भी कहते हैं। सुगठित, पूर्ण, सफेद रंग के फूल जिनके किनारे सुन्दर हल्के लाल रंग के होते हैं। सजाने के लिए अच्छे।

'लिटिल डार्लिंग' (डुहरसेन, 1956)

मध्यम आकार के लाल नारंगी से गहरे गुलाबी रंग के फूल जिनके आधार पीले रंग के होते हैं। बड़ी संख्या में गुच्छे में लगते हैं। रंग तथा कलियां अत्यंत आकर्षक, ओजपूर्ण ऊंचे पौधे।

'लोर्ना डून' (हार्कनैस, 1970)

बड़े, दोहरे, किरमजी लाल रंग के फूल, छोटे गुच्छे, मुक्त पुष्पन।

'मार्गेट मेरिल' (हार्कनैस, 1977)

मनमोहक, सफेद रंग के, हाइब्रिड टी जैसे फूल, जिन पर चमकीली गुलाबी रंग की आभा पाई जाती है, अत्यधिक सुगंधित, बड़े गुच्छे, अच्छी बढ़वार।

'मैरीना' (कोर्डेस, 1974)

लम्बी, नुकीली कलियां, नारंगी रंग के पीले छटायुक्त आकर्षक फूल जो लम्बी टहनियों पर लगते हैं।

'मर्सीडीज' (कोर्डेस, 1974)

सुगठित, टिकाऊ, आकर्षक, ग्रेनेडा लाल रंग के फूल, पंखुड़ियों के किनारे समय के साथ-साथ गहरे होते जाते हैं। सजावट की दृष्टि से उपयुक्त।

'मूनस्प्राइट' (स्विम, 1956)

मध्यम आकार के, पूर्णतः दोहरे, कप सदृश, अत्यंत सुगंधित, हल्के सुनहरे केन्द्रयुक्त, क्रीमी सफेद रंग के फूल, गोलाकार गुच्छे, अर्द्ध चमकीली कड़ी पत्तियां, बौने झाड़ीदार पौधे, अत्यधिक पुष्पन।

'ओरेंजीएड' (मैकग्रेडी, 1959)

विशुद्ध नारंगी रंग के एकल अर्द्ध दोहरे या सेमी डबल फूल, सुवितरित गुच्छे, ओजपूर्ण बड़ी झाड़ी, लोकप्रिय फ्लोरीबंडा किस्म।

'औरेंज सेन्सेशन' (डी राइटर, 1961)

नारंगी या हल्के सिन्दूरी रंग के, अर्द्ध दोहरे से दोहरे, सुगंधित फूल, बड़े गुच्छे, एक भरोसेमन्द किस्म।

'पिंक पारफेट' (स्विम, 1960)

मिश्रित गुलाबी रंग-हल्के गुलाबी से, पंखुड़ियों के किनारों पर गहरे गुलाबी रंग की छटा, खिलने के बाद रंग गहराता है, सुन्दर कलियां, मध्यम आकार के, आकर्षक संपूर्ण फूल, मुक्त पुष्पन, ऊंची ओजपूर्ण तथा सघन बढ़वार।

'क्वीन एलिजाबेथ' (लेमर्ट्स, 1954)

मध्यम आकार के, दोहरे, उच्च केन्द्रयुक्त कप के आकार के, सुगंधित, हल्के किरमिजी से गुलाबी रंग के फूल, जो लम्बे मजबूत तनों पर एकल या गुच्छों में, ऊंचे पौधों पर खिलते हैं जिन्हें बाड़ के रूप में प्रयुक्त किया जा सकता है।

'रेडगोल्ड' (डिक्सन, 1967)

इसे 'रोग एट ओर' भी कहते हैं। लाल किनारी वाली सुनहरे रंग की अत्यंत प्यारी कलियां, एकल या समूह में, अत्यंत आकर्षक, नये फ्लोरीबन्डा गुलाबों में से एक उत्कृष्ट किस्म।

'रीजेन्सबर्ग' (मैकग्रेडी, 1980)

इसे 'यंग मिस्ट्रेस' भी कहते हैं। अत्यंत आकर्षक, हस्त चित्रित गुलाब, सफेद केन्द्र और विशिष्ट चिन्हयुक्त नाजुक गुलाबी रंग की छटा वाले अनेक फूल। पौधे की बढ़वार कम।

गुलाब की चुनिंदा विदेशी किस्में

'रिमोसा' (मीलैंड, 1979)

इसे 'गोल्ड बनी' भी कहते हैं। नींबूई पीले रंग के आकर्षक फूल, बड़े, सुवितरित गुच्छे, सतत पुष्पन, सघन पौधे।

'रोमन होलीडे' (लिंडक्विस्ट, 1966)

नारंगी-लाल तथा चमकीले पीले रंग के मिश्रण वाले सुन्दर पुष्प, सुगंधित, गर्म मौसम में गुच्छों में पुष्पन।

'रंबा' (पोलसन, 1958)

लाल रंग के धब्बे और किनारेयुक्त चेरी मिश्रित पीले रंग के छोटे फूल, बहुत अधिक गुच्छे, संतुलित झाड़ी, फूलों को सुन्दर बटन होल की भांति प्रयुक्त किया जा सकता है।

'सेबर डान्स' (बीज़, 1975)

हाइब्रिड टी प्रकार के दोहरे रंग के फूल, लाल रंग की पंखुड़ियां जिनका पृष्ठ भाग पीला होता है, सुवितरित गुच्छे।

'स्कैनिया' (डी राइटर, 1965)

सुगठित, मखमली गहरे लाल रंग के फूल, जाड़ों में फूल हाइब्रिड टी आकार के जबकि गर्म मौसम में छोटे गुच्छों में।

'सी पर्ल' (डिक्सन, 1964)

इसे 'फ्लावर गर्ल' भी कहते हैं। लम्बी कलियां, मोतिया गुलाबी, खुबानी तथा सुनहरी छटा वाले अत्यंत सुन्दर फूल जो मजबूत और सीधी टहनियों पर लगते हैं। एक उत्कृष्ट संकर टी प्रकार का फ्लोरीबन्डा।

'शॉकिंग ब्लू' (कोर्डेस, 1975)

लम्बी, नुकीली कलियां, तीव्र सुगन्धयुक्त, टिकाऊ, मेजेन्टा से नील-लोहित रंग के फूल, क्यारियों के लिए अच्छे।

'शोबिज़' (टैनटाऊ, 1984)

इसे 'इनग्रिड विबुल' भी कहते हैं। चमकीले किरमिजी अर्द्ध दोहरे फूल जो कली से फूल तक अपना रंग बनाए रखते हैं। छोटे-बड़े गुच्छे शीघ्र पुष्पन की पुनरावृत्ति करते हैं। ओजपूर्ण पौधे।

'साउथ हैम्पटन' (हार्कनैस, 1971)

बड़े, दोहरे, सुगंधित खुबानी रंग के फूल, मुक्त-पुष्पन, चमकीली पत्तियां।

'स्ट्राबेरी आइस' (डलबार्ड, 1978)

चित्ताकर्षक, मुक्त-पुष्पित किस्म, फूल बड़े और गुलाबी किनारीयुक्त, क्रीमी रंग के।

'समर स्नो' (परकिंस, 1938)

शुद्ध सफेद, दोहरे फूल, जो गुच्छों में बहुत अधिक संख्या में फूलते हैं, आकर्षक, हल्की हरी पत्तियां।

'सन फ्लेयर' (वारिनर, 1983)

आकर्षक, अत्यंत चमकीले, नींबूई पीले रंग की कलियां और फूल, गुच्छों की भरमार, हल्की सुगंध।

'सनस्प्राइट' (कोर्डेस, 1973)

इसे 'फ्रीसिआ' भी कहते हैं। बड़े, फीके न पड़ने वाले सुनहरे पीले रंग के फूल, टिकाऊ तथा सुगंधित।

'टिकी' (मैकग्रेडी, 1964)

हल्की गुलाबी छटाओं के सुन्दर सम्मिश्रण वाले फूल जो उत्तर भारत में एकल लगते हैं परन्तु संख्या में इतने अधिक होते हैं कि पूरी झाड़ी को ढक लेते हैं। क्यारियों के लिए अच्छी किस्म।

'वैलेनटाइन' (स्विम, 1951)

आकर्षक, गुलाब, मध्यम फैलने वाली छोटी सघन झाड़ी, लहरदार पंखुड़ियों वाले चमकीले लाल रंग के हल्के सुगंधित फूल।

'वायलैट कारसन' (मैकग्रेडी, 1963)

विशिष्ट पीच तथा बिस्कुट्टी रंग की पंखुड़ियां जिनका पृष्ठ भाग रूपहला होता है। अत्यंत आकर्षक।

'जैम्ब्रा' (मीलैंड, 1961)

शुद्ध नारंगी पंखुड़ियां जिनका पृष्ठ भाग चमकीला पीला होता है। अत्यधिक पुष्पन, झाड़ी

स्वस्थ और मजबूत, आकर्षक नारंगी फ्लोरीबन्डा में से एक, क्यारियों के लिए आदर्श, बड़े गुच्छे, प्रदर्शनी हेतु उपयुक्त।

'जीजी' (डेल्बार्ड-चेबर्ट, 1963)

मध्यम आकार के, दोहरे आकर्षक, मखमली, गारनैट लाल रंग के फूल। मुक्त पुष्पन, छोटे बड़े गुच्छे।

'जोरीना' (बोएरनर, 1963)

चमकीले, गहरे नारंगी, हाइब्रिड टी प्रकार के फूल, बड़े गुच्छे, मजबूत पौधे, सजावटी पुष्प के लिए एक महत्वपूर्ण किस्म।

बौने पोलिएन्था

'चेटिलियन रोज़' (नोनिन, 1923)

सफेद आधार वाले चमकीले गुलाबी रंग के एकल फूलों के बहुत अत्यंत गुच्छे, रंग टिकाऊ, पौधे ऊंचे और ओजपूर्ण। विश्वसनीय किस्म।

'ईको' (लेम्बर्ट, 1914)

इसे 'बेबी टॉसनशान' भी कहते हैं। जो सुविख्यात रैम्बलर 'टॉसनशान' का बौना स्वरूप है। पौधे बड़े, गुलाबी और सफेद फूलों के गुच्छों से महीनों भरे रहते हैं। गर्म मौसम में केवल सफेद फूल, लगभग कांटेरहित।

'आइडियल' (स्पैक, 1921)

गहरे मखमली किरमिजी रंग के फूल। इस रंग का सर्वोत्तम पोलिएन्था।

'पॉल क्रैम्पेल' (कर्सबर्जेन, 1930)

चमकीले, नारंगी-लाल फूल।

'स्नोप्रिन्सी' (बैंग, 1953)

सुगंधित, शुद्ध सफेद फूल मुक्त-पुष्पन।

'वैटरटैग' (टैनब्राऊ, 1959)

इसे 'फादर्स डे', 'फीट डेस पेरिस' तथा 'जोर डेस पेरिस' भी कहते हैं। मध्यम आकार,

गोलाकार, गेरुआ-नारंगी रंग के फूल। मुक्त-पुष्पन, सुन्दर चमकीली पत्तियां।

मिनिएचर गुलाब

'एन्जेलारिपन' (डी रायटर, 1978)
मनभावन सुगंध, छोटे, पूर्ण आकार के गेरुए-नारंगी फूल, सदाबहार पुष्पन।

'बेबी डार्लिंग' (मूर, 1964)
छोटे, दोहरे, नारंगी से नारंगी-गुलाबी फूल, नुकीली कलियां।

'बेबी गोल्ड स्टार' (डॉट, 1940)
इसे 'बेबी गोल्ड' तथा 'इस्ट्रेलिटा डी ओरो' भी कहते हैं। सुनहरे पीले, अर्द्ध दोहरे, खुले, हल्के सुगंधित फूल, छोटी नरम पत्तियां, अपेक्षाकृत बड़े फूल और पौधे।

'बेबी मैसकरेड' (टैनटाऊ, 1956)
इसे 'बेबी कार्निवाल' भी कहते हैं। नींबूई क्रीम रंग के गहरे लाल होते हुए छोटे, दोहरे खुले पुष्प, मुक्त-पुष्पन एवं पुनरावृत्ति, ओजपूर्ण सघन पौधे।

'बेन्सन एण्ड हैजेज़ स्पेशल' (मैकग्रेडी, 1982)
अत्यंत सुगठित, मन्द न पड़ने वाले शुद्ध सुनहरे रंग के अपेक्षाकृत बड़े आकार वाले फूल।

'बिट ओ सनशाइन' (मूर, 1956)
छोटे, अर्द्ध दोहरे, चमकीले पीले फूल, अत्यधिक पुष्पन, सघन झाड़ी।

'चैटम सेनटेनियल' (जॉली, 1979)
चित्ताकर्षक, चमकीले, शुद्ध नारंगी फूल जो स्वस्थ झाड़ी में प्रचुर संख्या में लगते हैं।

'चिपर' (मीलैंड, 1966)
मूंगिया से गुलाबी-लाल रंग की सुन्दर कलियां, मौसम भर पुष्पन, मजबूत झाड़ी।

'कोलिब्री' (मीलेंड, 1979)
सुन्दर नारंगी रंग के फूल जो सघन, सुसंतुलित पौधे पर प्रचुरता से फूलते हैं।

गुलाब की चुनिंदा विदेशी किस्में

'क्रीक्रीरी' (मीलैंड, 1957)
गेरुई छटायुक्त, मूंगिया पुष्प, अत्यधिक पुष्पन।

'कडल्स' (स्वार्ट्ज, 1978)
एक उत्कृष्ट मिनिएचर जिस पर टिकाऊ गहरे मूंगिया-गुलाबी रंग के फूल लगते हैं। ओजपूर्ण पौधा।

'कपकेक' (स्पाइज, 1981)
उच्च केन्द्रयुक्त, दोहरा, टिकाऊ, शुद्ध गुलाबी फूल। सघन, ओजपूर्ण झाड़ी। घनी पत्तियां।

'डार्लिंग फ्लेम' (मीलैंड, 1971)
हल्के लाल से सिन्दूरी लाल रंग के छोटे, दोहरे फूल। मुक्त पुष्पन।

'ग्लोरीग्लो' (विलियम्स, 1976)
दोहरे, बड़े, पीले पृष्ठ भाग युक्त, चमकीले नारंगी फूल, एकल या समूह में।

'ग्रीन आइस' (मूर, 1971)
सफेद कलियां जो पूर्णतः दोहरे, बर्फीले हरे रंग के, बहुत प्यारे फूलों में परिवर्तित हो जाती हैं। आंशिक छाया में भी अच्छा प्रदर्शन।

'होली टोलीडो' (क्रिस्टैनसन, 1978)
लम्बी नुकीली कलियां जो तीस पंखुड़ियों युक्त गहरे खुबानी रंग के सुन्दर फूलों में खिलती हैं।

'लिटल बकैरू' (मूर, 1956)
आकर्षक, चमकीले, मखमली, लाल फूल। चमकीली तांबई पत्तियां।

'लिटल फ्लर्ट' (मूर, 1961)
छोटे, दोहरे, नारंगी-लाल फूल, पंखुड़ियों के पृष्ठ भाग पीले, गुच्छों में।

'मैजिक कैरोसेल' (मूर, 1972)
भव्य, टिकाऊ, प्रदर्शनी योग्य, लाल और सफेद दोरंगे फूल।

'मिस्टर ब्लूबर्ड' (मूर, 1960)

अर्द्ध-दोहरे, आकर्षक, लेवेन्डर-नीले छटा वाले फूल।

'न्यू पेनी' (मूर, 1962)

नारंगी-लाल से मूंगिया-गुलाबी रंग के सुन्दर फूल।

'ओवर द रेनबो' (मूर, 1972)

लाल, गुलाबी और सुनहरे रंग के चमकीले मिश्रित फूल।

'पार्टी गर्ल' (सेविले, 1979)

उत्कृष्ट मिनिएचर, गेरुए गुलाबी छटायुक्त हल्के एप्रीकॉट पीले रंग के सुगंधित फूल। एकल।

'पिंक पेटीकोट' (मूर, 1982)

गहरे मूंगिया-गुलाबी किनारी वाले क्रीमी-सफेद रंग के फूल, प्रदर्शनी योग्य।

'पपी लव' (स्वार्ज, 1978)

अत्यंत दिखावटी, उच्च केन्द्रयुक्त, नारंगी गुलाबी और पीली छटायुक्त फूल।

'राइज़ एण्ड शाइन' (मूर, 1977)

चमकीले, शुद्ध पीले रंग की मुड़ी हुई पंखुड़ियों और सुगठित आकार वाले फूल, कदाचित पीले रंग का सर्वोत्तम मिनिएचर।

'रोज़ीना' (डॉट, 1951)

इसे 'जोसेफिन व्हीटक्राफ्ट' तथा 'यैलो स्वीट हार्ट' भी कहते हैं। गहरे सुनहरे पीले रंग के सुगठित आकार के दोहरे फूल जो गुच्छों में लगते हैं। पत्तियां चमकीली, हल्की हरी। पौधे बौने, सघन। अत्यधिक पुष्पन।

'रोज़मैरीन' (कोर्डेस, 1965)

सुन्दर, हल्के गुलाबी रंग के फूल जो मध्य में गहरे रंग के होते हैं। अत्यंत आकर्षक।

'स्कारलैट जैम' (मीलैंड, 1961)

इसे 'स्कारलैट पिंपरनेल' भी कहते हैं। छोटे, कप के आकार के चमकीले नारंगी-लाल रंग के फूल, मुक्त पुष्पन।

'शेरी एन' (मूर, 1973)

नारंगी-लाल रंग की नुकीली कलियां, सुगंधित चमकीली कड़ी पत्तियां, मुक्त पुष्पन।

'स्टारीना' (मीलैंड, 1965)

पूर्ण, सुनहरे पृष्ठ भाग युक्त, ओरिएन्टल लाल रंग के आकर्षक फूल, पौधे स्वस्थ तथा ओजपूर्ण।

'स्टार्स एन स्ट्राइप्स' (मूर, 1975)

लाल-सफेद धारियों वाला अत्यंत आकर्षक गुलाब। मुक्त पुष्पन। लम्बे पौधे।

'स्ट्राबेरी स्वर्ल' (मूर, 1978)

असाधारण गुलाब, जिस पर लाल-सफेद और गुलाबी धारियां होती हैं। दोहरे, सुगंधित फूल, सभी फूल अलग रंग-संयोजन वाले।

'टॉय क्लाउन' (मूर, 1966)

सफेद किनारी वाले लाल फूल, मुक्त पुष्पन।

'व्हाइट मैडोना' (मूर, 1973)

छोटे, दोहरे, सफेद से हल्के गुलाबी फूल, बड़े गुच्छे। अत्यंत सुन्दर मिनिएचर।

क्लाइंबिंग मिनिएचर गुलाब

'क्लाइंबिंग कैंडी केन' (मूर, 1958)

अर्द्ध-दोहरे, सफेद धारियों युक्त, गुलाबी से हल्के लाल फूल, बड़े, ढीले गुच्छे, मुक्त पुष्पन, ओजपूर्ण झाड़ी।

'क्ला. जैकी' (मूर, 1955)

छोटे, अत्यंत दोहरे, हल्के पीले से क्रीमी-सफेद फूल, मुक्त पुष्पन।

'क्ला. मैजिक वैंड' (मूर, 1957)

छोटे, अर्द्ध दोहरे, लाल फूल गुच्छों में, पत्तियां छोटी और गहरी हरी, मुक्त पुष्पन, काफी लम्बे पौधे।

'नोजोमी' (ओनोडेरा, 1968)

जापान की एक विशिष्ट किस्म जिस पर असंख्य बहुत छोटे मोतिया गुलाबी और सफेद फूल लगते हैं। पौधे को बाड़, वीपिंग स्टैण्डर्ड पौधे तथा हैंगिग बास्केट बनाने में प्रयुक्त किया जा सकता है।

'स्नो कारपेट' (मैकग्रेडी, 1980)

उत्कृष्ट पौधा जिसकी टहनियां खूब फैलती हैं और हर गांठ पर लम्बवत् शाखाएं निकलकर छोटे गुच्छे बनाती हैं। फूल हल्के गुलाबी जो बाद में सफेद हो जाते हैं। जमीन को ढकने और हैंगिंग बास्केट हेतु उपयुक्त।

क्लाइंबर तथा रैम्बलर

'एल्बरटाईन' (बारबियर, 1921)

फूल बड़े, दोहरे, प्याले के आकार के, सुगंधित, तांबई रंग के, गुच्छों में, झाड़ी ओजपूर्ण, मुक्त पुष्पन, मैदानों की अपेक्षा पहाड़ों के लिए बेहतर।

'अमेरिकन पिलर' (वान फ्लीट, 1902)

फूल बड़े, एकल किरमिजी, सफेद केन्द्र तथा सुनहरे पुंकेसर वाले, लम्बे तनों पर बड़े गुच्छे, चमकीली कड़ी पत्तियां, रैम्बलर प्रकार, पहाड़ों के लिए बेहतर।

'कैसिनो' (मैकग्रेडी, 1963)

इसे 'जरबे डि ओर' भी कहते हैं। फूल सुगठित, हल्के पीले, पौधे ओजपूर्ण, तीन मीटर तक लम्बे, पत्तियां चमकीली गहरी हरी, मुक्त पुष्पन।

'क्ला. क्रिमसन ग्लोरी' (जैकसन तथा पर्किंस, 1946)

बड़े, गहरे लाल, कभी-कभी पुराने पड़ने पर जामुनी छटायुक्त, विशिष्ट सुगंध, एक बेहतरीन हाइब्रिड टी का आरोही उत्परिवर्त रूप जो फैलकर पूरी दीवार को ढक लेता है।

'क्ला. मिसेज़ पियरी एस डू पॉण्ट' (हिलॉक, 1933)

गहरे पीले फूल जो मध्यम आकार के होते हैं और बाद में फीके पड़ जाते हैं। अत्यधिक पुष्पन, ओजपूर्ण बढ़वार वाली लता, उत्तर भारत में अगेती, बसंत ऋतु में पुष्पन।

गुलाब की चुनिंदा विदेशी किस्में

'क्ला. शो गर्ल' (शैफिन, 1949)

विशिष्ट लम्बी नुकीली कलियां, बड़े, सुगठित, पूर्ण, सुगंधित, प्रदर्शनी योग्य, लम्बे तने पर लगने वाले गहरे गुलाबी फूल।

'कॉकटेल' (मीलैंड, 1957)

पीले केन्द्र और लाल छटा वाले जिरैनियम लाल रंग के फूल जो बाद में पूर्णतः लाल हो जाते हैं। एकल, बहुत अधिक गुच्छे, पौधे अधिक ऊंचे नहीं, अतः ओजपूर्ण झाड़ी भी बना सकते हैं।

'कमपैशन' (हार्कनैस, 1972)

बड़े, हाइब्रिड टी प्रकार के, सुगंधित, खुबानी छटायुक्त, गेरुआ-गुलाबी फूल। पौधे तीन मीटर तक ऊंचे।

'डान्स डू फू' (मैलेरिन, 1953)

इसे 'स्पेक्टाकुलर' भी कहते हैं। गहरे नारंगी-लाल, बड़े, दोहरे, सुगठित फूल। पौधे ओजपूर्ण पर अधिक़ ऊंचे नहीं। खम्बों या दीवार पर चढ़ाने के लिए उपयुक्त।

'डॉन जुआन' (मैलेन्ड्रोन, 1958)

फूल मखमली, गहरे लाल, बड़े, दोहरे, प्याले के आकार के, सुगंधित, पुष्पन बहुत अधिक और पुनरावृत्ति, गहरी पत्तियां, पौधे ओजपूर्ण पर अधिक ऊंचे नहीं।

'डोरोथी परकिंस' (जैकसन तथा परकिंस, 1901)

फूल पूर्ण, सुगंधित, गहरे गुलाबी, पत्तियां गहरी व चमकीली, पौधे ओजपूर्ण, अत्यधिक पुष्पन, पहाड़ों के लिए अच्छे पर चूर्णिल आसिता रोग से प्रभावित।

'ग्लैडिएटर' (मैलेन्ड्रोन, 1955)

फूल गहरे लाल, सुगठित, लम्बे तनों पर, सजावट के लिए आदर्श, उत्तरी भारत में अधिक ठण्ड पड़ने पर कलियां खिलती नहीं।

'गोल्डन शावर' (लैमर्टस, 1956)

डैफोडिल पीले रंग के, सुगंधित फूल, एकल या गुच्छों में, लम्बे तने पर, लम्बी नुकीली कलियां, बड़े, दोहरे, उच्च केन्द्रयुक्त फूल, पुष्पन की पुनावृत्ति, ओजपूर्ण पौधे।

'जोसेफ्स कोट' (आर्मस्ट्रांग तथा स्विम, 1964)

बड़े, दोहरे फूल, पीले से लाल रंग के, उत्तरी भारत के मैदानों में अच्छा प्रदर्शन, खम्बों पर चढ़ाने के लिए उपयुक्त।

'लेमार्क' (मार्शल, 1830)

पीली छटायुक्त, सफेद रंग के मधुर सुगंध वाले फूल, गुच्छों में, नोइसेट वर्ग का गुलाब, मैदानों के लिए उत्तम आरोही पौधा।

'मॉर्डन व्हाइट' या *'चैरोकी'*

यह *रोजा लेविगाटा* मिकॉक्स (1759) है। इसे बगीचे के लिए अनुकूलित कर लिया गया है। अत्यंत ओजपूर्ण पौधे पर साल में एक बार मुक्त रूप से बड़े, एकल, सफेद फूल लगते हैं। पत्तियां बहुत सुन्दर, चमकीली, घनी व हरी, अच्छी बढ़वार, पुष्पन अवधि संक्षिप्त।

'मार्शल नील' (प्रैडल, 1864)

विश्व के सुन्दरतम प्राचीन पीले गुलाबों में से एक, बड़े, दोहरे, सुगठित, सुगंधित पीले फूल, मुक्त पुष्पन, मैदानी भागों का सर्वोत्तम आरोही गुलाबों में एक, नोइसेट वर्ग।

'मरमेड' (पॉल, 1917)

इसे 'ब्रैक्टीआटा क्लाइम्बर' भी कहते हैं। अम्बर पीले, पुंकेसरयुक्त, प्रिमरोज पीले रंग के, बहुत बड़े, एकल, सुगंधित फूल। अत्यधिक पुष्पन, ओजपूर्ण पौधे जिन्हें काट-छांट की आवश्यकता नहीं, पहाड़ों के लिए बेहतर।

'मैडम ड्राइआउट' (लेवेट, 1870)

अत्यधिक पुष्पन, हल्के से चमकीले गुलाबी रंग के, चमकीली किरमिजी धारीयुक्त, प्याले के आकार के फूल, अत्यंत ओजपूर्ण पौधे, मैदानों के लिए अच्छे।

'पिनाटा' (सुजूकी, 1978)

अत्यंत आकर्षक, क्लाइम्बर, नारंगी किनारीयुक्त, चमकीले पीले रंग के फूल, खम्बों पर चढ़ाने के लिए आदर्श, छोटे उद्यानों के लिए अच्छा।

'प्रॉसपैरिटी' (पैमबर्टन, 1919)

बड़े गुच्छों में, गुलाबी छटायुक्त, सफेद फूल, कस्तूरी की सी गंध, मध्यम आकार।

रोजा बैंकसी (आइटन, 1796)

इसे 'बैंकस रोज', 'बैंकसियन रोज' तथा 'लेडी बैंकस रोज' भी कहते हैं। फूल छोटे, हल्के सुगंधित, सफेद या पीले, पतले तनों या गुच्छों में, पत्तियां सदाबहार, टहनियां कांटेरहित, पहाड़ों में सफेद तथा पीले फूल वाली दोनों किस्में प्रचलित, जबकि मैदानों में सफेद फूल वाली किस्म अच्छी चलती है। विपिंग स्टैण्डर्ड बनाने के लिए आदर्श।

'रॉयल गोल्ड' (मोरे, 1957)

सुगठित सुनहरे-पीले फूल, एकल या गुच्छों में, रंग टिकाऊ, पौधे ओजपूर्ण।

'वीलचैनब्लू' (स्मिड्ट, 1909)

इसे 'वॉयलट ब्लू' भी कहते हैं। फूल छोटे, अर्द्ध दोहरे, प्याले के आकार के, सफेद केन्द्रयुक्त, बैंगनी रंग के जो पुराने पड़ने पर नीले-नीललोहित होते हुए धूसर हो जाते हैं। छोटे तनों पर बड़े गुच्छे, बड़ी, चमकीली हल्की हरी पत्तियां, ओजपूर्ण बढ़वार, मुक्त पुष्पन विशेषकर पहाड़ों में।

संदर्भ साहित्य

एलन, ई.एफ. रोज़ ब्रीडिंग (3) फ्यूचर प्रोग्रेस एण्ड लॉंग शॉट्स इन ब्रीडिंग. *रोज़ एनुअल, रॉयल नेशनल. रोज़ सोसायटी,* पृष्ठ 125-39 (1977)।

एरिसूमी, के. स्टडीज ऑन फ्लावर कलर्स इन रोज़, विद स्पेशल रेफरेन्सेज टू द बायोकेमिकल एण्ड जैनेटिक एनालिसिस एण्ड टू द एप्लीकेशन आफ दोज रिजल्ट्स टू प्रैक्टीकल ब्रीडिंग. I. साइंस बुलेटिन, फैकल्टी ऑफ एग्रीकल्चर, कियूसू यूनिवर्सिटी **20:** 131-49 (1963)

एरिसूमी, के. स्टडीज ऑन द फ्लावर कलर्स इन रोज़ा, विद स्पेशल रेफरेन्सेज टू द बायोकैमिकल एण्ड जैनेटिक एनालिसिस एण्ड टू द एप्लीकेशन ऑफ दोज रिजल्टस टू प्रैक्टिकल ब्रीडिंग. I. साइन्स बुलेटिन, फैकल्टी एग्रीकल्चर, कियूसू यूनिवर्सिटी **21:** 169-84 (1964)।

एरिसूमी के. स्टडीज ऑन दी फ्लावर कलर्स इन रोज़ा विद स्पेशल रेफरेन्सेज टू द बायोकैमिकल एण्ड जैनेटिक एनालिसस एण्ड टू द एप्लीकेशन ऑफ दोज़ रिजल्ट्स टू प्रैक्टिकल ब्रीडिंग-III, बुलेटिन फैकल्टी एग्रीकल्चर, यामागूची यूनिवर्सिटी **18:** 1077-89 (1967)।

बक, जी.जे. प्रोग्रेस रिपोर्ट ऑन ब्रीडिंग हार्डी एवर ब्लूमिंग रोजेज़, पृष्ठ 95-9, अमेरिकन रोज़ एसोसिएशन (1960)।

डिव्रीज, डी.पी., गैरिटसन, एफ., डूबोइस, एल.ए.एम. तथा वान क्यूलिन, एच.ए. ब्रीडिंग रिसर्च ऑन रोज़ पिग्मैन्ट्स। कम्बाइनिंग एबिलिटी एनालिसिस ऑफ वेरियन्स ऑफ फोर फ्लेवोनोइड्स इन एफ - वन पॉपुलेशन. यूफाइटिका **29:** 115-20 (1980)।

डिव्रीज, डी.पी., वान क्यूलिन एच.ए. तथा डी ब्रायन जे.डब्ल्यू. ब्रीडिंग रिसर्च ऑन रोज़ पिगमैन्ट्स-1 द अक्रेन्स ऑफ फ्लेवोनाइड्स एण्ड कैरोटिनाइड्स इन रोज पैटल्स. यूफाइटिका **23:** 447-57 (1974)।

हार्कनैस, जे. आब्जरवेशन्स ऑफ ए न्यू ब्रीडर, रिपोर्ट ऑन द फोर्थ इन्टरनेशनल रोज़ कान्फ्रेन्स। रोज़ एनुअल, रॉयल नेशनल रोज़ सोसायटी, पृष्ठ 129-31 (1969)।

क्रुशमान, जी. द कम्प्लीट बुक ऑफ रोजेज़, टिम्बर प्रेस, पोर्टलैण्ड, आरगॉन (1981)।

लैमट्र्स, डब्ल्यू.ई. हाइब्रिडाइजिंग रोजेज़ विद इम्यूनिटी. अमेरिकन रोज़ एनुअल पृष्ठ 122-7 (1980)।

मार्शल, एच.एच. कैम्पबेल, सी.जी. तथा कौलिकट, एल.एम. ब्रीडिंग फॉर एन्थोसाइनिन कलर्स

इन रोज़ा यूफाइटिका **32:** 205-16 (1983)।

मिलर, एन.एफ. ए प्रिलिमिनरी स्टडी ऑफ रोज़ फ्रेग्रेन्स, पृष्ठ 79-89, अमेरिकन रोज़ एसोसिएशन, 1962।

सिमैनिक, पी. स्पॉटलैस गोल्ड, स्पॉटलैस येलो एन्ड स्पॉटलैस पिंक रोज़ः ब्लेकस्पॉट रेजिसटैन्ट ब्रीडिंग लाइन्स. हॉर्टसाइन्स **14:** 764-5 (1979)।

स्वेड्ज़ा, एफ. ब्रीडिंग विन्टर-हार्डी एण्ड एवर ब्लूमिंग रोजेज़, अमेरिकन रोज़ एनुअल पृष्ठ 16-22 (1976)।

स्वरूप, वि., कैकर, यू.एस., मलिक, आर.एस. एण्ड सिंह, ए.पी. रोज़ ब्रीडिंग इन इंडिया, इंडियन जनरल जैनेटिक्स प्लान्ट ब्रीडिंग **33:** 43-51 (1973)।

बीर राघवन, एम.एस. फर्स्ट स्टेप्स इन रोज हाईब्रिडाइजेशन विद रोज़ा क्लाइनोफिला (रोज़ा इनवोलूक्राटा)। द इंडियन रोज़ एनुअल-V पृष्ठ 54-58 (1986)।

वार्ड एफ. किंगडन, प्लान्ट हन्टर इन मणिपुर, 254 पृष्ठ, जोनाथन केप, लन्दन (1952)।

विली, ए. द हिस्ट्री ऑफ गार्डन रोजेज़. जे आर हार्ट सोसाइटी **79:** 555-71 (1954)।

विली, ए. द हिस्ट्री ऑफ गार्डन रोजेज़. जे आर हार्ट सोसाइटी **80:** 8-24 (1955)।

गुलाब पुस्तकों की सूची

भारतीय पुस्तक

पटवर्धन, जी.बी., *ए गाइड टू रोज कल्चर इन बाम्बे प्रेसिडेन्सी* (1914)।

लेडली, आर. *ए हैन्डबुक ऑन रोज़ कल्चर इन इंडिया* (1923)।

भट्टाचार्जी, बी.एस. *प्रेक्टिकल रोज़ ग्रोइंग इन इंडिया* (1935)।

भट्टाचार्जी, पी.एस. *रोज़ ग्रोइंग इन द ट्रोपिक्स* (1959)।

पाल, बी.पी. *द रोज़ इन इंडिया* (1966)।

पाध्ये, वी.एस. *रोजेज़ फार प्लेज़र एण्ड प्रॉफिट* (1983)।

बिस्वास, टी.डी. रोज़ ग्रोइंगः *प्रीन्सिपल्स एण्ड प्रेक्टिसिज* (1984)।

पाल, बी.पी. *ऑल एबआउट रोजेज़* (1973)।

सामान्य पुस्तकें

बेसिटी, एम.ए.आर. *द मैजिक वर्ल्ड ऑफ रोजेज़,* 224 पृष्ठ हर्थसाइड प्रेस इन कार्पोरेशन, न्यूयॉर्क (1966)।

जैन्डर्स, राय *द रोज़ : ए कम्प्लीट हैन्डबुक,* 624 पृष्ठ, रॉबर्ट हेल, लन्दन (1965)।

हार्कनैस, जे.एल. *द वर्ल्ड्स फेवरेट रोजेज़ एण्ड हाऊ टू ग्रो दैम* 184 पृ., मैक्रगा हिल बुक कम्पनी, न्यूयॉर्क (1979)।

हॉलिस, एल. रोजेज़, 304 पृ. कौलिंनग्रीज बुक्स, लन्दन (1970)।

थॉमस, ए.एस. *नोइंग, ग्रोइंग एण्ड शोइंग रोजेज़,* 165 पृ., मैक्मीलन, साऊथ मेलबॉर्न (1975)।

पुराने गुलाब

स्टीन, एन. *द चार्म ऑफ ओल्ड रोजेज़,* 261 पृ., ए.एच. एण्ड ए.डब्ल्यू. रीड, वेलिंग्टन (1966)।

थॉमस, जी.एस. *द ओल्ड श्रब रोजेज़,* 232 पृ., फीनिक्स हाऊस, लन्दन (1966)।

मिनिएचर गुलाब

मूर, आर.एस. *ऑल एबआउट मिनिएचर रोजेज़,* 136 पृ. डाइवर्सिटी बुक्स, कैन्सास सिटी (1966)।

गुलाब सज्जा

क्लेमैन्ट्स जूलिया *माई रोजेज़* 88 पृष्ठ डब्ल्यू एन एच कोलिनग्रीज लि., लन्दन (1958)।

गुलाब मूल्यांकन

लूईस, सी.एच. *द जजिंग ऑफ रोजेज़,* 89 पृष्ठ, अमेरिकन रोज सोसायटी, कोलम्बस (1960)।

❑

भारतीय चित्रकला की परम्परा